Jacques Dalarun
Erotik und Enthaltsamkeit

Jacques Dalarun

Erotik und Enthaltsamkeit

Das Kloster des Robert von Arbrissel

Mit einem Vorwort von Georges Duby

Aus dem Französischen
von Johanna und Günter Woltmann-Zeitler

athenäum

Titel der französischen Originalausgabe:
Jacques Dalarun, *Robert d'Arbrissel, Fondateur de Fontevraud*

CIP-Kurztitelaufnahme der Deutschen Bibliothek:
Dalarun, Jacques:
Erotik und Enthaltsamkeit: d. Kloster d. Robert von Arbrissel/Jacques Dalarun. Mit e. Vorw. von Georges Duby. Aus d. Franz. von Johanna u. Günter Woltmann-Zeitler. – Dt. Erstausg. – Frankfurt am Main: Athenäum, 1987.
ISBN 3-610-08450-2
Einheitssacht.: Robert d'Arbrissel, fondateur de Fontevraud <dt.>

Deutsche Erstausgabe

Lektorat: Annalisa Viviani
Umschlagbild: Benedikt und Scholastika, Cod. Vat. lat. 1202, Rom, Vatikanische Bibliothek
Umsschlaggestaltung: Lochmann's Studio, Frankfurt am Main
Herstellung: Hans Reichert, Bad Soden/Ts.
Satz, Druck und Bindung: Franz Spiegel Buch GmbH, Ulm
Printed in West Germany
ISBN 3-610-08450-2

Inhalt

Vorwort

Jacques Dalarun ist ein Wissenschaftler und Schriftsteller, dessen höchstes Anliegen es ist, äußerst gründlich zu recherchieren. Seit vielen Jahren ist er geradezu darauf versessen, die weit verstreuten, von der Zeit verwischten, schwachen Spuren aufzufinden, die Robert von Arbrissel, der Gründer der Kongregation von Fontevraud, hinterlassen hat.

Robert von Arbrissel erscheint uns heute als ein Sonderling – ein Sonderling war er allerdings auch schon in den Augen seiner Zeitgenossen. An der Wende vom 11. zum 12. Jahrhundert, in einer Epoche tiefgreifenden kulturellen Umbruchs, lebte, wanderte und lehrte er in den Wäldern der Bretagne, des Maine und des Anjou. Sein Verhalten versetzt uns heute in Erstaunen, da es von einer Weltsicht, von Überzeugungen und von Sitten beherrscht wurde, die sich naturgemäß völlig von den heutigen unterscheiden. Andererseits geht wahrscheinlich von dieser Andersartigkeit wiederum die Anziehungskraft aus, die die Zeit Roberts von Arbrissel auf uns heute ausübt, reichen doch immerhin die Wurzeln unseres heutigen Denkens und Fühlens bis ins Mittelalter zurück. Außerdem stellten sich schon Robert, dem Geistlichen, der durch seinen Stand zunächst nur dazu berufen war, die Menschen um sich herum zu ihrem Heil zu führen, soziologische Probleme analog denen, die uns auch heute noch stark beschäftigen. Damals wie heute ging es nicht nur darum, die Geheimnisse des Universums in christlichem Sinne zu deuten, den Menschen zu helfen, das Böse zu bändigen, sondern auch um konkrete Fragen wie diese: Wie soll man sich verhalten gegenüber der Macht, gegenüber dem Geld, gegenüber den Geheimnissen des Universums, gegenüber den Begierden? Oder gar: Wie sollen die Männer die Frauen behandeln, wie sich verhalten gegenüber dem weiblichen Geschlecht, diesem Teil der menschlichen Spezies, der so anziehend, liebenswert und schutzbedürftig ist und zugleich soviel Unruhe verursacht und bisweilen mit dämonischen Kräften ausgestattet zu sein scheint?

Zur geistigen Avantgarde seiner Zeit gehörend, gab Robert von Arbrissel mutige, verblüffende Antworten auf derartige Fragen. Die Bischöfe, in Sorge um die öffentliche Ordnung, hielten ihn für einen Verrückten, einen Besessenen, einen Ketzer, und versuchten, ihn mundtot zu machen. Doch auf Schritt und Tritt begleiteten ihn, immer zahlreicher werdend, seine Anhänger, ein Gefolge, zu dem bald auch Frauen gehörten – Frauen von Priestern, denen die neue kirchliche Vorschrift vom Zölibat die Ehemänner genommen hatte, Frauen von Fürsten, verstoßen und verhöhnt, Frauen, die vor einem brutalen Ehemann geflohen waren –, Frauen, die sich bei Robert frei und geborgen fühlten und die, in Erwartung des Heils, zusammen mit männlichen Gleichgesinnten durchs Land zogen, Tag für Tag, Tag und Nacht: ein Skandal. Robert gründete schließlich die Abtei Fontevraud, ein Doppelkloster für Männer und Frauen. Die Leitung des Hauses übernahm eine Äbtissin, die Mönche wurden den Nonnen unterstellt. Ein weiterer Skandal: die überlieferte Hierarchie, scheinbar die Ordnung der Schöpfung, fand sich von unten nach oben gekehrt.

Als der unbequeme Prediger starb, sammelten seine Gefährten seine Worte und berichteten von seinen Taten in der Hoffnung, sie würden auf diese Weise seine offizielle Anerkennung als Heiliger vorantreiben. Die Biographie zu schreiben, bedurfte es freilich großen Fingerspitzengefühls: Diese Lebensbeschreibung konnte nur zu schnell peinliches Aufsehen erregen, besonders für die Äbtissinnen der von Robert ins Leben gerufenen Ordensgemeinschaft. So wurde denn auch der letzte Teil einer dieser Niederschriften irgendwann abgetrennt und zurückgehalten. Jacques Dalarun hat dieses Dokument allerdings wiedergefunden. Seine Entdeckung läßt die Gestalt des Robert von Arbrissel heute in einem völlig neuen Licht erscheinen.

Das überaus interessante Ergebnis seiner Forschungen hat

Dalarun zunächst in streng wissenschaftlicher Form veröffentlicht und dem Urteil der Fachwelt unterworfen. Seine Dissertation wurde zu einer Sensation. Er beschloß dann, das Thema ein zweites Mal aufzugreifen und in populärwissenschaftlicher Form zu behandeln, aber ohne von der Genauigkeit seiner Forschungen etwas zu opfern. Er erzählte diesmal die Geschichte des Robert von Arbrissel in einem überaus heiteren und kraftvollen Stil – zum wahrlichen Vergnügen seiner Leser.

Georges Duby

Die Quellen

Gewöhnlich sind religiöse Orden stolz auf ihre Gründer; der Orden von Fontevraud dagegen hüllt sich hinsichtlich seines Gründers in auffälliges Schweigen. Diese ungewöhnliche Kongregation, deren Einfluß sich einst auf ungefähr hundertfünfzig Klöster in Frankreich, England und Spanien erstreckte, bei der die Ordensfrauen den Mönchen übergeordnet waren und selbst die unbedeutendste Äbtissin die Cousine eines Fürsten oder gar eines Königs war, hat Robert von Arbrissel, den mittelalterlichen Einsiedler, dem sie ihre Entstehung verdankte, mehr oder weniger absichtlich in Vergessenheit geraten lassen.

Will man Fontevraud besuchen, muß man unterhalb des Zusammenflusses von Loire und Vienne das Loiretal verlassen und in südlicher Richtung einem Tal folgen, das sich dort in ein Plateau hineinschiebt. Etwa nach einer Stunde Fußmarsch steht man vor der prachtvollen Abtei, die gleichzeitig das ausgedehnteste religiöse Architekturensemble darstellt, das Frankreich aus der Zeit des Ancien Régime geblieben ist. Das Weiß des Mauerwerks und das Grau der Schieferdächer verleihen dem Gesamtkomplex seine Einheitlichkeit. Romanische Gewölbe, Renaissancekloster und der im 17. Jahrhundert erbaute Pavillon bilden eine harmonische Einheit. Alles wirkt wohlgeordnet.

Erst wenn man die Schwelle zur Klosterkirche Notre Dame du Grand-Moutier überschreitet, zeigt sich ein Bruch, offenbart sich dem Besucher auf einen Schlag das Schicksal des Ordens von Fontevraud und das des Robert von Arbrissel. Beider Geschichte ist hier niedergeschrieben, in Stein. Vorn ein außerordentlich breites, schweres und ziemlich düster wirkendes Kirchenschiff, im Hintergrund, stark kontrastierend, der hell aufleuchtende Chor. Die Apsis und das Querschiff der Kirche datieren vom Anfang des 12. Jahrhunderts, aus der Zeit des Ordensgründers, das Längsschiff aus den Jahren 1125 bis 1150. Die Arbeiten an letzterem leitete Petronilla von Chemillé, die erste Äbtissin des Klosters.

Das weiträumige Längsschiff, dem keine Seitenschiffe

beigegeben sind, erinnert mehr an einen Saal als an ein Gotteshaus. Das Gewölbe drückt hier gleichsam auf den Boden, ganz im Gegensatz zum Chor, der, obwohl von einfacherer Bauart, in seiner Betonung der Vertikalen und des Lichts himmelwärts strebt. Der Chor weist bereits auf jene Transzendenz hin, die sich einige Jahre später in den gotischen Sakralbauten von Saint-Denis, Laon, Senlis, Noyon und Paris entfalten wird, während die Atmosphäre des Kirchenschiffs 1804 die Soldaten Napoleons offenbar dazu anregte, gerade an der Stelle einen Schlafsaal für Gefangene mit Betten in drei Etagen einzurichten, wo zuvor die Fürsten Platz zu nehmen pflegten. Den Chor beschädigten die Soldaten nicht, wohl aus Ehrfurcht vor dem Allerhöchsten.

Man muß das Tal der Loire verlassen, den Weg nach Nordwesten einschlagen und Reste der Wälder von einst durchqueren, um das heutige Arbrissel zu erreichen, jenes Fleckchen Erde in der Bretagne, wo Robert geboren wurde. Beim Bau der kleinen, über die Jahrhunderte erhalten gebliebenen Kirche des inzwischen längst verschwundenen gleichnamigen Dorfes diktierte der Granit die Architektur: scharfe Kanten, keine Verzierungen, abgesehen von den fratzenhaften Gesichtern auf den Kragsteinen, die in ihrer Zeichnung aztekischen Götterbildern ähneln. In diesem Dorf, in dieser Kirche war Robert ursprünglich Pfarrer gewesen. Orte wie diese vermögen zu sprechen, vor allem wenn es um das Mittelalter geht. Einen Menschen nennen, heißt da, einen Ort nennen, und umgekehrt. Die Menschen beziehen für uns heute ihre Identität aus dem Boden, aus dem sie stammen, in dem sie ruhen. Robert von Arbrissel, Gründer von Fontevraud: geboren hier, begraben dort, so sagen wir. Wahrscheinlich lassen sich auf dem Weg dieser Wanderschaft, beginnend am Rand der Bretagne und endend im Gebiet des Poitou und des Anjou, Anhaltspunkte finden, die auf verborgenere Zusammenhänge im Leben dieses innovativen Predigers weisen.

Allerdings muß man sich, um über die bloße Intuition hinauszukommen, den überlieferten Texten zuwenden; und über Robert von Arbrissel gibt es zwei Berichte, zwei *Vitae*, die seine Existenz bezeugen. Ohne diese Lebensbeschreibungen und ohne die wenigen uns überlieferten Briefe, die an ihn gerichtet worden sind, wäre er nur noch ein Name, unter Urkunden gesetzt, in irgendwelchen Chroniken erwähnt, wäre er nur noch ein winziger Kieselstein am Meeresstrand des kollektiven Gedächtnisses. Dank seinen beiden Hagiographen ist er ein wenig mehr als das, verfügen die Historiker über eine Vielzahl von Anhaltspunkten, um über ihn schreiben und streiten zu können.

Die erste *Vita*, kurz nach dem Tod Roberts im Jahr 1116 geschrieben, ist Balderich zu verdanken. Dieser Mann war mehr als fünfundzwanzig Jahre lang Abt des Klosters Saint-Pierre von Bourgueil, das gegenüber Fontevraud auf dem rechten Loireufer liegt. 1107 erreichte es den Abt, Erzbischof von Dol zu werden, was allerdings für ihn ein zweifelhafter Erfolg war, denn mitten unter seinen Schäfchen in der Petite Bretagne fühlte er sich wie »unter Skorpionen«, bedrängt von deren »tierischer Grausamkeit«. Entsprechend seinem Lebensweg, der sich von dem Roberts stark unterschied, änderte sich nun seine literarische Produktion: Er gab das Schreiben eleganter höfischer Dichtung auf, um sich der Hagiographie zu widmen. 1116 war der Bischof bereits über siebzig Jahre alt, ein damals außergewöhnlich hohes Alter. Er hatte zwar mehr geschrieben als die meisten seiner Zeitgenossen, doch nun war es Zeit für ihn geworden, auch ein frommes Werk zu verfassen.

Die Äbtissin von Fontevraud, Petronilla, hatte ihn darum gebeten, die Biographie des Gründers ihrer Kongregation niederzuschreiben, von der Geburt bis zum Tod. Dieser Bericht ist nicht sehr umfangreich, dafür in einem leicht schwülstigen Latein geschrieben; der Autor fühlte sich offensichtlich seinem eigenen literarischen Ansehen zu sehr verpflichtet. Die wichtigsten Stationen in Roberts Leben, die

Änderungen seines Standes und der Ortswechsel, sind allerdings gut herausgearbeitet. Insgesamt ist diese *Vita* mehr als nur ein bloßer Lebenslauf oder ein Auftragswerk, da zwischen dem höfischen Dichter und dem Einsiedler interessante Wechselbeziehungen bestanden haben. Immer wieder läßt Balderich knappe, doch tiefsinnige Betrachtungen über Roberts Seele und über die von ihm durchgestandenen Qualen einfließen.

Um diesen ersten Bericht zu vervollständigen und wohl auch, um ihn zu korrigieren, meinte Petronilla von Chemillé, es bedürfe noch einer zweiten *Vita*. Mit deren Niederschrift beauftragte sie einen Mann, der ihr nach den besonderen Statuten von Fontevraud unterstellt war: Andreas, den Prior der Ordensbrüder. So glaubt man zumindest, denn der Bericht ist anonym; andererseits ist über die Jahrhunderte hinweg niemals ernsthaft bestritten worden, daß er Andreas zugeschrieben werden darf. Länger als die von Balderich verfaßte Lebensbeschreibung, berichtet die *Vita* des Priors dennoch nur über das letzte halbe Jahr aus Roberts Leben, dies allerdings bis in die kleinsten Einzelheiten. Nicht einmal ein Seufzer seines Todeskampfes wird dem Leser vorenthalten. Der Schreiber nimmt vor allem die Gelegenheit wahr, die letzten Worte des Meisters und insbesondere dessen letztwillige Verfügung bezüglich der Leitung des Ordens wiederzugeben. An deren Veröffentlichung war Petronilla besonders interessiert, da sie die Legitimität ihrer Machtbefugnisse auszuweisen vermochte. Die Niederschrift des Andreas, zwei oder drei Jahre nach dem Tod des Klostergründers verfaßt, und zwar auf lateinisch, ist uns leider nur in einer späteren mittelfranzösischen Übersetzung aus dem 16. Jahrhundert überliefert.

Im Unterschied zu den bisher erwähnten biographischen Arbeiten, die mehr erbaulichen Inhalts sind, wirken die beiden vorliegenden an Robert gerichteten Briefe keineswegs schmeichelhaft. Der erste, in den letzten Jahren des 11. Jahrhunderts geschrieben, stammt von Marbod, dem Bischof von Rennes. Der zweite, in die ersten Jahre des 12. Jahrhunderts zu datieren, wurde von Gottfried, dem Abt von La Trinité in Vendôme, verfaßt. Bei beiden Briefschreibern handelt es sich um wichtige Männer, die zu den höchsten Spitzen des Klerus gehören. Ihre Briefe sind Anklageschriften. Robert wird beschuldigt, Umgang mit Frauen zu haben und die gesellschaftliche Ordnung durcheinanderzubringen. Seine schwerwiegendste Sünde sei aber nicht etwa die Unzucht, schlimmer als alles andere sei, daß man gegen ihn den Vorwurf des Stolzes erheben müsse – zu Anfang des Feudalismus ein wirklich gravierender Vorwurf. Stolz galt in jener Zeit als die Anmaßung dessen, der sich stärker glaubt als der Teufel und der diesem dann um so schneller in die Falle geht. Man wird im Verlauf der Darstellung noch anderen weniger wichtigen Quellen begegnen. Die vier aufgeführten beinhalten jedoch alles Wesentliche. Denn paarweise einander gegenübergestellt, weisen sie auf die charakteristischen Züge hin: die Konfliktbereitschaft und den Widerspruchsgeist. Robert von Arbrissel ist ein entschiedener Feind von lauer Haltung sowohl hinsichtlich des Lobs als auch des Tadels.

Auch die Historiker vermochten sich der Faszination, die von der konsequenten Haltung Roberts ausging, nicht zu entziehen. Von verschiedenster Seite in Anspruch genommen, oft mehr in den Dienst von Thesen gestellt als um seiner selbst willen untersucht, hat der Gründer von Fontevraud große Bedeutung für die Geschichtsschreibung erlangt. Die Historiker östlicher Länder sehen in Roberts Botschaft den Ausdruck vom Streben der Menschen nach mehr Gerechtigkeit innerhalb der gesellschaftlichen Ordnung; demgegenüber hatte Michelet auf einer berühmten Seite seines *Moyen Age* in der *Histoire de France* eine andere Interpretation vorgelegt. In seinen Augen hatte Robert in erster Linie für das unterdrückte weibliche Geschlecht eintreten wollen: »Er führte die Frauen wieder zurück zum Herzen Christi.« Diese Deutung fand die größte Zustimmung.

Statt düsterer, schreckerfüllter Jahrhunderte sehen denn auch noch bis heute manche mehr ein erträumtes Mittelalter – eines, das zu schön ist, um wahr sein zu können –, projizieren viele die Sehnsüchte unserer gegenwärtigen Zeit auf jene Epoche, so wie andere Zeiten ihren Widerwillen und ihre Ängste auf das Dunkel der Gotik projizierten. Robert von Arbrissel gilt da als einer der Helden jener ein wenig künstlich wirkenden mittelalterlichen Welt, in der sich die Gründung von Fontevraud beispielsweise als höfliche Geste gegenüber adligen Damen darstellt. Auch wenn der Gründer und seine Anhänger in einer Aufmachung herumgelaufen sind, die »den Hippies unserer Zeit würdig ist«, so kann man auf jeden Fall unbesorgt sein, denn Robert hat, wie Régine Pernoud versichert, »inmitten dieser disparaten Menschenschar ein Leben in vollkommener Keuschheit« geführt.

Ging es mehr um das Streben der Menschen nach Gerechtigkeit oder um einen Vorkämpfer der Frauenemanzipation? Die folgenden Ausführungen sollen die Diskussion über diese Frage nicht beenden. Es soll auch nicht entschieden werden, ob Robert inmitten seiner Anhänger beiderlei Geschlechts keusch gelebt hat, denn nirgendwo ist Entsprechendes überliefert. Auch über Fontevraud als Institution, deren juristische Aspekte sowie über die weltliche Macht, die es besaß, wird man im folgenden nur wenige Informationen finden. Urkunden, Bullen und Statuten waren weniger interessant als die erzählenden Quellen.

Was nun folgt, ist die Geschichte einer langen Pein, die Geschichte eines Mannes, der den Flammen zum Opfer gefallen war und der, erschreckend allein, versuchte, das Feuer zu löschen, das sein Innerstes peinigte. Es soll hier Roberts langer und überaus mühseliger Weg nachgezeichnet werden, der im Haß auf die Welt seinen Anfang nahm und der zur Versöhnung von Geist und Fleisch, von der Besessenheit durch die Sünde zur Freiheit durch die Gnade hinführte. Es sollen dabei Menschen einer anderen Epoche zu Wort kommen, Menschen, die übrigens nicht von Emanzipation, sondern von Heil sprechen.

Der folgende Bericht stellt ein *Heiligenleben* dar; er hält sich dabei streng an die Quellen, die *Vitae* und die Anklagebriefe. Schon lange im voraus hatte sich der Heilige angekündigt. Er war ein *Luzifer*, ein Lichtbringer, was Ärgernis bedeutet. Wer würde heutzutage die Hoffnung hegen, einmal heiliggesprochen zu werden? Außerdem verweisen heute die gemessenen Schritte der Ritenkongregation, dieser zentralisierenden und hinhaltenden schwerfälligen Maschinerie, die Träume eventueller Anwärter auf einen Ehrenplatz auf dem Altar immer in eine ferne Zukunft. Damals dagegen, zu Beginn des 12. Jahrhunderts, konnte fast jeder, der von sich hatte reden lassen – im Guten vorzugsweise, aber das war nicht unbedingt erforderlich –, jeder, der sich durch außergewöhnlich tugendhafte Lebensführung auszeichnete, darauf hoffen, dereinst »im Ruf der Heiligkeit« sein Leben zu beenden. Robert von Arbrissel gehörte also zu denen, die sich eines Tages vorgenommen hatten, ein Heiliger zu werden. Aus Stolz? Nein, der Heilige kündigte sich nur an, um sich danach wieder bescheiden zurückzunehmen. Ähnlich zog auch Johannes der Täufer mit seinem erhobenen Zeigefinger die Aufmerksamkeit nicht auf sich selbst, sondern wies auf Jesus Christus hin. Die Anmaßung Roberts von Arbrissel verwies in Wahrheit auf seine Demut, seine Willenskraft bereitete seine Hingabe an Gott vor. Auf seinen Wegen durch den Westen Frankreichs folgte er nackt dem nackten Christus.

Das Fleisch und das Wort

Robert soll um das Jahr 1045 geboren sein, so behaupten die Historiker, ausgehend von allerdings nur dürftigen Indizien, da ihnen exakte Hinweise fehlen. Kannte wenigstens Robert selbst das genaue Datum seiner Geburt? Auch das ist unwahrscheinlich. Außerdem interessierte diese Art von Detail die Hagiographen ohnehin nur wenig, mußte man bei einem Heiligen die wahre Geburt doch am anderen Ende seines Lebens suchen, am Tage seines Todes, der Rückkehr zum Vater, an dem Tag, der dann zum Datum seines Namensfestes, seiner Erlösung erhoben wurde. Was wir als »das Licht der Welt erblicken« bezeichnen, bedeutete für die mittelalterliche Spiritualität nur den Beginn eines Exils, einer langen Nacht.

Dagegen ist der Ort, aus dem Robert stammt, sehr wohl bekannt. In konzentrischen Kreisen nähert sich Balderich von Bourgueil dem Fleckchen Erde, aus dem Robert stammt. Er sei im Herzen der Christenheit geboren, in der Petite Bretagne, im Gebiet von Rennes, in Arbrissel, schreibt er. Geographisch gesehen liegt Arbrissel allerdings mehr in einem Randgebiet, am östlichen Saum Armorikas, einige Meilen vom Anjou entfernt, in einem Gebiet, das noch heute an der Grenze zwischen verschiedenen Departements liegt, nachdem dort Jahrhunderte hindurch die Grenze zwischen Diözesen beziehungsweise Provinzen verlaufen war, und in der sich, von den Inseln der Zivilisation Rennes und Angers weiter entfernt gelegen, größere Waldgebiete länger als anderswo erhalten hatten. Auf jenem Fleckchen Erde war Robert »eingeboren und ansässig«, als freier Lehnsmann; und der Hagiograph fügte außerdem hinzu, als »Sohn eines Priesters, hervorgegangen aus Generationen von Priestern«. Daß Robert einen Priester zum Vater hatte, galt in der Mitte des 11. Jahrhunderts als völlig normal. Zwar waren Mönche bereits an das Keuschheitsgelübde gebunden, doch hatte die Kirche noch kaum den Versuch unternommen, ihren Weltpriestern, den Geistlichen der Pfarreien, das Zölibat aufzuerlegen. Die Priesterehe war zum Zeitpunkt von Roberts Geburt durchaus üblich; nicht mehr so alltäglich, zumindest offiziell nicht, war sie dagegen, als Balderich um 1117 seinen Bericht über das Leben Roberts verfaßte. Man spürt seine Verlegenheit, sobald er dieses Thema anschneidet. Von den Eltern, Damaliochus und Orguendis, teilt er uns gerade noch die Namen mit, fügt aber kein einziges Wort hinzu, etwa um ihre Bedeutung zu preisen. Die Zurückhaltung wird besonders deutlich feststellbar bei einem Vergleich mit der traditionellen Hagiographie und ihren Topoi. Dort sind die Eltern immer von höchstem Adel und dem Herzen nach vornehmer als nach ihrem Geschlecht. Der Held selbst ist von vornherein heilig und »edel«. In doppelter Hinsicht zu Großem auserwählt, braucht er nur noch geboren zu werden.

Robert wurden solche Gaben nicht nachgesagt, und sie waren ihm wohl auch nicht in die Wiege gelegt. Seine Heiligkeit mußte er erst voll und ganz selbst erringen, und er sollte sich noch an der Schwelle seines Todes daran erinnern, »von einem unbedeutenden Greis und einer armen Frau abzustammen«. Im damaligen Arbrissel unterschied sich der Hirte tatsächlich kaum von seiner Herde. Wie diese war er auf die Scholle angewiesen, der er seinen Lebensunterhalt abgewinnen mußte; und er war kaum weniger arm, kaum besser gebildet, mit anderen Worten, sehr wenig gebildet.

Wie seine Pfarrkinder war er Feudalherren unterstellt, und zwar dem Seigneur de l'Epine und dem mächtigen Seigneur de la Guerche, der diesen Teil der Bretagne beherrschte. Robert wurde in die umliegenden größeren Städte geschickt, um jenes Minimum an Wissen zu erwerben, das auch für den Sohn eines unbedeutenden Pfarrers unabdingbar war. Er zog von einem Ort zum nächsten, unzufrieden, und Balderichs Bericht läßt vermuten, daß er, um ein Wortspiel zu verwenden, sein Studium verfolgte, ohne daß es ihm gelang, ihm nachzukommen...

Nach dem Tod seines Vaters trat Robert zweifelsohne dessen Nachfolge an in jenem etwas eigenartigen Lehen, wie es die Pfarrei von Arbrissel war. Und ebenso selbstverständlich wird er auch geheiratet haben. Keine der Quellen spricht ausdrücklich, über einen dieser beiden Punkte; ich unterstelle, daß es nach menschlichem Ermessen der Praxis der Zeit folgend so war. 1127 untersagte schließlich ein in Nantes abgehaltenes Konzil den Pfarrern der Bretagne, ihre Pfründen an ihre Söhne weiterzugeben. Ein halbes Jahrhundert zuvor dagegen dürfte die Erbfolge Damaliochs noch kein Problem dargestellt haben. Und wenn sein Sohn Robert seinerseits heiratete, dann wohl deshalb, weil all seine Ahnen ebenfalls geheiratet hatten. Selbst bei jenen winzig kleinen Pfründen – die, je kleiner sie waren, für ihren Besitzer um so mehr galten – sorgte man für Nachkommenschaft; die Quellen liefern uns Anhaltspunkte, die diese Vorstellung stützen. Selbst Balderich versichert nur, daß sein Held die Keuschheit geübt habe, »so sehr er konnte«. Im Vergleich zu der Folge tugendhafter Verhaltensweisen und Handlungen, aus der sich ein *Heiligenleben* gewöhnlich zusammensetzt, ist diese Einschränkung beachtlich. Marbod von Rennes gab zu verstehen, daß Robert etwa dreißig Jahre später für eine alte Sünde – doch wohl eine Sünde dieser Art – zu büßen versucht habe, indem er sich, ohne zu zittern, inmitten von Frauen aufgehalten hätte.

Folgendes Zeugnis, aus dem *Leben* Bernhards von Thiron, eines Gefährten Roberts, entnommen, sei hier noch angeführt; anschließend werden sich weitere Rechtfertigungen für die oben vertretene These erübrigen: »Nun war es zu jener Zeit in der ganzen Normandie Sitte, daß die Priester in aller Öffentlichkeit jemanden zur Frau nahmen, daß sie Hochzeit feierten und Söhne und Töchter zeugten, denen sie in Übereinstimmung mit dem Erbrecht nach ihrem Ableben ihre Kirchen vermachten. Auch wenn sie ihre Töchter verheirateten, gaben sie ihnen häufig, wenn sie über keine anderen

Besitzungen verfügten, eine Pfarrei zur Mitgift. Wenn sie sich eine Frau nahmen gelobten sie in Anwesenheit der Eltern der Frau, bevor sie sich mit ihr vereinigten, daß sie diese unter keinen Bedingungen je verlassen würden. Indem sie so handelten, verpflichteten sie sich, nie mehr aufzuhören, unzüchtig zu sein, sich dem Leib und Blut Christi nur noch als Schuldige und Unwürdige zu nähern, und, indem sie sich dem Allerhöchsten so näherten, ihre eigene Verdammung zu essen und zu trinken.«

Interessant ist, daß der letzte Satz dieses Berichtes eine deutlich andere Grundeinstellung zum behandelten Fragenkomplex ausweist als die vorausgegangenen Sätze. Zunächst beschreibt der Verfasser, wie pragmatisch normannische Priester seinerzeit gelebt haben; danach drückt er Mißbilligung über die damaligen Gepflogenheiten aus, ohne dabei deren Logik zu bestreiten. Man darf also davon ausgehen, daß auch die Pfarreien damals als erbliche Pfründen gehalten wurden. Wie die bäuerlichen Lehen, wurden auch diese im Laufe der Zeit immer mehr zerstückelt, denn innerhalb der nichtadligen Familien teilte man das Erbe auf alle direkten Nachkommen auf; lediglich bei den Großen war es üblich, den Besitz zusammenzuhalten, indem man ihn ungeteilt einem einzigen Sohn übertrug.

Der Bund der Ehe dagegen wurde in allen Ständen auf die gleiche Weise geschlossen. In dem hier zitierten Text ist sehr wohl von einer Hochzeit die Rede, begangen in gebührender Form, öffentlich besiegelt mit einem Treueid und gegründet auf die Übereinstimmung zwischen den Parteien, auf ihr gegenseitiges Einverständnis, genauer gesagt, auf das Einverständnis zwischen dem Mann und der Familie der Frau.

Auch Robert von Arbrissel dürfte also die Priesterweihe zu einem Zeitpunkt empfangen haben, als dieses System bereits ins Schwanken geraten war. Wenn er Ehe und Priestertum nur für kurze Zeit miteinander in Einklang zu bringen vermochte, war dies nicht auf eine grundsätzliche Entscheidung, sondern auf einen profanen Anlaß zurückzuführen. Später, auf seinem Totenbett, klagte er sich nämlich an, er habe »bei der Ordination eines Bischofs von Rennes die Sünde der Simonie auf sich geladen«. Simonie nannte man das Vergehen, Geld und Glauben miteinander zu verquikken, also etwa Handel zu treiben mit den Sakramenten oder mit kirchlichen Ämtern. Der Historiker Jean-Marc Bienvenu vermutet, daß Robert im Jahre 1076 anläßlich der Wahl von Silvester de la Guerche zum Bischof von Rennes auf diese Weise gefehlt hat. Damals mußte man sich nämlich über ein paar »Kleinigkeiten« nachsichtig hinwegsetzen, wenn man diesen Menschen in den Prälatsstand erheben wollte. Silvester war ein Mann des Schwertes, ohne große Bildung und hatte niemals die Priesterweihe empfangen. Da mußte der Umstand helfen, daß die Pfarrei von Arbrissel in seinem Machtbereich lag und Robert sein Untertan war. Robert muß sich Silvester verpflichtet gefühlt und nützlich gemacht haben.

Zwei Jahre später, 1078, setzte der Legat von Papst Gregor VII. den merkwürdigen Bischof wieder ab. Robert, so vermutet der Historiker, mußte damals aus der Bretagne fliehen, kompromittiert durch die Schande seines Herrn – was das Ende seiner Ehe bedeutet haben dürfte.

Danach tauchte Robert in Paris auf; er nahm dort sein Studium wieder auf. Die Universität, die später den Ruhm der Stadt begründen sollte, existierte damals noch nicht, aber auf der Ile de la Cité schossen schon überall Schulen aus dem Boden. Als Robert in Paris ankam, mußte er wohl als Simonist und auch als Nikolait gelten – ein Nikolait ist ein Geistlicher, der in der »Sünde des Fleisches« lebt. Als er Paris wieder verließ, war er zum entschiedenen Gegner beider Sündenpraktiken geworden. Balderich berichtet wenig über den Pariser Aufenthalt, eigentlich nur, daß Roberts Eifer für das Studium und seine Sittenstrenge ständig zugenommen haben. Aber gleichsam um die Bedeutung dieses Augenblicks hervorzuheben, liefert er zum ersten Mal einen zeitlichen Anhaltspunkt. Er erwähnt die Herrschaft Philipps I. (1060–1108) und das Pontifikat Gregors VII. (1073–1085), »um deutlich zu machen, zu welcher Zeit Robert aufwuchs und studierte«. Der Hinweis auf Gregor VII. ist mehr als eine bloße Zeitangabe. Er sagt etwas aus über den geistigen Entwicklungsstand, in dem sich der späte Student während seiner Pariser Jahre vermutlich befunden hat. Im Unterricht der Lehrer, in den Wortgefechten unter den Studenten, in hie und da gehörten Predigten dürfte die damals aktuelle kirchliche Reformbewegung mit Sicherheit eine bevorzugte Stellung eingenommen haben.

Seit Beginn des 11. Jahrhunderts wurde die Christenheit von einer immer mächtiger werdenden reformatorischen Strömung in Unruhe versetzt. Den Menschen, die die Kirche meinten erneuern zu müssen, erschienen zwei bis dahin herrschende Praktiken als in hohem Maße verwerflich: die Beschlagnahme von kirchlichen Gütern und Ämtern durch adlige Laien sowie die Unkeuschheit der Kleriker. Die Oberhoheit der bretonischen Lehnsherren über die Pfarrei von Arbrissel etwa und die von den normannischen Priestern praktizierte förmliche Eheschließung – die Reformatoren bezeichneten die zustande gekommenen Verbindungen als Konkubinat – sind zwei Beispiele für den Stand der Dinge. Die Reformbewegung erschütterte die Institution der Kirche vom Sockel bis zur Spitze. 1073 war dann der Archidiakon Hildebrand, seit langem ein eifriger Fürsprecher der Erneuerungsbewegung, als Gregor VII. zum Papst gewählt worden. Im darauffolgenden Jahr proklamierte die römische Synode dann konsequent die Absetzung aller simonistischen oder nikolaitischen Geistlichen und forderte die Gläubigen auf, die Kirchen aufsässiger Priester zu meiden. Die päpstlichen Legaten bemühten sich schließlich allerorten darum, die neuen Prinzipien durchzusetzen, was ihnen allerdings nicht ohne weiteres gelang. So lehnte eine ebenfalls 1074 in Paris einberufene Synode das Zölibat der Priester entschieden ab, bezeichnete es als vernunft- und naturwidrig. Man kann sich lebhaft vorstellen, daß der Student aus Arbrissel sich in Paris an solchen Debatten beteiligte wie einer, der vom Mond kommt...

»Ja, ich bin empfangen worden in Sünden, aufgezogen in Sünden und habe, durch meine Schuld, auf ungezählte Weisen gesündigt.« Darf man diese Worte Roberts, die von Bruder Andreas als seine letzte Beichte übermittelt worden sind, als eine reine Demutsformel verstehen, oder muß man sie streng wörtlich nehmen, als Schuldbekenntnis, als Anklage gegen sich selbst? Dieser Priester, der sich wahrscheinlich als Simonist betätigt und im »Konkubinat« gelebt hatte, dürfte sich als Schuldbeladener gefühlt haben. Statt, wie bei den Helden der Heiligenlegende, sein Leben gleichsam auf eine unbefleckte Empfängnis zurückzuführen, glaubte er, von Anfang an den Stempel der Sünde zu tragen. Sein Geständnis darf auch deswegen wörtlich genommen werden, weil sich in diesem Punkt die Zeugnisse in den beiden *Viten* dekken. Balderich sucht nach Worten, wenn er die besondere Qual, unter der Robert litt, schildert: »In ihm gab es eine Art innere Auseinandersetzung, ein Wüten des Geistes gegen ein gewisses Schluchzen des Leibs, die man als unmenschlich und gottfern bezeichnen könnte; kein Heilmittel gab es dafür, und viele raunten sich zu, daß es hier um etwas Außergewöhnliches ginge, weit entfernt von unserer elenden Schwäche.« Und später, als er die glanzvollen Zeiten von Fontevraud anspricht, die Zeiten des Erfolgs und des Ruhms, heißt es bei Balderich: »Während man ihn ruhig in der Menge glaubte, war der Meister doch allein, ganz und gar von Angst erfüllt.«

Ich glaube um so mehr, daß Robert unter quälenden Schuldgefühlen gelitten hat, obwohl diese damals beinahe ein Anachronismus waren – wegen ihrer Modernität. Das, was man heute als die Psychologie der Personendarstellung bezeichnen würde, tritt in den sonstigen zeitgenössischen Texten nur in Form eines Spektakels in Erscheinung. Dort wird ein Mensch beispielsweise nicht zwischen zwei gegensätzlichen Gefühlen hin- und hergerissen; er wohnt vielmehr dem Kampf zwischen einer Schar Teufel und einer Legion Engel lediglich passiv bei. Er ist der eigene Zuschauer seiner »Psychologie«, denn diese ist Psychomachie. Die Seele ist ein Manövergelände für Kräfte, die weit über das Individuum hinausgehen. Wenn also Balderich von innerer Auseinandersetzung spricht, von Angst oder, anders gesagt, von Innerlichkeit, klingen seine Worte echt, weil sie letztlich nicht in seine Zeit passen. Und seine Feder zögert denn auch: *»quidam singultus«*, ein gewisses Schluchzen. Mit Mühe nur löst sich das Vokabular der Psychologie von dem des Materiellen.

Das Gefühl der Schuld ist bei Robert um so intensiver, als es spät kommt. Erst mit über dreißig Jahren entdeckte der bretonische Priester, daß er eine Sünde begangen hatte, deren Existenz er nicht hatte ahnen können, von der er überrumpelt wurde, schlimmer noch, daß er in Sünde empfangen worden war.

Was sich hier als ein inneres moralisches Problem darstellt, bedeutete weit mehr als eine bloße Krise des individuellen Gewissens. Im Grunde stritten sich in Roberts Geist und Seele zwei Kulturen, zwei Seinsweisen: diejenige, die immerhin die Wirklichkeit von Generationen von Gemeindepfarrern gewesen war, und diejenige, die die Kirche nun vom letzten Viertel des 11. Jahrhunderts an durchzusetzen versuchte. Diese Akkulturation vollzog sich ganz gewiß nicht reibungslos, nicht ohne Probleme. Robert verleugnete sich und verabscheute das, was ihm bis dahin als das Normale erschienen war. Der Zusammenprall verschiedener sittlicher Vorstellungen bewirkte einen tiefen Riß in seiner Seele, und aus diesem wiederum ging das Bedürfnis nach geistiger Suche hervor, der er sich von nun an widmete.

Es gibt keinen eifrigeren Bekenner als den Konvertiten. Auch Robert drängte es außerordentlich, die Reformen unters Volk zu bringen, wozu ihm der Bischof von Rennes die Gelegenheit bot. Der Bischof war kein anderer als Silvester de la Guerche, inzwischen wieder in das Amt eingesetzt, von dem er einst verjagt worden war. Dieser Mann war selbstverständlich immer noch ungebildet, Balderich verhehlt es nicht. Immerhin erfüllte er jetzt die Forderungen der gregorianischen Reformbewegung, durch die er früher gestürzt worden war – ein seltsames Sich-Kreuzen zweier Lebensrichtungen, Ausdruck der geistigen Unruhe, die Ende des 11. Jahrhunderts im Lande herrschte. Um die Kirche von Rennes zu erneuern, suchte Silvester in seiner Umgebung nach gebildeten Priestern. Er hörte die Verdienste Roberts rühmen und soll persönlich nach Paris gereist sein, um ihn zu bitten, ihm beizustehen. Trifft diese von Balderich überlieferte Episode zu, so ist sie ein beredtes Zeugnis von der intellektuellen Einöde, die die bretonische Halbinsel damals gewesen sein muß. Robert willigte jedenfalls ein. Er sollte Silvester dabei unterstützen, die heilige Kirche von Rennes, seine geistige Mutter, wieder in Ordnung zu bringen. Über die gemeinsame Grundeinstellung hinaus, die sie vereinte, kamen zweifelsohne zwischen den beiden auch andere langjährige Bande zum Tragen. Robert war der Untertan seines Herrn geblieben, er konnte ihm seine Hilfe nicht verweigern.

Vier Jahre lang war Robert danach Erzpriester, was in der Praxis bedeutete, daß er die Diözese leitete. Der Bischof, immer noch mehr Soldat als Geistlicher, voller guter Absichten, aber stark überfordert durch die unruhige Situation in jenen Jahren, hatte die Zügel seinem Gehilfen überlassen, der immerhin ein wenig Pariser Bildung mitbekommen hatte. »Er schützte seinen Bischof in allem treu, und der Bischof, obgleich sein Herr, verschmähte seinen Schutz nicht.« Roberts Aktivität konzentrierte sich auf die gregorianischen Reformbestrebungen. Ihm ging es vorwiegend darum, die Kirche »von der schändlichen Knechtschaft durch die Laien zu befreien und unzüchtige Verbindungen bei Priestern und Laien zu bekämpfen«. Inzwischen versuchte die Kirche nicht nur, ihren Klerus zum Zölibat zu zwingen, sondern auch, indem sie immer mehr Verbote erließ, den Begriff der unzüchtigen Ehe aufs äußerste auszudehnen und die vor allem beim Adel noch immer praktizierte Polygamie abzuschaffen. Ein weites Programm, geeignet, Robert zahllose Feinde zu verschaffen.

Zusammenstöße zwischen Reformern und den Verteidigern einer überlieferten Ordnung sind oft von unerhörter Gewalt. 1114 exkommunizerte Petrus, Bischof von Poitiers, Wilhelm, den siebten Grafen von Poitou und neunten Herzog von Aquitanien, der den Beinamen »der Troubadour« erhalten sollte. Dieser Fürst zeigte sich öffentlich mit seiner Konkubine, der Maubergeonne, Vicomtesse von Châtellerault, und verstieß die einzige legitime Gemahlin, die die Kirche ihm zuerkannt hatte. Bestrafte ihn Petrus deshalb? Er exkommunizierte ihn, ob genau aus diesem Grund, ist nicht gesichert. Später jedenfalls exkommunizierte ihn Girard von Angoulême, der päpstliche Legat, ein zweites Mal, und nun bestimmt wegen besagten Vergehens. Wilhelm nahm den Bann ziemlich ungerührt hin, wobei er über Girards Kahlköpfigkeit spottete: »Eher wird ein Kamm deine widerspenstigen Haare kämmen, als daß ich die Komtesse verstoße.« Auf den durch Petrus von Poitiers verkündeten Kirchenausschluß reagierte Wilhelm dagegen am Ende ausgesprochen brutal. Der Chronist Wilhelm von Malmesbury berichtet darüber folgendermaßen:

»Als Petrus, der sehr heilige Bischof von Poitiers, Wilhelm seine Schuld vorgehalten und, angesichts von dessen Weigerung umzukehren, damit begonnen hatte, die Exkommunikation öffentlich zu verkünden, packte Wilhelm den Prälaten wuterfüllt bei den Haaren und rief, wobei er sein Schwert zog: ›Du wirst sterben, wenn du mir nicht die Absolution erteilst!‹ Doch der Bischof, der zunächst sein Erschrecken heuchelte, um einen Aufschub zu bekommen, sprach dann mit Festigkeit die entscheidende Formel. Er schloß den Grafen aus der Gemeinschaft der Christen aus, so daß er auch nicht wagen durfte, mit jemandem zu essen oder bloß zu sprechen; es sei denn, er bereue unverzüglich. Als er seine Amtshandlung abgeschlossen hatte, streckte er ihm, in Erwartung des Martyriums, den Nacken hin: ›Schlag zu‹, forderte er ihn auf, ›schlag zu!‹ Aber Wilhelm hatte sich schon wieder gefaßt und seinen üblichen Humor wiedergefunden: ›Ich hasse dich so‹, erklärte er, ›daß ich dich nicht mit meiner Rache ehren werde, so daß du nicht durch meine Hand in den Himmel eingehen wirst.‹«

Tatsächlich schonte Wilhelm den Prälaten nur, um ihn desto länger foltern zu können. Petrus starb im Exil am 4. April 1115 an Mißhandlungen, die er im Gefängnis erlitten hatte.

Die heftigsten Gegner der Reformer waren die Krieger. Gewalt gehört zu ihrem Wesen. Aber auch der Klerus hielt sich diesbezüglich nicht gerade sanft zurück. Bernhard von Thiron mußte diese Erfahrung machen, als er die normannischen Priester von der Gepflogenheit abbringen wollte, sich nicht nur dem Allerhöchsten, sondern auch einer Frau zu verschreiben. Sein Biograph berichtet, daß »er einige befreite, daß er aber die meisten von ihnen nicht aus diesem Abgrund des Todes herausziehen konnte«. Berücksichtigt man die übliche hagiographische Beschönigung, so war die Zahl der »Bekehrten« nur sehr gering. Noch schlimmer, die Priester setzten sich gegen Bernhard zur Wehr, wobei weit gefährlicher als diese deren Frauen waren. Sie fürchteten, von ihren Ehemännern getrennt zu werden, und trachteten dem eifrigen Reformer nach dem Leben. Man kann diese Frauen verstehen; die Verstoßung hätte für sie und ihre Kinder das Ende von allem bedeutet. Wehe der Frau, die zu jener Zeit außerhalb der Machtbefugnis eines Mannes – ob Vater, Bruder oder Ehegatte – lebte! Bernhard predigte in

Coutances; und hier begab es sich, daß sich »ein Archidiakon mit Frau und Kindern, begleitet von einem großen Gefolge von Priestern und Geistlichen« ihm entgegenstellte. Die Szene ereignete sich am Bischofssitz der Diözese, und die Geistlichen, die sich hier versammelt hatten, um das Pfingstfest zu feiern, waren so zahlreich, daß die Kathedrale sie kaum fassen konnte. Besagter Archidiakon war, wie Robert von Arbrissel in Rennes, die rechte Hand seines Bischofs, und durch seinen Mund sprach der gesamte niedernormannische Klerus: Warum, wollten die versammelten Geistlichen von Bernhard wissen, warum predige er, der doch Mönch und damit für die Welt gestorben sei, den Lebenden? Die Frage zielte auf einen exemplarischen Konflikt: Warum wollten Mönche anderen Geistlichen, solchen, die in der Welt lebten, eine Ordnung auferlegen, die nicht die ihre war? Eine Ordnung, die vielleicht gut war für jene Klausner, für jene »Für-die-Welt-Gestorbenen«, die sich bereits im himmlischen Licht befanden, die aber die »Lebenden« mit allen Fasern ihres Fleisches gegen sich aufbrachte? Gefährlich in die Enge getrieben, begann Bernhard, ein Sohn des heiligen Benedikt, eine lange, weitausholende Rede: Samson habe seine Feinde mit dem Kiefer eines toten Esels zurückgeschlagen, erinnerte er, und ebenso werde Christus das Böse in seine Schranken weisen mit Hilfe eines für die Welt gestorbenen Predigers, eines kräftigen Kinnbackens also, der »die Schale der Heiligen Schrift zermalmt, um den allegorischen vom tropologischen und den tropologischen vom anagogischen Sinn zu trennen«.

Mit diesem ersonnenen Vergleich half sich Bernhard aus der Bedrängnis. Ob er auf den Archidiakon tatsächlich überzeugend gewirkt hat, wie uns der Hagiograph glauben lassen will, ist dabei eine andere Frage. Fürs erste jedenfalls beruhigte Bernhard mit diesem Vergleich seine Anhänger – wobei er gewiß nicht vergaß, sich besonders um die Frauen zu bemühen – und verhinderte dadurch, daß man ihn umbrachte. Bis ins letzte Detail ist diese Geschichte aufschlußreich: Bernhard hatte es nicht einfach mit einer kleinen Gruppe Verrückter zu tun, die sich der Obrigkeit nicht fügen wollte; der Archidiakon handelte vielmehr seinerseits im Namen der Autorität, und der weltliche Diözesanklerus stand hinter ihm. Er wehrte sich nicht gegen die Ordnung, er verteidigte sie.

Als Silvester nach vier Jahren starb, brach der Haß des bretonischen Klerus über den jetzt nicht mehr unter bischöflichem Schutz stehenden Robert herein, der nach Angers floh. Es knisterte im Gebälk, doch die alte Welt war noch nicht aus den Fugen geraten.

Noch war es Robert nicht gelungen, seiner Umgebung sein Vollkommenheitsideal erfolgreich zu vermitteln. Er mußte sich darauf beschränken, seine persönliche Schuld zu sühnen. In Angers, wo er 1093 eingetroffen sein muß, begann er noch einmal mit dem Studium. Lesen und Beten waren das Gegengift gegen das *otium*, jene Trägheit des Geistes, die dazu verleitet, sich dem Feind auszuliefern. Der Feind, das hieß, »die Verlockung des Fleisches«. Um sie besonders wirkungsvoll zu bekämpfen, schloß Robert seinen Körper zwei Jahre lang in einen Harnisch ein, wie Dominikus, ein eifriger Schüler von Petrus Damiani, ihn sich zu Beginn des Jahrhunderts geschmiedet hatte, als er in den wilden Tälern des Apennin lebte. Dieses Panzerkleid war dann unter Eremiten fast zur Mode geworden. Die Seele steckte im Gefängnis des Körpers, meinten viele, und sie hofften, diese zu befreien, indem sie den Körper, den sie mit Gewalt zu bezwingen glaubten, seinerseits in Fesseln legten. Wer sich allerdings in ein derartiges Folterinstrument gezwängt hatte, bei dem meldete sich der Körper fortan noch viel deutlicher als zuvor. Die Eisenplatten des Harnischs mit ihren scharfen Kanten schnitten sich bei der geringsten Bewegung tief in die Glieder, in den Rumpf ein. Robert übrigens trug über diesem Folterinstrument ein normales Gewand aus feinem Stoff. Gott allein sollte um das Opfer wissen, das ihm gebracht wurde. Roberts unauffällige Buße dauerte zwei Jahre. Dann »kam der Tag, an dem er sich, auf die Welt verzichtend, in die langersehnte Wüste begab«.

Mit dem Namen Robert von Arbrissel verknüpft man heute das Bild eines Eremiten, und tatsächlich war dessen Aufbruch in das *eremum*, in die Einöde, der bedeutendste Augenblick in seinem Leben. Einen solchen Aufbruch bezeichnete man damals als »Konversion« – ein Begriff, unter dem wir heute den Übertritt von einer Religion zu einer anderen verstehen. Eine Konversion stellte eine entscheidende Wende im Leben der Menschen dar, die sich zu einem solchen Schritt entschlossen hatten; sie bedeutete eine Art Neubeginn. Es war durchaus üblich, in den *Viten* sonstige Ereignisse im Leben eines Heiligen in einen zeitlichen Bezug zu seiner Konversion zu stellen, zu sagen, dieses oder jenes sei im fünften oder zehnten Jahr nach diesem Schritt geschehen. Der Konvertit zog sich in die Einsamkeit zurück, um sich dort, losgelöst von den Belanglosigkeiten der Welt, ganz seinem Gott öffnen zu können. Es existiert kaum eine *Vita*, in der nicht von einem solchen Aufbruch die Rede ist. Balderich bezeichnet in der von ihm verfaßten Lebensbeschreibung den Entschluß Roberts als selbstverständlich, nicht überraschend und unausweichlich.

Diese eremitische Tradition hat ihren Anfang im Nahen Osten genommen, wo die Wüste nicht nur ein Synonym für Einöde, sondern etwas sehr Konkretes war: Felsenmeer an den Ufern des Roten Meeres, salpeterbedeckte Gebiete in Unterägypten, »ein mineralisches, weißes Meer, dessen erstarrte Oberfläche der Wind nicht zu bewegen vermag und das«, so berichtet Jacques Lacarrière, »wie eine kristallene Kuppel klingt, wenn man darüber hinwegschreitet«. In solche wilden Gegenden zog es schon im 4. Jahrhundert unserer Zeitrechnung Anachoreten, die Gott suchten: Antonius, Paulus von Theben, Pachomius und zwei Eremiten namens Makarius... So als ob sie sich nach einem Martyrium sehnten, das in ihrer inzwischen christianisierten Umwelt nicht mehr möglich war, setzten sie sich freiwillig dem Unerträglichen aus. Ihr Beispiel machte Schule. Hieronymus, der Kirchenvater und Übersetzer der *Vulgata*, war fasziniert von den Vätern Ägyptens; er verfaßte das *Leben des Paulus von Theben*, als er sich in die Wüste von Chalcis zurückgezogen hatte. Johannes Cassianus hatte, bevor er Bischof von Marseille wurde, in seinen *Collationes Patrum* die Worte jener Vorbilder niedergeschrieben, deren Leben er mehr als zehn Jahre teilte. Sowohl Martin, der Apostel der Gallier, als auch Benedikt, der Vorvater aller Mönche des Abendlandes – um nur die berühmtesten zu erwähnen – haben, ob für kurze oder längere Zeit, sich in die Abgeschiedenheit zurückgezogen.

In Irland strebte man einst diesem Ideal eifrig nach, und manche Historiker glaubten daher, daß die Tradition des Einsiedlertums auf dem Umweg über die keltische Kultur aus Irland in den Westen Frankreichs gekommen sei. Dies ist jedoch wenig wahrscheinlich; in keiner der *Viten* von Roberts Zeitgenossen wird auf die Landsleute des heiligen Patrick Bezug genommen, während den Verfassern die Thebais, die Mönchslandschaft in Ägypten, stets gegenwärtig gewesen sein muß. Man darf nicht außer acht lassen, daß die orientalischen Kirchenväter literarisch außerordentlich aktiv und erfolgreich waren und daß Geschriebenes über Jahrhunderte seinen Einfluß von einem Ende der Welt zum anderen auszuüben vermag, während mündlich Überliefertes meistens schnell der Vergessenheit anheimfällt. Die ein wenig seltsam anmutenden Berichte über die Büßer Ägyptens, Syriens oder Palästinas (einzelne *Viten* von größeren Heiligen, Sammlungen von Aussprüchen der Anachoreten, Berichte über Reisende wie Palladios, Rufinus oder Cassianus) waren im gesamten Abendland als Sammlungen oder in Form ausgewählter Stücke, selbstverständlich auf lateinisch, in Umlauf. In Klöstern und Schulen wurden sie bei den Mahlzeiten vorgelesen, geeignet, den Geist durch Wundersames zu unterhalten, aber auch Begierden jeglicher Art zu zügeln.

Das nie erloschene Ideal des Eremitendaseins nahm seinen Aufschwung zu Beginn des Jahres 1000; Romuald entdeckte an der Wende vom 10. zum 11. Jahrhundert die Freuden der Einöde von neuem. Er stammte aus dem Hochadel, aus der Familie der Honesti, der Herzöge von Ravenna. Wie andere junge Leute seinesgleichen verbrachte er seine Jugend mit derben Vergnügungen, mit Jagd- und Kampfspielen. Aber als er einmal im Wald Wild nachstellte und dabei an eine einsame Stelle kam, soll er einen Seufzer ausgestoßen haben: »Glücklich die alten Eremiten, die solche einsamen Stellen zum Ort ihrer Bleibe gemacht haben!« Und als danach sein Vater unter seinen Augen einen Gegner im Zweikampf getötet hatte, fühlte er sich dieser Tat schuldig und zog sich in ein Kloster zurück. Er legte die Ordensgelübde ab und wurde, nach immer mehr Vollkommenheit strebend, schließlich Ordensbruder in Saint-Michel-de-Cuxa, von wo aus er sich in eine benachbarte Einöde zurückzog. In dieser Einöde verbrachte er drei Jahre, ernährte sich zunächst ausschließlich von Kichererbsen und nahm am Ende nur noch sonntags Nahrung zu sich. Mit der Lektüre vom *Leben der Väter* stärkte er sich gegen die Anfechtungen durch den Teufel. Nach Italien zurückgekehrt, richtete er an verschiedenen Orten Klöster ein, bis er im Jahre 1012 in Camaldoli den Orden der Kamaldulenser gründete, eine Ordensgemeinschaft, der er die Regel verlieh, die ihm schon seit langem vorschwebte. Bei den Kamaldulensern verlassen die Eremiten ihre Zellen nur für den Gottesdienst, die Reklusen verlassen sie sogar niemals. Das Schweigen und Fasten der Mönche wird dort mit äußerster Strenge praktiziert: Während der beiden Fastenzeiten spricht man kein Wort miteinander; außer am Donnerstag und am Sonntag, den beiden einzigen Tagen, an denen man sich mit Gemüse zu sättigen versucht, lebt man von Wasser und Brot. Der Orden, dessen Mitglieder zwar nicht Eremiten im eigentlichen Sinn waren, sondern in einer Gruppe unter einem Dach lebten, entsprach dennoch Romualds Eremitenideal, »die ganze Welt in die Wüste umzuwandeln«. Auch Petrus Damiani, der Verfasser des *Lebens Romualds*, machte im Kloster Fonte Avellana, das zum Orden der Kamaldulenser gehörte, eine harte Schulung durch. Er wurde Prior dieses Klosters, und sein Ansehen in ganz Europa war schließlich so groß, daß man ihn immer wieder bei den Auseinandersetzungen, die die Christenheit damals zu spalten drohten, um Vermittlung ersuchte. Unter Zwang, unter Androhung der Exkommunikation, nahm er die Kardinalswürde an, doch sein sehnlichster Wunsch war, in seine Einsiedelei nach Fonte Avellana zurückzukehren. Sooft es ging, erfüllte er sich diesen Wunsch. Dort, weitab von den Ehrungen der Welt, aß er aus der Schüssel, in der man auch die Füße der Armen zu waschen pflegte. Petrus Damiani war ein leidenschaftlicher Verfechter der Kirchenreform und gehörte zu den Wegbereitern Gregors VII.

Nicht selten wird die Ansicht vertreten, daß das Wiederaufleben des Eremitentums auf den Aufschwung der Städte in Europa zurückzuführen gewesen sei, daß es sich also bei der Flucht aus der Welt um eine Flucht aus dem neuen Babylon gehandelt habe. Das galt anfangs sicher für Italien, später weniger für andere Länder. Die Geschichte des religiösen Gefühls entwickelte sich jedoch nach der eigenen inneren Gesetzmäßigkeit. Beständigkeit war das ideelle Bindeglied zwischen der vom Eremitentum angestrebten Weltentsagung und den Perfektionsidealen der Kirchenreform. Im Westen Frankreichs folgte die entsprechende Bewegung erst verspätet der hohen Zeit des gregorianischen Wirkens und begleitete die Aufrufe zum ersten Kreuzzug. Wilhelm Firmat schritt hier voran, im Maine; anschließend kam es zur Blüte des Eremitentums: Vitalis von Savigny, Raoul de la Fûtaie, Bernhard von Thiron, Herväus von der Einsiedelei La Trinité, Alleaume von Etival; mehr im Süden Petrus de Stellis, Stephan von Muret, Girald von Salles.

Wer sich von aller Zivilisation entfernt, spielt mit seinem Leben. Er kann vieles gewinnen und alles verlieren. Er wird nahe bei Gott sein oder beim Teufel. Tatsächlich ist das Beispiel für das Risiko derartiger Rückzüge aus der Welt im Evangelium, in der Geschichte von der Versuchung Jesu in der Wüste, zu finden. Nach vierzig Tagen des Fastens wird Christus dreimal vom Teufel versucht. Christus triumphiert; wer aber kann davon ausgehen, dessen Kraft zu besitzen, den Fürsten der Finsternis zu besiegen? Vom Bösen bedroht, haben selbst die größten Heiligen verzweifelt um Hilfe gerufen. Deshalb kennt die Geschichte ebenso die Warnung vor der Wüste wie den Aufruf zum Aufbruch dorthin. Benedikt beispielsweise legte in seiner *Regel* fest, wer sich zum Eremiten eignen sollte: »Derjenige, der dem regelmäßigen Klosterleben nicht mehr den Eifer eines Novizen entgegenbringt, sondern durch die fortgesetzten Übungen im Kloster bereits abgehärtet ist und mit Hilfe der Unterstützung durch seine Brüder hinreichend gelernt hat, den bösen Geist zu bekämpfen. Gut ausgebildet verläßt er das brüderliche Bataillon, um sich dem Einzelkampf in der Wüste zu stellen. Die Unterstützung anderer nicht mehr bedürfend, kämpft er mit eigener Hand und eigenem Arm, nur noch mit Gottes Hilfe, gegen die Laster des Fleisches und des Denkens.« In zwei Briefen, die an einen Eremiten namens Robert gerichtet sind, bei dem es sich wahrscheinlich um Robert von Arbrissel handelt, wiederholt der große Ivo von Chartres dieselben Vorsichtsmaßnahmen und dieselben Befürchtungen:

»Hüte dich gut davor, mit Hilfe der göttlichen Gnade, daß der unreine Geist, wenn er zu dir zurückkehren will, nicht das Haus, das er verlassen hatte, zwar außen geschmückt, aber innen leer vorfindet und daß er nicht die sieben anderen bösen Geister mitbringt, die sich als Tugenden verkleidet haben. Auf daß es dem Bösen nicht gelingt, deine neue Art zu leben schlechter werden zu lassen, als es die alte war. Wenn du mit Erfolg gegen den bösen Geist kämpfen willst, dann ordne dich in die Schlachtlinien der Soldaten Christi ein. Denn wenn du dich bemühst, im Einzelkampf zu bestehen, unerfahren gegen den kampfgewohnten Feind, wirst du durch seine zahllosen Angriffe vernichtend geschlagen werden. Erst wenn es dir, ausgerüstet mit dem Geist und der Kraft der Weisheit, zur leichten Sache geworden ist, die Fallen des alten Feindes zu entdecken, wirst du, wenn die Gelegenheit kommt, nunmehr erfahren, allein in den Kampf gehen können gegen all die Feinde, deren Angriffen zu widerstehen du in der gemeinsamen Schlachtordnung mit deinen Brüdern gelernt hast. So ermahnte unser Herr Jesus Christus seine Jünger, als sie noch nicht die Stärkung durch den Heiligen Geist und die Übung für die geistige Auseinandersetzung erhalten hatten, indem er ihnen sagte: ›Ihr aber sollt in der Stadt Jerusalem bleiben, bis daß ihr angetan werdet mit der Kraft aus der Höhe!‹«

Eine volkstümliche Redensart drückt es so aus: »Den jungen Eremiten fängt allzuschnell ein alter Teufel.«

Die Wüste, in die sich die Eremiten zur Zeit Roberts von Arbrissel zurückgezogen haben, war vor allem ein geistiger Raum, ein Raum, der, je nachdem, was man von ihm erwartete, reich gefüllt oder erschreckend leer sein konnte. Nun wird man herausfinden, daß weder Dürre noch Leere das *eremum* Roberts und seiner Gefährten ausmachten. Die Beschaffenheit jener Wüste war letztlich gar nicht von großer Wichtigkeit. Sie war so wenig wichtig, daß Balderich, der bis dahin alle Stationen Roberts von Arbrissel genau bezeichnet hatte, die neue Etappe in keiner Weise lokalisierte. Ivo von Chartres' Aussage in einem der erwähnten Briefe zufolge soll Robert »auf die Gipfel der Berge« geflüchtet sein. Diese Gipfel allerdings wird man in den sanft hügeligen Gegenden im Westen Frankreichs vergeblich suchen; sie sind nämlich nur das Gegenstück zur geläufigen Vorstellung vom »Tal der Tränen«, Symbol für den Aufstieg der menschlichen Seele zu Gott. Und mehr als Symbol. Die Menschen jener Zeit sahen die Welt, sahen das, was man heute die Wirklichkeit nennt, durch das Prisma der Universalien, der platonischen Ideen; und die waldreichen Gebiete, für die die Eremiten damals eine Vorliebe hatten, waren deshalb für sie auch in erster Linie nur der blasse Widerschein einer Idee. In Wirklichkeit galten sie ihnen als die steilen Böschungen am Rande des Roten Meeres und als die Himmelsleiter Jakobs.

Für uns mag das zu viel oder zu wenig sein. Wir lokalisieren und datieren gern, als ob dies einen Ort erhalten und die Zeit aufhalten könnte. Im Frühjahr 1095 kam Robert von Arbrissel im Wald von Craon an, an der Grenze zwischen dem Anjou und der Bretagne.

Im Abendland sind die Wüsten der Anachoreten also bewaldet. Was das Martyrium angeht, dem man sich aussetzen konnte, unterscheidet ein alter irischer Text zwischen dem »weißen Martyrium« des einfachen Verzichtens, dem »roten Martyrium« der Martern und des Todes und dem »grünen Martyrium« der Kasteiungen und Bußen – grün wie das Laub der Wälder.

In den Wäldern, als »Gefährte von wilden Tieren«, unterwarf Robert sich »unmenschlichen Kasteiungen« und »schwächte sich durch grausame Schläge«. Er erlegte sich auf, »ein Büßerhemd aus Schweinsborsten zu tragen, sich den Bart ohne Wasser zu rasieren, keine andere Schlafstatt zu benutzen als den Boden, auf Wein, erlesene oder fette Speisen zu verzichten, nur wenig zu schlafen«. Man ist fast enttäuscht. Die hier aufgeführten Kasteiungen waren sicherlich streng, aber nicht extrem, sie lagen weit unterhalb der Forderungen, die die Meister der Thebais an sich stellten, und waren wahrscheinlich kaum härter als das Leben der Bauern in jener Zeit. Aber Balderich meinte wohl, daß diese sichtbare Askese eine viel schlimmere Pein verbarg, ebenso wie es die Kleider aus feinem Stoff taten, die Robert einst in Angers trug: Es war »die innere Auseinandersetzung«, unter der Robert von Arbrissel in erster Linie zu leiden hatte und die ihn dazu zwang, »sich als erbitterter und ungerechter Feind gegen sich selbst zu verhalten«.

Anderen Menschen gegenüber war er dagegen »maßvoll und sanft«. Denn seine Wüste war nicht nur grün, sondern auch stark bevölkert. Der mittelalterliche Wald war ja nie menschenleer. Er lieferte vielen den Lebensunterhalt; Holzfäller, Jäger, Beerensammler, Schweinehirten, Bedienstete der Obrigkeiten traf man da an. Jedermann kam dorthin, um sich Holz oder Eicheln zu holen; am Waldrand wurde gerodet, langsam aber sicher immer mehr Kulturland gewonnen. Besonders die Wälder von Le Mortainais, L'Avranchin, Fougères, Mayenne und Craon, an der Grenze zwischen den Provinzen Normandie, Bretagne, Maine und Anjou gelegen, waren am Ende des 11. Jahrhunderts schon ziemlich belebt – und die sogenannten Einsiedler durchzogen diese Wälder, folgten einander nach und kamen sich an manchen Orten gar in die Quere. Bernhard von Thiron löste Firmat in Fontaine-Géhard und in Savigny ab, letzteres mußte er schließlich wieder verlassen, um den Platz für Vitalis und seine Anhänger freizumachen. Diese Wüste war in keiner Weise menschenleer! Gewöhnlich ging man sich auch nicht aus dem Weg, im Gegenteil. Das *Leben des Vitalis von Savigny* zeugt von diesem Einsiedlernetz: »Häufig empfing er den Besuch der berühmtesten und ehrenwertesten Männer jener Epoche, Roberts von Arbrissel, des Gründers des Klosters von Fontevraud, Bernhards von Thiron sowie anderer sehr berühmter Eremiten. Sie versammelten sich in Dampierre, nach dem Beispiel der alten Kirchenväter, und bei ihren Zusammenkünften diskutierten sie über die Stellung der heiligen Kirche und über das Heil der Seelen.«

Das sehr umfassende *Leben des Bernhard von Thiron* informiert noch anschaulicher: »Es gab an den Grenzen zwischen dem Maine und der Bretagne weite Einöden, in denen zu jener Zeit, wie in einem zweiten Ägypten, zahlreiche Eremiten in ihren verstreuten Klausen wohnten.«

Begleitet von Petrus de Stellis bat auch Bernhard, der aus

einem Benediktinerkloster entflohen war, um Aufnahme in den Kreis der Einsiedler. Vitalis von Savigny, einer der Oberen dieser seltsamen Gemeinschaft, rief deshalb so etwas wie ein Konzil der Anachoreten zusammen. Bernhard wurde mit Begeisterung aufgenommen, und jeder Eremit bot dem neuen Gefährten seine Klause an, um ihn für sich gewinnen zu können.

Bernhard beschloß daraufhin, erst einmal alle über das Waldgebiet verbreiteten Klausen zu besichtigen, bevor er sich für eine entschied. Seine Wahl fiel dann auf eine Hütte die in den Ruinen einer ehemaligen Kapelle errichtet war. Ihr Bewohner, Bruder Petrus, verstand nicht soviel vom Gartenbau wie die übrigen Mönche, er übte den Beruf eines Drechslers aus, was darauf schließen läßt, daß er so etwas wie eine Tauschwirtschaft betrieb. Als sich Petrus durch die Wahl Bernhards ausgezeichnet sah, »tanzte er vor Freude und verspottete seine Gefährten«. Er improvisierte eine Mahlzeit, über die der Hagiograph berichtet: »Schnell holt er Körbe und läuft in den Wald, der sich rund um seine Lichtung erstreckt. Unbekümmert biegt er dornige Sträucher auseinander, sammelt Haselnüsse und andere Waldfrüchte. Und während er noch die Früchte in seine Körbe füllt, findet er in einem hohlen Baum ein Bienenvolk, das reichlich Wachs und Honig zusammengetragen hatte.« Außerdem tischt er seinem Gast Mus aus Blättern auf. Und der Hagiograph schließt mit der Bemerkung: »Es wäre ein reiches Mahl gewesen, wenn nicht das Brot gefehlt hätte, jener edelste Bestandteil eines Festes.«

Seltsame Einsiedler und seltsame Asketen, diese Mönche; abseits der Gesellschaft führten sie ihre besondere Art von Landleben, eine Mischung aus Gastlichkeit und Unabhängigkeit. Sie lebten frei in ihren Wäldern, wo die Netze des Feudalismus weitmaschiger geknüpft waren als anderswo; und das war es wert, daß sie ihren Kräuterbrei nur am Sonntag salzten.

Der Eremit lebt nicht nur in der Gesellschaft seiner Mitbrüder, er trifft auch mit anderen Menschen zusammen. Seine notdürftige Unterkunft dient so manchem verirrten Wanderer als Rastplatz; die gesamte mittelalterliche Literatur legt Zeugnis ab von dieser gastlichen Funktion.

Besonders in den Waldgegenden des Westens Frankreichs strömten am Ende des 11. Jahrhunderts die Menschen in großer Zahl zu den Anachoreten, um sie um Rat zu fragen, um sie bloß zu sehen oder ihnen zuzuhören. Die Einsiedler hatten zunächst eine prophetische Funktion. Ihre geistige Durchdringungskraft erlaubte es ihnen, sofort die Situation zu erfassen, in der sich ein Ratsuchender befand, und ihm dann den rechten Weg zu weisen.

Eine arme Frau brachte Firmat drei Eier mit – Eier, eines der Hauptnahrungsmittel im Mittelalter, wurden damals in unverhältnismäßig großen Mengen verzehrt. »Nimm diese Gabe wieder zurück, meine Tochter, du bietest sie mir zu Unrecht an, denn sie gehört weder dir noch mir«, lehnte der Eremit die Annahme der Eier ab. Doch die Frau bestand darauf: »Ich habe von dem Wenigen, das ich besitze, genommen, was ich konnte, um Eurer Heiligkeit eine kleine Gabe zu überbringen.« Sie legte die Eier vor Wilhelm auf die Erde, da verwandelten sich diese in Frösche. Nun erschrak die Frau sehr, denn sie glaubte, Gott habe ihr ein Zeichen seiner Mißbilligung gegeben. Doch der Heilige schaute sie ruhig an. »Geh und bring deiner Nachbarin zurück, was ihr gehört!« sagte er nur. Was die Frau denn auch tun konnte, da die Eier glücklicherweise wieder ihre ursprüngliche Gestalt angenommen hatten.

Schon das auffällige und zugleich der religiösen Tradition verpflichtete Äußere dieser Männer Gottes lenkte die Aufmerksamkeit auf sie: ein Gewand aus grobem, braunem Wollstoff, ausgefranst und kurz, schwielige Knie und nackte Beine freigebend; ein zotteliger Bart und struppige Haare. Sie zu sehen, besser noch, sie zu berühren, hieß, ein wenig teilhaben am Verdienst ihrer Askese. Ihr Körper, der um so kostbarer zu sein schien, als die Eremiten ihn selbst herabgewürdigt hatten, übte eine magische Kraft aus. Er hatte über alle Maßen gelitten und für viele gesühnt, und jetzt ging ein Segen von ihm aus. Man hoffte, etwas von der Kraft des Eremiten übertragen zu bekommen als Entgelt dafür, daß man zu ihm in den Wald gegangen war und auch in Würdigung der kleinen Liebesgaben, die man mitgebracht hatte.

Zu Robert von Arbrissel strömten die Menschen hauptsächlich, um seine Reden zu hören. Seine Hagiographen sind nicht die einzigen, die seine »göttliche Beredsamkeit« preisen. Zahlreiche Urkunden erwähnen den »Donner« seiner Stimme, und selbst Abälard hat sein Talent besungen. Robert war sich dieser Gabe bewußt, und bis zu seinem Tod dankte er Gott dafür. Noch einige Tage vor seinem Ableben baten ihn die Mönche der Abtei Déols, für sie zu predigen, obwohl sie mit Fontevraud im Streit lagen. Robert vermochte mehr, als nur eine Botschaft zu verbreiten; er beherrschte eine Kunst, so daß man nach ihm verlangte wie nach einem Virtuosen. Im folgenden soll auf eine der wenigen Predigten, die von ihm überliefert sind, eingegangen werden, wobei es allerdings nicht mehr möglich ist, den Bann seiner Stimme und seiner Erscheinung wieder aufleben zu lassen, einen Bann im ursprünglichen Sinn des Wortes, einen magischen Zauber, für den die Frauen übrigens durchaus empfänglich waren. Zu Beginn seiner Tätigkeit als Wanderprediger verkündete Robert eine Botschaft, die ebenso schrecklich war wie der Donner seiner Stimme und ebenso grob wie die wollenen Lumpen an seinem Körper. Er rief zur Buße auf, und dies mit aller Eindringlichkeit. Ein Historiker des 17. Jahrhunderts hat ein Zeugnis überliefert, von dem leider die Herkunft unbekannt geblieben ist: »Robert sprach sehr oft mit der Absicht, dem Sünder Schrekken einzujagen, daß nämlich diejenigen, die die Befehle Gottes mißachteten, in den Höllenschlund stürzen würden. Diejenigen, die ihn haßten, nannten ihn deshalb, um ihn zu verspotten, den ›Höllenschlund‹.« Balderich vervollständigte besagtes Zeugnis: »Man erlebte, wie er in seinen Predigten die Sünder mit Schmähungen überhäufte; die hingegen, die der Sünde entsagten, tröstete er mit väterlicher Liebe.« Und viele von denen, die zu ihm geströmt waren, schlugen sich, nachdem sie ihn gehört hatten, an die Brust und versprachen, fortan nur noch Gutes zu tun. Sie waren nun ihrerseits Bekehrte, und ihre Bekehrung verstanden sie als geistige Gegengabe, mit der ihr Kommen belohnt wurde. Und »manche von ihnen waren von weither gekommen«.

Eremitentum und Wanderpredigt ergänzen einander unter einem bestimmten Gesichtspunkt. Die persönliche Askese des Eremiten bildet die Grundlage für sein Recht, andere zur Buße aufzurufen. Ein Prediger, der selbst wie ein Büßer lebt, erfüllt so den Missionsauftrag an die siebzig Jünger, von dem das Lukasevangelium spricht: »Traget keinen Beutel noch Tasche noch Schuhe und grüßet niemand auf der Straße... Und wo ihr in eine Stadt kommt und sie euch aufnehmen, da esset, was euch wird vorgetragen.« Robert soll sich nach Bruder Andreas exemplarisch daran gehalten haben: »Immer das härene Gewand zu tragen und barfüßig zu gehen, das Wort Gottes zu predigen und sich ausschließlich mit dem zufriedenzugeben, was ihm die Zuhörer angeboten hatten, nur zu nehmen, wozu ihn die Natur unbedingt zwang.« Seit seinem Aufbruch in die Wüste bemühte er sich, stets mit einem zweiten Priester zusammen über Land zu ziehen. Auch hier war es wieder so, daß er dem Auftrag aus dem Lukasevangelium wörtlich folgte, denn nach diesem sollten die Apostel »je zwei und zwei« auf Missionsreise gehen. Und dementsprechend lebten die meisten Heiligen in der Gemeinschaft mit einem Gefährten, sei es in ihrer Klause oder auf ihren Wanderschaften. Als er in der Umgebung von Craon lebte, brachte Robert eine Zeitlang die beiden Aufgaben des apostolischen Lebens voll miteinander in Einklang: »Am Tag bemühte er sich, das göttliche Wort auszusäen, und nachts zog er sich in die Wüste zurück, um zu Gott zu beten.«

Allerdings waren Eremitentum und Predigt in anderer

Beziehung wiederum nur schwer vereinbar. Zwar kehrte ein Teil der Bußwilligen getröstet und geläutert aus den Wäldern nach Hause zurück, andere konnten sich dagegen vom Meister nicht mehr lösen. »Er wäre vor solchen Menschenmengen gern geflohen und hätte sich allein versteckt, wenn er nicht gefürchtet hätte, damit eine Sünde zu begehen.« Robert von Arbrissel wußte, daß es ein Vergehen gewesen wäre, jemanden zurückzuweisen, der bei ihm bleiben wollte. Und so gab er die »Wüste« auf. Sein Leben lang sehnte er sich aber weiterhin nach der Einsamkeit, nach der unmittelbaren Gottesbegegnung. Er verschrieb sich den Menschen, die ihn ihm ihr Heil sahen.

Sie waren seine Schüler, er war ihr Meister. Und er hielt es für seine erste Pflicht, für ihren Lebensunterhalt zu sorgen, so wie Christus es als seine Pflicht erachtet hatte, für die Menschen zu sorgen, die sich zu ihm bekannten. Die Strukturen des Feudalismus hatten die Menschen in einem solchen Maße geprägt, daß sogar die Außenseiter in ihren Einsiedeleien danach trachteten, sie zu übernehmen. Wenn Robert sich dazu entschloß, im Wald von Craon eine regelrechte religiöse Gemeinschaft zu gründen, dann geschah dies, wie Balderich zu entnehmen ist, vor allem aus wirtschaftlichen Gründen. Von den drei Eiern, die Wilhelm Firmat angeboten wurden, bis hin zur Übergabe ganzer Ländereien war die Schenkung eines der Hauptelemente des Tauschhandels in jener Zeit. Schenkungen kamen in Hülle und Fülle auf die Kirche zu, und die religiösen Stiftungen hatten die Funktion, jenen Gabenstrom zu kanalisieren, zu vergrößern und eventuell weiterzuleiten. Als Gegengabe sollte die Kirche, sollten Robert und die Seinen Fürbitte tun für weniger konkrete, aber ebenfalls hochgeschätzte Wohltaten. Wirtschaftsgeschichte und Geschichte der Spiritualität waren also, wie bei diesem Tauschhandel im Namen der Religion, keineswegs voneinander streng geschieden, sie durchdrangen sich vielmehr wechselseitig. Der Feudalherr Seigneur Renaud de Craon machte damals die erste Schenkung: Er trat das Gebiet von La Roë ab, wo sich die Gemeinschaft Roberts niederließ.

Welches Statut sollte ihr nun gegeben werden? Am Ende des 11. Jahrhunderts war es innerhalb weniger Jahre zu einer Blüte von Ordensneugründungen und Reformen gekommen. 1084 gründete der heilige Bruno von Köln die erste Kartause (La Grande Chartreuse) nördlich von Grenoble. Ihm stellte sich bereits das gleiche Problem wie später Robert von Arbrissel: Wie ließ sich das Ideal einsiedlerischer Abgeschiedenheit mit den Einrichtungen für die Zönobiten, die Mönche, die in ständiger Klostergemeinschaft leben, in Einklang bringen?

In dem abgelegenen Kloster im Chartreuse-Bergmassiv lebte jeder Mönch isoliert von den anderen in seiner Zelle. Die Gemeinschaft gliederte sich auf in ein Nebeneinander von vielen Einöden. In dem von Stephan von Muret gegründeten Orden, der sich 1124 in Grandmont niederließ, wurde besonderer Nachdruck auf Armut gelegt. Um äußerste Demut zu manifestieren, gehorchten dort die Chormönche, Männer von Bildung, die im allgemeinen den oberen Gesellschaftsschichten entstammten, den Laienbrüdern, ungebildeten Bauern, die sonst nur für die niedrigsten Arbeiten zuständig waren. Auch das traditionelle Mönchstum, der Orden des heiligen Benedikt, konnte sich dem reformatorischen Sog der Zeit nicht entziehen. Das weit verbreitete Bedürfnis nach Entsagung fand kaum mehr seine Erfüllung im Prunk von Cluny. 1098 gründete Robert von Molesmes Cîteaux, das Mutterhaus des Zisterzienserordens, jenes reformierten Zweiges der Benediktiner, der durch das Wirken des heiligen Bernhard von den ersten Dezennien des 12. Jahrhunderts an einen gewaltigen Aufschwung nehmen sollte. Reform, das bedeutete im Mittelalter fast immer Rückkehr zu den Quellen. Man kehrte also zurück zur *Regel* des heiligen Benedikt in all ihrer Strenge, man besann sich wieder auf das Ideal der Mittellosigkeit, das sich dann in der zisterziensischen Architektur widerspiegeln sollte.

Es kam zu einer nie dagewesenen Blüte der Erneuerungsbewegungen, und in deren unterschiedlichen Formen selbst bezeugte sich ihre Ernsthaftigkeit. Jedermann versuchte auf seine Weise dem Ruf zu folgen, den er vernahm. Daher wäre es falsch und ungerecht, die sogenannte gregorianische Reform auf das Wirken eines einzigen Individuums zurückzuführen, und handle es sich dabei um den Pontifex maximus. An allen Orten der Christenheit, in allen Ständen der Gesellschaft wurden die Seelen der Menschen von der gleichen Unruhe, von der gleichen Hoffnung ergriffen. Es fällt dabei auf, daß im 11. Jahrhundert, parallel zur geistigen Reformbewegung, ein beachtlicher demographischer und ökonomischer Aufschwung in Europa zu verzeichnen ist. Damals gab es zwar etwas mehr allgemeinen Wohlstand, es kam aber oft auch zu sozialer Ungleichheit und zu Spannungen in Verbindung mit dem Wachstum. Es gab mehr Mobilität, mehr Tauschhandel, ein neuer Geist des Forschens und Eroberns breitete sich aus; all dies stand mit Sicherheit in Beziehung zu jenen spontanen Reformbewegungen, zu jener neuen Sehnsucht der Menschen, zu jener »anderen Pionierfront«, wie sie Jacques Le Goff bezeichnete, nämlich »der des Gewissens«.

Robert von Arbrissel gründete in La Roë eine Kongregation von Kanonikern (Canonici Regulares). Kanoniker sind Ordensleute, die nicht nach einer Mönchsregel, sondern nach den Richtlinien (Canones) für Kleriker leben. Die von Robert von Arbrissel ins Leben gerufene Gemeinschaft befolgte die alte *Regel* des heiligen Augustinus, und man kann sich vorstellen, daß Robert sie strengstens nachzuleben versuchte: Askese, eigener Hände Arbeit und Armut. Sie bot die Gelegenheit, die moralischen Anforderungen des Mönchtums – Keuschheit, Armut, Gehorsam – und das Apostolat des Weltpriestertums miteinander zu verbinden. Dabei ging es ihm um die Bekehrung der Christen des umliegenden Landes zum wahren Evangelium, zur Imitatio Christi. Als *vita apostolica* bezeichnete man eine solche Lebensweise, die sich wiederum auf eine Tradition, die allerhöchste nämlich, auf die Gemeinschaft der Apostel berief. Wie Robert selbst, der sein Leben Eremos und Wanderpredigt verschrieben hatte, sollten die *Canonici Regulares* von La Roë nicht nur ihre eigene Vervollkommnung anstreben, sondern im Dienst des Nächsten stehen. Auch die meisten anderen neuen Orden bemühten sich darum, sich *hic et nunc* den Menschen zu widmen, im Unterschied zum klassischen Mönchtum, das nur indirekt, durch das Gebet, auf die Welt einwirkt.

Im Februar 1096 erlebte Robert die glanzvolle Weihe seines Apostolats. Papst Urban II., der soeben einen Aufruf zum Kreuzzug erlassen hatte, befand sich zu diesem Zeitpunkt auf der Durchreise in Angers, wo ihm Roberts Ruf als Prediger zu Ohren gekommen war. Er wollte ihn gern hören, doch war er neugierig und mißtrauisch zugleich. So lud er ihn ein, anläßlich der Einweihung der Saint-Nicolas-Kirche zu predigen, jedoch mit der ausdrücklichen Aufforderung, er möge sich ungebührlicher Ausdrücke enthalten. Robert bestand die Probe. Nun wurde er mit einer offiziellen Mission als Prediger betraut, und der Papst verlieh ihm den klangvollen Titel des *Dei seminiverbum*, des Sämanns des göttlichen Wortes.

Robert von Arbrissel war nun berühmt. Seine Predigten in den benachbarten Bistümern lockten solche Menschenmengen an, daß, nach Balderich zu urteilen, La Roë überflutet worden wäre, wenn dessen Gründer auch nur ein Zehntel derjenigen aufgenommen hätte, die um Aufnahme ersucht hatten.

In einem Buch, das in den fünfziger Jahren für einigen Wirbel sorgte, bestritt der DDR-Historiker Ernst Werner die Echtheit des päpstlichen Missionsauftrags von Robert. Daß die Institution der Kirche vorsichtig blieb im Hinblick auf den wandernden Prediger, ist nicht zu leugnen. Aber der Leipziger Historiker hatte es zu eilig, seinen Helden zum Verteidiger der Unterdrückten gegenüber den Großen zu machen, deshalb verkannte er, was die konsequente Linie von Roberts Lebensweg ausmachte, jenes Weges, der von der bescheidenen Pfarrstelle in Arbrissel bis zur Weihe des *seminiverbum* geführt hatte. Es ist unleugbar, daß Roberts Seele aus dem Gleichgewicht geraten war: Ein tiefes Gefühl der Schuld hatte den jungen Priester erfaßt, als er sich bewußt wurde, Sünder und Frucht einer Sünde zu sein. Man lehrte ihn den Namen dieser Sünde: das Fleisch. Nun versuchte er, es aus allen Kräften zu hassen: Er erstickte es, zerbrach es, so glaubte er zumindest. Aber dieselbe Leidenschaft, mit der er nun gegen sich selbst ankämpfte, trieb ihn auch seinen Mitmenschen entgegen. Er wollte sie mitreißen zum ewigen Heil. Zwar scheiterte er als Erzpriester, doch war er dann erfolgreich als Büßer und Wanderprediger. In dieser neuen Lebensweise hatte er sein Charisma entdeckt, die Allmacht des Wortes, eine Gabe Gottes. Roberts Kampf gegen die Simonie, gegen den Nikolaismus, sein Aufruf zur Buße, seine Gründung des Kanonikerstifts, all dies lag genau auf der Linie der Kirchenreform. Es war nur konsequent, daß Papst Urban II., nachdem seine Befürchtungen bezüglich der Extravaganzen dieses Predigers weitgehend zerstreut waren, Roberts verdienstreiche Bemühungen auszeichnete und daß er vor allem dessen Rednertalent in den Dienst der Erneuerung der Christenheit stellte.

Die Örtlichkeiten, die Robert bisher durchwandert hat, liefern weitere Hinweise auf die Folgerichtigkeit seines Lebenswegs. Einer der Haupttopoi der Hagiographie ist bekanntlich die Rückkehr des Heiligen zu seinem Ursprungsort, die sich in Form einer Epiphanie vollzieht. Die schöne Legende vom heiligen Alexius, die um 1060 in französischer Version verbreitet wurde und den ältesten literarischen Text in französischer Sprache überhaupt darstellt, liefert dafür ein hervorragendes Beispiel. Alexius, der Sohn des edlen Eufemianus und der Agleis wuchs in Rom heran. Am Tag seiner Hochzeit begab er sich, um seine Keuschheit zu bewahren, nach Edessa in Syrien. Er verschenkte dort seine gesamte Habe und lebte, unter einer Kirchenpforte gekauert, von den Almosen, die man ihm gab. Seine Eltern ließen ihn in aller Welt vergebens suchen. Um dem Ruhm zu entfliehen, den ihm sein beispielhaftes Leben eingebracht hatte, kehrte Alexius siebzehn Jahre später nach Rom zurück und ließ sich im Hause seines Vaters als armer Pilger aufnehmen. Wiederum siebzehn Jahre lang ertrug er es, daß ihn die Dienerschaft dort schlecht behandelte und mit Spott bedachte. Senem Vater wurde schließlich offenbart, daß der Unbekannte unter seinem Dach ein Heiliger Gottes sei. Er eilte zu ihm hin, nur um ihn sterben zu sehen und aus seiner Hand ein Dokument zu erhalten, das über das Leben dieses Pilgers berichtete und seine Herkunft enthüllte. In grenzenlosem Schmerz weinten die Eltern über ihre Verblendung. Doch sein Inkognito verschaffte Alexius die höchste Anerkennung auf Erden, die Heiligkeit.

Robert von Arbrissel war seit vielen Generationen in seinem Heimatort in der Bretagne verwurzelt; er war dort »heimisch«. Als er dann »das Land seiner Väter« verlassen mußte, fühlte er sich wie »ein Verbannter, ein Flüchtling«, und als er schließlich nach Paris ging, bedeutete dies für ihn, »nach Frankreich« aufzubrechen. In die Diözese von Rennes, aus der er »gebürtig« war, zurückzukehren, hieß dagegen, heimzukommen in den Schoß »seiner heiligen Mutter Kirche«. Von Rennes nach Angers vertrieben, begab er sich von dort bald in den Wald von Craon. Jean-Marc Bienvenu hat mit Recht darauf aufmerksam gemacht, daß dieser Teil des Anjou der Bretagne am nächsten liegt. Da er nach Rennes nicht zurückkehren konnte, weil er sich dort durch seinen Eifer zu viele Feinde gemacht hatte, ließ sich Robert an der Grenze zu eben jener Diözese nieder, in nächster Nähe von Arbrissel. Und als der Seigneur Hervé de l'Epine der

Kongregation von La Roë Roberts väterliche Pfarrei zum Geschenk gemacht hatte, war der Kreis geschlossen. Der verlorene Sohn brauchte nicht einmal in seine Heimat zurückkehren; seine Heimat kam zu ihm. Und hier könnte die Geschichte Roberts von Arbrissel eigentlich zu Ende sein.

Die Feuerprobe

Robert von Arbrissel dachte aber nur noch daran, wieder aufzubrechen. Sich dieser Handvoll Kanoniker zu widmen hieße, der großen Menge der übrigen Menschen nicht gerecht zu werden. Das geregelte Leben der Bekehrten zu teilen bedeutete, den verirrten Schafen den Rücken zu kehren. Wozu den bereits Überzeugten predigen? Es klingt Verlegenheit mit, wenn Balderich von Bourgueil sich darum bemüht, den neuerlichen Aufbruch Roberts, bei dem er La Roë sich selbst überließ, zu rechtfertigen. Er versichert, daß sein Held nur mit der Zustimmung des Bischofs von Angers handelte, daß er die Erlaubnis seiner Gefährten erhalten hatte und im Grunde nur dem Befehl Urbans II. gehorchen wollte, der ihm ausdrücklich aufgetragen hatte, an allen Orten zu predigen.

Dann war er fort; nicht ohne Tränen auf beiden Seiten. In den wenigen Zeilen, in denen Balderich das Zögern Roberts und seinen Aufbruch von La Roë erwähnt, kommen eigenartigerweise zwei gegensätzliche Motive zum Ausdruck: Imitationswunsch und Freiheitsdrang. Robert beschloß »freiwillig«, sich wieder auf den Weg zu machen, um für das Predigen »freier« zu sein und »ohne Behinderung«, dorthin gehen zu können, wohin er wollte und mit wem er wollte, ohne sich an einen Ort zu binden«. Doch die Entscheidung für eine solche Art des Umherwanderns bedeutete, daß Robert sich wieder eng an seine biblischen Vorbilder hielt. Indem er »ohne Stock und ohne Sack« ging, glich er den siebzig Jüngern des Lukasevangeliums, besser noch, den zwölf Aposteln, die von ihrem Herrn ausgesandt waren, um zu predigen. Und indem er, wie der Menschensohn, nichts hatte, »wohin er sein Haupt legen konnte«, vollzog er beispielhaft die Imitatio Christi. Zwischen beiden Motiven bestand also in Wirklichkeit kein Widerspruch. Roberts Aufbruch von La Roë war weder Ausdruck einer charakterlichen Instabilität, noch konnte es nur darum gehen, sich an die Schablonen der Heiligendarstellung zu halten. Robert konnte sich einfach keine größere Freiheit vorstellen, als Christus nachzufolgen,

Schritt um Schritt. Sogleich strömten ihm wieder neue Anhänger zu, schnell wuchs ihre Zahl an zur großen Menge, und Robert suchte nach einer Möglichkeit, sie »ohne Skandal« unterzubringen.

Durch diese diskrete Andeutung, derzufolge ein Skandal immerhin denkbar war, gibt Balderich zu erkennen, daß sich die Geschichte diesmal nicht mehr auf genau dieselbe Weise wiederholte, in der sie sich schon einmal abgespielt hatte, denn nun folgten Robert Menschen beiderlei Geschlechts. Wenn man einen Skandal schon mutmaßen konnte, dann deswegen, weil sich auch Frauen unter Roberts Anhängern befanden. Mehr teilt Balderich darüber nicht mit.

Marbod von Rennes ergänzt die eben erwähnte diskrete Andeutung des Hagiographen. Diesem Dokument wenden wir uns nun zu. Allerdings ist dabei die Versuchung groß, eine Kontinuität herzustellen, die die Lücken der Quellen füllt, und eine Wahrheit zu suchen, die irgendwo in der Mitte zwischen allen widersprüchlichen Urteilen liegt. Wenn aber die Gestalt Roberts von Arbrissel nicht nur schemenhaft vor uns erstehen und scharfe Konturen gewinnen soll, die an die Wahrheit des Lebens erinnern, dann müssen diese Konturen aus den kontroversen Meinungen erwachsen, die seinerzeit über ihn geäußert wurden, dann muß zur Sprache kommen, was Pierre Toubert »die Dialektik der Zeugnisse« genannt hat.

Nun ist also Marbod an der Reihe: »Mit abgenutzter, schmutziger Kleidung auf dem Leib, der durch das Büßerhemd zerschunden ist, mit zerlöcherter Kapuze, halbnackten Beinen, struppigem Bart, mit Haaren, die rings um die Stirn kurz geschnitten sind, und barfuß begibst du dich in die Menge, wo du deinen Zuschauern ein unglaubliches Spektakel lieferst; man sagt, daß dir nur noch das Narrenzepter fehlt, um wie ein Narr auszusehen.«

Man neigt leicht dazu, über die Fürsprecher der etablierten Ordnung zu spotten; dagegen gehört den Narren – auf jeden Fall den Narren von gestern – schnell unsere Sympathie. Aber wenn man Robert von Arbrissel verstehen will, muß man auf die Mahnung, die Marbod von Rennes dem Prediger zwischen 1098 und 1100 zukommen ließ, sehr genau eingehen, und zwar zunächst einmal, weil die beiden Männer sich recht gut kannten. Marbod hatte an der Schule des Domkapitels von Angers studiert, die von den Chorherren des Bischofs geleitet wurde und zu den Einrichtungen gehörte, von denen die geistige Reformbewegung seinerzeit ausging. 1067 wurde er dort Scholaster, Lehrer der Theologie, ein Amt, das er dreißig Jahre lang innehaben sollte. Er war oberster Leiter des Unterrichts in der Diözese, las immer wieder die maßgeblichen Werke der kirchlichen Autoritäten, die er mit der größten Selbstverständlichkeit zitieren konnte, vernachlässigte aber auch nicht die profanen Autoren, denen er in seinen Gedichten nacheiferte. Für seine Schüler verfaßte er sogar einen Traktat über die Stilfiguren. 1093 war Robert bekanntlich von Rennes nach Angers geflohen. Als er dort sein Studium wieder aufnahm, muß er unter der Fuchtel Marbods gestanden haben, der etwa zehn Jahre älter war als er. Und als dieser 1096 zum Bischof von Rennes ernannt wurde, kam es im Verlauf einer bewegten Wahl wahrscheinlich zum Streit zwischen den beiden Männern. Zwei oder drei Jahre später schrieb Marbod einen langen Brief an Robert, den längsten in seiner gesamten Korrespondenz, und mit diesem bestätigte er – trotz der darin enthaltenen Schelte – den Rang des Predigers innerhalb der Christenheit. Auf Robert waren die Augen vieler gerichtet; ein falscher Schritt von ihm konnte die ganze Herde in Gefahr bringen.

Sie kannten sich, erkannten sich wieder und verstanden sich. Natürlich hatten sie eine völlig unterschiedliche Wahl getroffen, und nichts konnte den Lumpen eines vagabundierenden Eremiten weniger ähnlich sein als der Aufzug eines Prälaten, eines Mannes, der ganz erfüllt war von der Erhabenheit seines Amtes. Doch aus derselben Schule kommend sprachen die beiden dieselbe Sprache. So darf man in diesem Falle sicher sein: Der Weise führt einen hin zum Narren.

Discretio lautet das Zauberwort in Marbods Brief, es bildet den Schlußstein seines gelehrten rhetorischen Gebäudes. *Discretio* bedeutet Einsicht, Klugheit, Zurückhaltung, Demut, Vernunft und ist einer der wichtigsten Werte in der christlichen Weltanschauung des Mittelalters. Robert von Arbrissel verstieß dagegen in dreifacher Weise.

Schon durch sein Aussehen. Nicht daß die Lumpen, in denen er herumlief, Marbod wirklich überraschen oder entrüsten konnten, denn es handelte sich um das traditionelle Gewand des Büßers, das sich an Johannes dem Täufer orientierte. Und Marbod gibt an anderer Stelle seines Briefes zu erkennen, daß er um die religiöse Bedeutung dieser Lumpenkleidung sowie um den Moralkodex, den sie ihrem Träger auferlegte, sehr wohl wußte. Doch Robert hatte nicht das Recht, sie zu tragen. Er war Kanoniker und Priester. Er hatte sich eine bestimmte Kleidung widerrechtlich zugelegt und damit einen Stand usurpiert, der nicht der seine war: »Zu jedem Beruf, zu jedem Rang gehört ein besonderes Gewand, und wenn man es nach Belieben austauscht, beleidigt man die öffentliche Meinung.« Eine Gesellschaft der Ränge und Kasten, die sich selbst lähmte durch ein Denken in starren Klassifikationen: dem König seine Krone, dem Narren sein Zepter, dem Außenseiter der Gesellschaft sein angemessenes Gewand.

Zur Usurpation kam bei Robert noch die Übertreibung. »Selbst beim armseligen und einfachen Gewand muß jenes Maß gehalten werden, das uns die Autorität von Vernunft und Tradition vorschreibt«, doziert Marbod. Dann entwickelt er in aller Ausführlichkeit jenen Gedanken von Aristoteles, demzufolge eine Tugend der Ausgleich zwischen zwei entgegengesetzten Lastern sei; dank der *discretio* seien die *moderatio* und die *mediocritas* zu erreichen: »Schmuck und Schmutz sind gleichermaßen zu meiden; das eine dient nur dem Genuß, das andere dem Selbstlob.« Hier vertritt der

Bischof von Rennes allerdings eine andere Moral als nur die der bestehenden Gesellschaft. Versuchte Robert nicht, durch eine übertriebene Selbsterniedrigung auf sich aufmerksam zu machen, sein »Ansehen bei den einfachen Leuten« zu erhöhen? Marbod vertrat auch nicht die Auffassung, daß allein das Gewand den Mönch ausmache: »Es ist nicht schon lobenswert, ohne Leinenkleider zu gehen; lobenswert ist, Leinenkleidern keine Bedeutung beizumessen.« Diesen Aufruf zur inneren Frömmigkeit, zur Demut ohne Prahlerei konnte Robert nicht überhören. Einige Jahre zuvor, in Angers, hatte er sein Büßergewand lieber unter gepflegten Kleidern versteckt, anstatt es selbstgefällig durch die Löcher seiner Lumpen hindurchschimmern zu lassen. Zehn Jahre später finden sich dann dieselben Mahnungen, fast gleichlautend, aus seiner Feder wieder. Es sieht so aus, als habe Marbods Pfeil in diesem Punkt getroffen.

Man könnte sich darüber wundern, daß der Bischof von Rennes soviel Wert auf Fragen der Bekleidung gelegt hat, doch gehörte er zu jenen Menschen, die erst durch die Regelung des kleinsten Details die Ordnung der Welt gesichert sehen. Die unerlaubte Aufmachung Roberts stellte für ihn also eine Vorwegnahme von Verstößen dar, die auf ihre Art noch schwerwiegender waren.

»Und überdies, in den Predigten, in denen du gewöhnlich die Massen des niedrigen Volkes und die Ungebildeten belehrst, tadelst du nicht nur, wie es sich gehört, die Laster der unteren Helfer der Kirche, sondern du wagst dich auch an die Verbrechen der hohen Würdenträger, zählst sie auf und sprichst über sie dein vernichtendes Urteil, was nicht sein darf.«

Kann man sich eine krassere Äußerung des Klassenkampfes vorstellen? War Robert ein sozialer Agitator, ein Verteidiger der Armen, der die Mächtigen mit seinen Angriffen herausforderte? Marbod scheint für diese Interpretation viel

Stoff zu bieten: Er hält mit seiner Verachtung für die Massen, für das niedrige Volk nicht zurück, das seiner Meinung nach versessen auf Neuheiten ist und jedem Heuchler auf den Leim geht. Er gibt offen zu, im Namen einer Gruppe von Klerikern und Laien zu sprechen, die der Grillen des vagabundierenden Predigers überdrüssig geworden sind. Da gab es also eine Gruppe von gesetzten Standespersonen, die aus ihrer Bequemlichkeit aufgeschreckt wurden und in Wut darüber gerieten, daß jemand es wagte, ihre Privilegien anzufechten. Um dagegen einzuschreiten, um den Unruhestifter wieder zur Vernunft zu bringen, schicken sie also den Bischof von Rennes vor...

Die Repräsentanten der hohen Kultur des Mittelalters bedienten sich einer äußerst präzisen Sprache. Man muß folglich die Begriffe, die Marbod in seinem Brief gebrauchte, genau analysieren, um ihnen keinen falschen Sinn zu unterlegen. Dreimal verwendete er, um die Anhänger Roberts zu bezeichnen, die Termini »vulgus« beziehungsweise »vulgares« – »das Gewöhnliche«, einen Begriff, den man zunächst am liebsten mit »Volk« wiedergeben würde. Aber Marbod hat dasselbe Wort vorher schon einmal gebraucht in einem Kontext, durch den er ihm einen ganz präzisen Sinn verleiht: »Viele Leute machen dir Vorwürfe, nicht nur Kleriker, sondern auch *vulgares personae.*« Soll man glauben, der Autor mache sich an dieser Stelle zum Wortführer der Volksmassen? Ganz offensichtlich handelt es sich bei den Personen – bei den Persönlichkeiten vielmehr –, die den Klerikern gegenübergestellt werden, um Laien, und beide Gruppen machen gegenüber Robert geltend, was »göttliches und menschliches Recht« ist. Demnach ist auch die Verachtung, die Marbod für die Menschen in Roberts Gefolge zum Ausdruck bringt, mehr als nur die Verachtung des Hochgestellten gegenüber den Niederen. Es ist die Verachtung des Klerikers gegenüber den Laien, den »Ungebildeten«, genauer gesagt, den »Unkundigen«, Unerfahrenen in Sachen der Religion, gegenüber Leuten, die nicht Latein sprechen, sondern die Sprache des Volkes. Die Großen hingegen, denen Roberts Angriffe gelten, sind Mitglieder der hohen Geistlichkeit. Wenn er sie, die »Würdenträger« der Kirche, anschwärzt, untergräbt er »deren ganze Ordnung«.

Der Prälat argumentiert geschickt, er ist ein erfahrener Rhetor. Hätte er verlangt, Robert müsse zwischen den Hohen und den Niederen wählen, würde der Eremit dann auch nur einen Augenblick lang schwanken, er, der sich selbst als ein »Armer Christi« versteht? Indem Marbod Kleriker und Laien einander gegenüberstellt, versucht er bei Robert an eine andere Solidarität zu appellieren; doch spricht er diese nicht direkt an, um weiterhin äußerst vorsichtig zu taktieren und seinen Gegner in der Flanke fassen zu können. Die Verbrechen der Großen? Marbod leugnet sie nicht, bringt aber Robert gleich wieder in Schwierigkeiten: Ist es nicht Denunziation, Abwesende zu kritisieren? Und wer würde dadurch wirklich gebessert werden? Die hohen Persönlichkeiten seien zutiefst verletzt durch die Niedrigkeit dieses Vorgehens. Andererseits könnte sich das Volk im Recht fühlen, selbst Böses zu tun, wenn es von den Irrwegen seiner Oberhirten erführe, »denn die Stellung der Oberen verlangt, daß diese stets den rechten Weg zu zeigen scheinen, was immer sie auch tun«. Und Marbod gibt noch stärkere Erschütterung zu erkennen, dann nämlich, wenn er das Schicksal der Pfarrherren beklagt, die zugunsten Roberts von ihren Schäfchen verlassen werden; da gibt es doch »notleidende Priester«, die durch solche Machenschaften, des Zehnten beraubt werden, jener gesetzmäßigen Einkünfte, durch die ihnen lediglich ihre Bemühungen um die ihnen anvertraute Herde erstattet werden. Eine gekonnte Replik Marbods: Robert als Verfolger der Armen.

Es geht hier also nicht direkt um einen Konflikt zwischen Groß und Klein, sondern um Ekklesiologie, um die rechte Lehre von der Kirche. Die Diskussion erstreckte sich auf die Frage, welche Strategie zu wählen sei, um die Reform der Kirche zum Erfolg zu führen. Daß der Klerus unwürdig sei?

Marbod bestreitet es nicht. Daß er zu mehr Tugendhaftigkeit angehalten werden müsse? Selbstverständlich. Aber es handle sich hierbei doch um eine innere Angelegenheit des Klerus, die nicht in die Öffentlichkeit gezerrt werden dürfe, nicht vor die Laien, die bekanntlich in Sachen der Religion inkompetent sind. So lautete die Lektion, die Marbod seinem ehemaligen Schüler erteilte. Daß es indirekt auch um die gesellschaftliche Ordnung ging, ist unbestritten. Wenn Marbod mit sozialkritischen Akzenten den Zehnten der armen Pfarrherren verteidigt, schützt er gleichzeitig seine eigenen Einkünfte. Wenn er das ausschließliche Monopol der Kleriker im Bereich der Religion bekräftigt, will er seiner Kaste die Macht erhalten, allein nach ihrem Belieben die Herzen der Menschen zu lenken. Zu guter Letzt ist jeder seiner Sätze von einer hierarchischen, unveränderbaren Sicht des Universums durchdrungen: die Hirten an der Spitze der Herde, die Pfarrkinder in ihren Pfarreien, Robert in La Roë, jeder an seinem Platz und in dem Gewand, das seinem Stande zukommt. So ist der Lauf der Welt, so ist es Gottes Wille.

Robert von Arbrissel war kein Anwalt der Armen im heutigen Sinn des Wortes. Wollte man ihn so interpretieren, wäre nicht recht erklärlich, warum sich unter seinen Anhängern, treten sie einmal aus der Anonymität hervor, so viele Vertreter der gehobenen Stände befanden. Denn sein gesellschaftspolitisches Vergehen – es gab sehr wohl eines – lag nicht darin, daß er sich ausschließlich den niederen Volksschichten zuwandte, sondern daß er die verschiedenen Stände durcheinandermischte: »Aus welchem Grund soll man es befürworten, daß du ohne Unterschied Männer und Frauen aus allen Ständen und jeden Alters aufnimmst . . .?« Eine Vermischung der Geschlechter, der Stände und der Generationen, das war es, was als wirklich unstatthaft empfunden wurde. Die Feudalgesellschaft wollte nicht zulassen, daß ein noch so geringfügiger Versuch der Nivellierung unternommen wurde.

Im Todesjahr Roberts durchzog ein Mann namens Heinrich von Lausanne, von dem man nur wenig weiß, das Bistum Le Mans, und es folgten ihm, ähnlich wie Robert, bunt gemischte Gruppen. Mit dem Hinweis auf die Unwürdigkeit des Klerus vertrat er das Recht auf ein allgemeines Priestertum und erlaubte die Feier des Gottesdienstes auf öffentlichen Plätzen und Straßen. Er wurde aus dem Maine verjagt, dann verliert sich seine Spur über eine Zeitspanne. Erst zwanzig Jahre später, auf dem Konzil von Pisa, taucht sein Name wieder auf. Heinrich wurde auf diesem Konzil verurteilt. 1145 rief der Graf von Toulouse Bernhard von Clairvaux zu Hilfe, um den Häretiker wirksam bekämpfen zu können. Heinrich wurde verhaftet, dem päpstlichen Legaten überantwortet und in ein Kloster gesperrt. Dann verliert sich seine Spur von neuem, diesmal für immer. Eine erstaunliche Gestalt. Nach den wenigen Informationen, die den feindlich eingestellten und lückenhaften Quellen zu entnehmen sind, erinnert sie in mehr als einer Hinsicht an die des Gründers von Fontevraud. Es fehlte nur wenig, und die Wege der beiden Männer hätten sich gekreuzt. Und es fehlte gleichfalls nur wenig, und Robert von Arbrissel wäre genauso verurteilt worden wie Heinrich. Nur wenige Jahre später, in anderem Zusammenhang, benutzte der Benediktiner Guibert von Nogent einmal den Begriff »Kommune«, eine Bezeichnung für die Organisationsform, die die Einwohner der neu auflebenden Städte miteinander verband – und zitterte bei der bloßen Erwähnung dieses Wortes. Für Guibert, für Marbod, für die Feinde von Heinrich von Lausanne hatte die Welt aufrecht dazustehen als ein vertikales, pyramidenförmiges Universum, das sich keinesfalls mit jenen neuen horizontalen Verbindungen zwischen den Menschen abfinden durfte.

Im folgenden Teil seines Schreibens richtet Marbod seinen Blick auf Roberts Anhängerschaft, und nun wird allmählich seine Entrüstung immer stärker spürbar. Um Leute ohne Erfahrung handle es sich da, aufgenommen ohne vorhergehende Prüfung, sich selbst überlassen und ohne Disziplin.

Sie seien für die ewige Verdammnis bestimmt, denn Robert lasse die Bekehrten sogleich wieder im Stich, um sich ausschließlich künftigen Bußwilligen zu widmen. Solche Vorwürfe hatten in Hinblick auf Roberts Fortgang von La Roë zwar ihre Berechtigung, doch war dies Marbods letztes treffsicheres Argument; sein rhetorisches Geschick verläßt ihn nun, er schäumt vor Wut. Am meisten verletzt ihn wohl der Erfolg seines Schülers: die Zahl von Roberts Anhängern habe ununterbrochen zugenommen, das Verhalten dieser Menschen sei verabscheuungswürdig, sie würden darin nur ihren Anführer nachahmen. »Wenn man sie fragt, wer sie denn seien, antworten sie, sie seien die *Männer des Meisters*, ohne zu sagen, welchen Meisters...« Heuchler seien sie wie dieser selbst: Zwar liefen sie barfuß in den Dörfern und Städten, doch wenn sie über die Felder gingen, zögen sie ihre Schuhe wieder an. Dann kommt Marbod wieder auf die Frauen in Roberts Anhängerschar zu sprechen. Mit diesem Thema hatte er seine Diatribe begonnen, mit ihm wird er sie beenden.

»Allein durch ihr Aussehen verströmen sie ein verführerisches Gift, das bis ins Mark dringt, und mit ihren unaufhörlichen Lockungen erregen sie die dunklen Zonen des Geistes.«

Roberts schwerwiegendster Verstoß gegen die *discretio*, gegen die Tugend des Maßhaltens und Unterscheidens, lag in seinem Umgang mit dem anderen Geschlecht. Zu diesem Thema nimmt Marbod ausführlich Stellung, und man kann aus seinen Anschuldigungen Rückschlüsse auf Roberts tatsächliches Verhalten ziehen. Darüber hinaus jedoch lassen sich in den Äußerungen des Bischofs von Rennes noch weitere interessante Einzelheiten finden: zum einen ein differenzierter Moralbegriff, den er dem weltlichen Klerus empfiehlt, zum anderen die Tatsache, daß er selbst von betörenden Bildern des Weiblichen heimgesucht wird.

Robert finde Gefallen am Zusammenleben mit den Frauen, hält ihm Marbod vor. In der Nacht lege sich seine gemischte Schar kreuz und quer nebeneinander nieder. Der Meister liege in ihrer Mitte und bestimme die Nachtwachen und die Schlafenszeiten. Frauen, die ihn auf seinen Wanderschaften begleiteten, hingen ihm an den Lippen. Andere hingegen seien in Hospitälern und Herbergen untergebracht, wo sie sich dem Dienst der Kranken und der Pilger widmen sollten, leichtsinnigerweise gemeinsam mit Männern. Ein Beweis dafür sei das Wimmern der Neugeborenen: Junge Mädchen kämen in ihren Zellen nieder, andere würden fliehen, um ihre Schande zu verbergen. Doch Marbod behauptet nicht, daß Robert selbst der Versuchung erlegen wäre. Er weiß, daß dieses Zusammenleben Sühne sein soll für eine alte Schuld, er errät die Qual des Umherirrenden und umgibt ihn listig mit einem Netz von Verdächtigungen. Roberts Sünde sei die Verwegenheit: Sei es denn vernünftig, einer Gefahr, die man fliehen wolle, vorauszulaufen? Eine weitere Sünde des Wanderpredigers sei der Stolz: Glaube er denn heiliger zu sein als David und weiser als Salomo, die beide gefehlt hätten? Wahrscheinlich habe seine Seele noch keinen Schaden erlitten, aber könne er da ganz sicher sein? Schließlich gehöre er doch nicht »zum gefühllosen Geschlecht derer, die als Eunuchen auf die Welt gekommen seien«, er sei doch vielmehr einer jener Asketen, »die sich freiwillig für das Himmelreich kastrierten« und die auch in Abwesenheit von Frauen schon stark gefährdet seien. Robert zeige zumindest die Verderbtheit des Geizigen, der Reichtümer anhäufe, sie aber nicht für sich gebrauchen wolle; vielleicht sei er sogar nur ein Heuchler, der vor den Augen der Menschen die Fastenregeln einhalte, heimlich aber gutem Essen und Wein zuspreche.

In seinem Schreiben begnügte sich der Bischof von Rennes keineswegs mit der Verurteilung der unsinnigen Askese des Eremiten, er befaßte sich darüber hinaus mit dem Problem der Keuschheit der Weltgeistlichen – allerdings ohne es lösen zu können. Marbod war selbst Schüler der Kanoniker von Angers gewesen; nach seiner Ernennung zum Scholaster gehörte er wieder zum gleichen kleinen Kreis von Klerikern, von dem er schon vorher erzogen worden war. In Rennes, als Bischof, lebte er inmitten seines Domkapitels. An seinem Lebensabend trat er zurück, um seine Tage im Kloster Saint-Aubin in Angers zu beenden. Als Weltgeistlicher, der Hymnen auf die Keuschheit schrieb, führte er ein mönchisch zurückgezogenes Leben. Obwohl er also die Reform der kirchlichen Sitten begrüßte, hatte er doch große Schwierigkeiten, sich für die Weltgeistlichen einen Weg vorzustellen, zwischen der Ordnung der Kanoniker, die eine reizvolle Nachahmung der Klosterregel war, und dem Konkubinat, das er als eine Art Notbehelf betrachtete: »Vorwurfsvolle Selbstbeherrschung und unehrliche Keuschheit sind schlimmer als das Konkubinat.« Im Grunde konnte er nicht glauben, daß man in dieser Welt und unter Frauen leben könne, ohne sich zu versündigen.

Aus der Entfernung stellt er sich die Frauen vor. Wie Rauchwolken steigen sie auf, sie schwellen an und drehen sich in Spiralen, bis sie »in die dunklen Zonen« seines Geistes eindringen. Und dort, in Marbods Geist, ist ein ungeheuerliches Bestiarium entstanden. Die Frau in der Rolle Evas: »Die erste Sünde war das Werk der Frau, und ihretwegen werden wir alle sterben.« Die Frau als Zauberin: »Sie fängt die kostbare Seele des Mannes. Laß dich von ihr nicht in Fesseln legen!« Die Frau als Schlange: »Nicht lange schläft man sicher in ihrer Nähe!« Die Frau als Virus: »Sie verbreitet die Pest der Begehrlichkeit.« Die Frau als Ungeziefer: »Wie die Motte aus den Kleidern kommt, so rührt das Unrecht des Mannes von der Frau her.« Die Frau als Juckreiz und Gift, das den Mann »bis ins Mark hinein« durchdringt. Die Frau als Flamme: »Wie, wenn das Feuer den Strohhalm erfaßt?« Die Frau als Anlaß zur Trunkenheit: »Und warum freut sich der, der keinen Wein trinkt, an der frohen Stimmung, die der Wein erzeugt?« Die Frau als Schlauch und Uterus: Bei den heimlichen Niederkünften platzen die Leiber wie alte Schläuche unter dem Druck des jungen Weins.

Unerschöpflicher Marbod! Während er für Ermengard von der Bretagne und für Königin Mathilde elegante Gedichte verfaßte, in denen er deren sterbliche Schönheit rühmte, handelte er in einem Abschnitt seines *Liber X capitulorum*, seines *Buches der zehn Kapitel*, von der »Prostituierten«: »Sie trägt einen Löwenkopf, einen Drachenschweif, und ihr ganzer übriger Leib ist nichts als ein glühendes Feuer.« Maß und Maßlosigkeit, scharfer Verstand und hitzige Erregung wechseln sich ab. Eine gewisse Ähnlichkeit mit den romanischen Kirchenbauten drängt sich auf, die trotz der Harmonie und Ausgewogenheit ihrer Architekten ein ganzes Volk von Sirenen, Drachen und Vampiren, das stets nur auf einem Auge schläft, in den steinernen Kapitellen ihrer Pfeiler beherbergen. Roberts Kritiker muß in seinen Liedern mehrfach bekennen: »Einst war ich gefangen in den Banden einer leidenschaftlichen Liebe«; und vor der Heiligen Jungfrau beichtet er: »Was der Leib nicht tun konnte, der Geist hat es verübt.« Wie Robert ist auch Marbod von Rennes einer von denen, »die sich freiwillig für das Himmelreich kastrierten« und denen es auch durch größte Mühe und »selbst in Abwesenheit von Frauen kaum gelingt, die unerlaubten Begehrlichkeiten des Fleisches zu überwinden«.

Robert von Arbrissel hat sich nie über seine Einstellung zu Frauen geäußert, weshalb man darüber nur Mutmaßungen anstellen kann, und dies um so mehr, als seine beiden Hagiographen diesem heiklen Thema – verständlicherweise – ausgewichen sind. Bei Balderich findet sich ein einziger Hinweis; er ist allerdings beachtenswert. Als der Meister noch mit seiner Anhängerschar umherzog und sich unschlüssig war, was er denn mit ihr anfangen solle, hatte er immerhin schon die eine Gewißheit: »Es war nötig, daß die Frauen zusammen mit den Männern wohnten.« Darin lag sehr wohl ein Plan, und Marbod hatte sich in bezug auf ihn nicht getäuscht. Will man jedoch die genaue Art dieses Plans begreifen, wäre es nicht zweckmäßig, das Wort allein dem Ankläger zu überlassen. Was zog Robert zu den Frauen hin? Darauf darf man antworten, ohne einen Irrtum befürchten zu müssen: das sinnliche Verlangen. Denn für jene Zeit – für die Männer jener Zeit – waren Frau und Fleischeslust eins, und kein Mann, welches Gewand er auch trug, konnte behaupten, jenes Verlangen nicht zu kennen, das das Blut in Wallung brachte und, was noch schlimmer war, das Herz entflammte. Diesem Impuls war Robert von Arbrissel gefolgt, ihm hatte er die unwiderstehliche Leidenschaftlichkeit seines Tuns zu verdanken, die er zwar nicht eindämmen konnte, die er aber umleitete und gezielt lenkte zugunsten seines Vorhabens. Er, der Asket, machte sich dieses unstillbare Verlangen zunutze, um seinen einzigartigen Plan zu verwirklichen. Da die Motive für sein Handeln nicht aus seinen eigenen Aussagen erschlossen werden können, bleibt nur die Möglichkeit, sich ihnen durch Analogie zu nähern, sie einzukreisen und sie schließlich zu begreifen aus einem Zusammenspiel von historischen Beispielen und schriftlichen Zeugnissen, die auf der gleichen Erfahrung beruhen und dem Eremiten sicherlich vor Augen standen, als sein Plan allmählich Gestalt annahm.

In diesem Zusammenhang werden wir unser Augenmerk vor allem auf die schriftlichen Zeugnisse richten, und insbesondere auf das *Leben der Väter.* Denn das hier geschilderte ausgefallene Verhalten der ägyptischen Einsiedler war für einige Menschen eine ähnliche Herausforderung wie »die enge Pforte«, von der das Evangelium spricht, für diejenigen, die durch sie ins Himmelreich eingehen wollen.

Hieronymus erzählte, wie erwähnt, die Lebensgeschichte des Paulus von Theben. Doch wie so oft, kommt auch Hieronymus auf einem Umweg zum Ziel. So eröffnet der Bericht über den Tod zweier anonymer Märtyrer das eigentliche

Leben des Eremiten Paulus. Zwei junge Christen wurden von Folterknechten ergriffen. Man bestrich den Körper des einen mit Honig und setzte ihn der Glut der Sonne sowie den Stichen von Wespen und Mücken aus. Er mußte zwar an seinen Martern sterben, war aber trotzdem noch billig davongekommen. Anders die Leidensgeschichte des zweiten christlichen Helden. Dieser wurde in einen lieblichen Garten geführt, wo die Bächlein murmelten, die Vögel sangen und die Blumen süß dufteten, und dort auf ein daunenweiches Bett gelegt. Nachdem man ihm die Füße und die Hände ohne Gewalt gebunden hatte, kam ein junges Mädchen von ausnehmender Schönheit hinzu und begann ihn schamlos zu liebkosen. Als nun sein Körper gegen seinen Willen in Wallung geriet, biß er sich mit einem Ruck die Zunge ab und spuckte sie dem Mädchen ins Gesicht. Die Berührung durch die Frau war somit eine Folter, und zwar die schwerste, die man sich denken konnte, denn während sie angenehm war für den Körper, brachte sie die Seele in höchste Gefahr.

Auch Johannes Cassianus muß in diesem Zusammenhang noch einmal erwähnt werden, hat er doch die Worte der berühmtesten Wüstenväter aufgezeichnet. Einer von diesen, Paphnutius, glaubte sich bereits frei von jeder sinnlichen Begierde. Als er sich eines Tages ein Linsengericht zubereitete, verbrannte er sich an einer Flamme die Hand, worauf er untröstlich zu klagen begann: »Warum hält denn das Feuer nicht Frieden mit mir, wo ich doch in viel schrecklicheren Kämpfen gegen die Dämonen den Sieg davongetragen habe?« Ein Engel Gottes antwortete ihm: »Paphnutius, warum bist du traurig darüber, daß dieses irdische Feuer nicht mit dir Frieden hält, wo doch in deinen Gliedern noch das Feuer sinnlicher Gelüste wohnt, ein Feuer, das noch keinesfalls erloschen ist. Solange derartige Gelüste in deinem Innersten lebendig sind, werden sie nicht zulassen, daß dir das irdische Feuer in Frieden begegnet. Du wirst nicht aufhören, seine Angriffe zu spüren, bis zu dem Tag, an dem du durch folgendes Zeichen erfahren wirst, daß jede innere

Regung des Fleisches in dir erstorben ist: Geh hin und nimm ein junges, außerordentlich schönes nacktes Mädchen; wenn du sie im Arm hältst und feststellst, daß dein Körper unveränderlich ruhig bleibt und die Regungen deines Fleisches besänftigt sind, dann wird für dich die Berührung mit dieser sichtbaren Flamme mild und schmerzlos sein, wie sie es auch war für die drei Männer im Feuerofen zu Babylon.«

Die Berührung mit der Frau war hier nicht mehr erlittenes Martyrium, sie wurde bereits zur freiwilligen Kasteiung, die den Stellenwert einer Prüfung annahm. So auch bei dem Asketen Kentigern, dem ehemaligen Bischof von Glasgow. Als dieser Mann in eiskaltes Wasser getaucht war und beim Anblick eines sehr schönen Mädchens, das ihn auch noch berührte, wie versteinert blieb, wußte er, daß er seine Martern nicht umsonst auf sich genommen hatte und daß er beim schwersten aller Kämpfe den Sieg davongetragen hatte.

Ob Robert von Arbrissel die englische Tradition gekannt hat, läßt sich nicht feststellen. Die Beispiele der ägyptischen Väter genügten seinerzeit, sie waren allerorten die Hefe im Teig, und sie regten auch die Eremiten in den Wäldern Westfrankreichs zur Nachahmung an, wie zahlreiche Episoden belegen. Zwei junge Wüstlinge wollten Firmat verspotten und seine Keuschheit in Gefahr bringen. Sie bestellten eine Dirne, die an der Tür des heiligen Mannes klopfen sollte: Sie sei allein, sie habe Angst und fürchte sich vor den wilden Tieren sowie vor dem Einbruch der Nacht; sie bitte um gastliche Aufnahme. Sogleich ließ sie der Eremit in seine Hütte ein, er machte Feuer und reichte ihr Brot. Daraufhin rückte sie nahe an ihn heran und drückte ihn eng an sich. Als das Verlangen in ihm aufstieg, holte er ein brennendes Holzscheit aus seiner Feuerstelle und legte es sich auf den Arm. Feuer wurde durch Feuer besiegt. Das unzüchtige Weib fiel zu Boden nieder und bereute. In der Stiftskirche Saint-Evroult von Mortain konnte man lange Zeit den angesengten Armknochen des »Nacheiferers Gottes« bewundern. Firmat lebte einige Jahre vor Robert von Arbrissel in den Einöden

Westfrankreichs, während Girald von Salles, dem ähnliche Versuchung widerfuhr, zu Roberts Anhängern gehörte. Auf einer Predigerreise bot ihm eine Dirne ihr Haus an. Man warnte ihn vor dieser Frau, er mißachtete jedoch die Warnung. Beim Schlafengehen forderte sie ihn dann auf, sich zu ihr zu legen, worauf Girald sich noch einen kleinen Augenblick Zeit erbat. Er breitete seinen Mantel auf der Holzglut des Herdes aus, legte sich dort nieder und forderte die Frau auf, sein Bett mit ihm zu teilen, wenn ihr das gefiele. Daraufhin bekehrte sich auch diese Dirne und nahm den Schleier in Fontevraud.

Alle Asketen unterlagen der Versuchung und waren einer Befragung im besonderen Sinn unterworfen, der Befragung durch das Fleisch; »Befragung« durchaus auch im Sinn von »Folterung«, was wiederum hieß, daß die Wahrheit durch sie ans Licht kommen sollte. Nicht alle Asketen gaben die gleiche Antwort: Ihrer Sinnlichkeit unterworfen, peitschten sich die einen oder warfen sich in die Brennesseln oder in die Dornen; so züchtigten sie sich, und es fehlte nicht viel, daß sie sich verstümmelten. Andere badeten in eiskaltem Wasser oder wälzten sich im Schnee; so linderten sie ihre Not und härteten sich ab, indem sie das Fieber durch sein Gegenmittel bekämpften. Wieder andere setzten Glut gegen Glut. So verfuhren allerdings nur die fanatischen Verfechter der Askese. Robert war einer von ihnen.

Eine der üblichen Prozeßformen zur Zeit des Feudalismus war das Gottesurteil, speziell das Ordal durch das Feuer oder der gerichtliche Zweikampf. Wer seine Unschuld beweisen wollte, mußte ein Stück rotglühendes Metall ergreifen und nachweisen, daß er dadurch keine Verbrennungen erlitt, was nur auf Gottes Eingreifen zurückzuführen war. Das erinnert an Isolde, die das glühende Eisen in die Hand nahm, um Marke davon zu überzeugen, daß sie ihn nicht betrogen hatte. Im Fall eines Rechtsstreits mußten beide Parteien oder ihre jeweiligen Vertreter zum Zweikampf antreten, und hier trennte Gott den Ehrlichen vom Verbrecher, indem er den ersteren siegen ließ. Dominique Iogna-Prat hat mit Recht darauf hingewiesen, daß sowohl in den Bußpraktiken der Eremiten in Westfrankreich – also bei Firmat und Girald von Salles – als auch in der Logik eines Cassianus oder eines Kentigern die Feuerprobe, die an die Stelle der Versuchung durch das Fleisch getreten war, den Sinn eines Gottesurteils bekam. Sie wurde zur entscheidenden Prüfung nach den Prüfungen, zur augenblicklichen Urteilsfindung nach langen Jahren der Vorbereitung in der Wüste. Bei dieser Urteilsfindung war Gott aufgefordert, sich zu äußern, sollte er seinem leiderprobten Kämpfer und dessen Zuschauern ein deutliches Zeichen geben: schuldig oder unschuldig, Beute des Teufels oder Anwärter auf die Heiligkeit, je nachdem, wie der Körper auf die Glut des Feuers reagierte. Paphnutius hatte sich an der Flamme verbrannt: Er hatte noch nicht genügend Macht über seine Sinne. Firmat und Girald ertrugen das Feuer: ein Zeichen dafür, daß jedes sinnliche Begehren in ihren erloschen war.

Auch Robert von Arbrissel ging aus dieser asketischen Tradition hervor, und dennoch unterschied er sich von ihr. Wahrscheinlich verfolgte ihn seit Paris die Vorstellung von seiner Versündigung, wie Marbod erraten hatte. In Angers und danach in der Einöde kasteite er sich, um den schuldigen Körper einem Leichnam ähnlich zu machen. Womöglich kam dann eine Zeit, in der er sich fragte, ob er genug gesühnt, ob er das Verlangen seiner Sinne für immer zum Schweigen gebracht habe. Und er suchte die Antwort auf diese Fragen, indem er als eine Art »neues Martyrium« mit den Frauen das Lager teilte, er suchte sie im Gottesurteil des Fleisches, das er weder durch Feuersglut noch durch glühendes Eisen ersetzte. Firmat und Girald von Salles hatten sich der Herausforderung des Fleisches dadurch gewachsen gezeigt, daß sie diese symbolisch überwanden: Wer stärker war als das Feuer, der konnte auch das eigene fleischliche Verlangen ertragen. Zum Zweikampf aufgerufen, zeigte sich auch Robert derselben Herausforderung gewachsen; er wählte allerdings die direkte Konfrontation mit der Gefahr in derselben Bettstatt.

Seitdem Robert von Arbrissel sich den Tadel Marbods zugezogen hatte, waren einige Jahre vergangen. Zwischen 1106 und 1107 erhielt Robert einen weiteren Brief ähnlichen Inhalts. Der Verfasser dieses erhaltenen gebliebenen Mahnschreibens ist Gottfried, der Abt des Klosters La Trinité von Vendôme. Die Briefe dieser Zeit haben allerdings nichts Vertrauliches an sich, auch wenn es um private Angelegenheiten geht. Jeder Brief ist ein offener Brief. Der Schreiber hat nicht nur einen einzelnen Empfänger im Auge, sondern eine möglichst große Zahl von Adressaten, und er achtet peinlich genau darauf, eine Kopie des Schriftstücks zurückzubehalten, das ihn einmal überleben soll. War das nur Koketterie des Briefschreibers? Wohl kaum, denn es sind auf diese Weise keineswegs nur einzelne Briefe der Nachwelt hinterlassen worden, die Autoren haben vielmehr darauf geachtet, allmählich komplette Korrespondenzen zu ganz bestimmten Themen entstehen zu lassen. Parallel zu Gesetzessammlungen etwa, die ihrerseits nach derselben Methode ad hoc entstanden, bildeten solche Briefsammlungen allmählich eine regelrechte »Summa« der Jurisprudenz. Sie boten einem die Gelegenheit, sich mit allen Rechtsfällen des christlichen Lebens vertraut zu machen, die mit Hilfe der kirchlichen Autoritäten gelöst wurden. Einige Autoren, zum Beispiel der Lehrer des kanonischen Rechts Ivo von Chartres in seinen zweihundertzweiundneunzig Briefen, gingen auf so viele verschiedene Situationen ein, daß man das Gefühl hat, ihre Sammlungen seien nach einem vorher festgelegten Plan abgefaßt worden. Von Gottfried von Vendôme sind hundertneunzig Episteln, eingeteilt in fünf Bücher, überliefert. Und im siebenundvierzigsten Brief des vierten Buches richtet er, »der bescheidene Diener des Klosters von Vendôme«, das Wort an Robert, »seinen geliebten Bruder in Christus«. Er möge »das Maß der *discretio* wahren und sich damit zufriedengeben, jene Grenzen anzuerkennen, die die Väter der Kirche festgelegt haben«. Hier klingt sofort der entscheidende Begriff an, der auch in Marbods Schreiben eine zentrale Stellung eingenommen hatte. Tatsächlich hatten Marbod und Gottfried mehr als einen Wesenszug gemein. In dem Prälaten steckte etwas vom Mönch und in dem Mönch aus Vendôme etwas vom Prälaten. Und wenn Marbod und Gottfried durch bestimmte Ereignisse zuweilen voneinander getrennt worden waren – familiäre Rivalitäten waren fünf Jahre vorher der Grund dafür gewesen, daß es anläßlich der Wahl des Bischofs von Angers zum Streit zwischen ihnen kam –, im Grunde ihres Herzens verteidigten beide Männer doch dieselben Werte, an ihrer Spitze die *discretio*.

Gottfried gehörte dem Hochadel von Anjou an, er stammte wahrscheinlich aus der Familie der Seigneurs von Craon. Von frühester Jugend an lebte er im Kloster La Trinité von Vendôme und wurde 1093 vom einfachen Novizen zum Abt befördert. Er brach sogleich nach Rom auf, um dort die Kardinalswürde im Namen der heiligen Priska zu empfangen, mit der das Oberhaupt jener mächtigen französischen Abtei jeweils ausgezeichnet wurde, und gewann das Wohlwollen Papst Urbans II. Sein Leben lang machte sich Gottfried zum Verfechter der Rechte des Papsttums, und dies in einem Maße, daß er nicht davor zurückschreckte, Urbans Nachfolger Paschalis II. zu beschimpfen, weil dieser angeblich die päpstlichen Vorrechte während des Investiturstreits nicht mit hinreichender Überzeugung verteidigt hatte: »Sucht man nach Entschuldigungen dafür? Es gibt keine annehmbaren!«

Gottfried flößte den Menschen Furcht ein: Er war argwöhnisch, hochmütig und herrschsüchtig. Als er 1126 zum Konzil von Orléans gerufen wurde, weigerte er sich, der Einladung durch den päpstlichen Legaten zu folgen, denn ein Abt von Vendôme verhandelte ausschließlich mit dem Papst. Wenn das Interesse seines Klosters auf dem Spiel stand, kannte sein Eifer keine Grenzen. Von Laien angeordnete Investituren, Interventionen von Laien bei Bischofs- oder Abtwahlen, brachten ihn zum Toben. Er mischte sich in alles ein, besonders gern in Dinge, die ihn nichts angingen; er ließ seiner Liebe und seinem Haß freien Lauf und duldete keinen Widerspruch. Wenn sich Widerstand gegen ihn regte, schrieb er nach Rom und erhielt Genugtuung. Wenn nötig, reiste er dorthin – zwölfmal, so scheint es. Jedesmal kehrte er in seinem Recht bestärkt aus der heiligen Stadt zurück.

Kennt man Gottfrieds Temperament, so weiß man den maßvollen, ja herzlichen Ton in seinem Schreiben an Robert von Arbrissel besonders zu schätzen. Er erbittet von »seinem geliebten Bruder« zunächst demütig »die heiligen Gebete«, dann erst kommt er, wie erwartet, auf die »schändlichen Gerüchte«, von denen er gehört hat, sowie auf die Gefahren zu sprechen, die von Frauen ausgehen. Während Marbods Brief einen unangenehmen Beigeschmack hatte, bringt Gottfried seinem Adressaten hohe Achtung entgegen: »Du hast einen hohen Gipfel in dieser Welt erstiegen, und deshalb hast du die Blicke der Menschen auf dich gelenkt.«

Tatsächlich hatte sich in dem Zeitraum, der zwischen der Abfassung der beiden Briefe lag, der Status Roberts von Arbrissel und seiner Anhängerschar gewaltig verändert. Verschiedene Ursachen sind dafür denkbar – vielleicht handelte es sich um eine Reaktion auf die Kritik durch den Bischof von Rennes, vielleicht um ein Ergebnis, das auf dem Konzil von Poitiers erzielt wurde, wohin Robert durch die päpstlichen Legaten vorgeladen worden war. Es konnte aber auch noch einmal die gleiche Entwicklung stattgefunden haben, die schon zur Errichtung von La Roë geführt hatte, ein gleichsam natürlicher Vorgang also, der den neuen Bienenschwarm eines Tages dazu zwang, seinen eigenen Stock zu bauen. Jedenfalls ließ sich gegen 1101 Robert mit seinen Anhängern in Fontevraud nieder, einem »brachliegenden, unebenen Ort, der voller Dorngestrüpp und Sträucher war«, wie Balderich ihn beschreibt. Die »Armee Gottes« hatte sich ein verstecktes Lager in einer Einöde gesucht, und entsprechend dem unkultivierten Platz, den sie gefunden hatte, verlief das Leben dort rauh, soldatisch. Erbärmliche Hütten schützten kaum vor den Unbilden des Wetters, während für den Gottesdienst bald ein schlichtes Oratorium errichtet war. Um keinen Müßiggang aufkommen zu lassen, wurde jedem eine Arbeit zugewiesen. Und jeder mußte sich fügen, schweigend, »mit gebeugtem Nacken und gesenktem Kopf«. Selbsterniedrigung war Vorschrift in jener Gemeinschaft mit dem schönen Namen »Pauperes Christi«, die »Armen Christi«. Ihr Vorsteher wollte nur »Meister« genannt werden und wies die Anrede »Abt« oder »Seigneur« zurück; Brüderlichkeit herrschte unter ihnen, es gab »keinen Groll, keinen Neid, keine Zwietracht«. Ein goldenes Zeitalter.

Auch Mönchsorden kennen die Sehnsucht nach ihrer verlorenen Kindheit, in der man durch Mittellosigkeit, brüderliches Teilen und Eintracht miteinander verbunden war. Tatsächlich läßt jede Neugründung eines Klosters für einen gewissen Zeitraum das Ideal der Urkirche wieder auferstehen – ein oft nur sehr kurzer Zeitraum, in dem das Leben rauh ist, aber auch frei von allem Überflüssigen, eine Zeit, in der es gerade deswegen als besonders leicht empfunden wird. Was nun das rauhe Leben in Fontevraud betraf, konnte Roberts Klostergründung im Seitental der Loire aber keinen Vergleich mit ähnlichen Gründungen, etwa mit der im felsigen Massiv der Grande Chartreuse, wagen. Die Örtlichkeit war nicht so wild, wie es scheinen mochte, sie bestand keinesfalls nur aus undurchdringlichem Wald. Gewiß war sie unwirtlich, wie Balderich feststellt, und voller Brombeergestrüpp, doch lag das Tal schon gerodet, erstreckten sich Weinberge an seinen Rändern, und es gab zwei Mühlen dort. Fontevraud konnte auch kaum mehr als Einöde bezeichnet werden, denn Candes und Montsoreau lagen ganz in der Nähe. Eine gute Lage in wirtschaftlicher und politischer Hinsicht, was dem Zufall oder kluger Berechnung zu verdanken war; jedenfalls hatte der Klostergründer endlich Maß und Vernunft bewiesen. Fontevraud war äußerst günstig gelegen am Rande von Fürstentümern und Diözesen. Nicht weit vom Bistum Angers und vom Erzbistum Tours entfernt, gehörte es auch in den Zuständigkeitsbereich der Diözese Poitiers, deren äußerste nördliche Spitze es darstellte. Es entzog sich dadurch dem Machtbereich eines Unfähigen einerseits und eines Korrupten andererseits, während Petrus II., der fromme Bischof von Poitiers, sich als sein Beschützer erweisen und es noch mit Wohltaten überhäufen sollte. Eine Gefahr konnte allerdings darin liegen, daß das Poitou Graf Wilhelm unterstand, jenem Mann, durch dessen Mißhandlungen Petrus von Poitiers dereinst zu Tode kommen sollte. Doch Fontevraud unterstand als Lehen dem Gut Montsoreau und gehörte somit in den Zuständigkeitsbereich des Grafen von Anjou, was ihm nicht zum Schaden gereichen sollte. Zunächst einmal wurden die erforderlichen Ländereien von Gauthier von Montsoreau und dessen Verwandten an die Gemeinschaft der Pauperes Christi abgetreten.

Robert von Arbrissel brachte zu guter Letzt Ordnung in das Zusammenleben der Geschlechter. Wenn es wichtig für ihn war, daß Männer und Frauen »zusammen wohnten«, so mußte das fortan ohne Skandal vor sich gehen. Er brachte also Männer und Frauen in verschiedenen Behausungen unter, wobei die Frauen fortan zur Klausur und zum Beten bestimmt waren und das starke Geschlecht das aktive Leben bestreiten mußte. Aber auch bei den Männern gab es jetzt gewisse Unterschiede: Nur die Priester sangen noch die Psalmen und zelebrierten die Messe, während die Laien der Gemeinschaft sich »von sich aus der körperlichen Arbeit unterzogen«, wie Balderich berichtet. Endlich waren die Kategorien, an denen Marbod so hing, wieder etabliert, endlich kam vor allem die Würde des Priestertums wieder uneingeschränkt zur Geltung. Eine ursprünglich buntgewürfelte Welt hatte ihr Reglement gefunden.

Der Erfolg Fontevrauds war ungeheuer. Aufnahmewillige strömten herzu, »fast unzählbar viele«; vor allem Frauen, Frauen aus allen Schichten der Gesellschaft. Eine große Zahl von Menschen, die unbedingt Nahrung brauchte. Noch hatten die Neuankömmlinge in ihrem unkultuvierten Dikkicht nicht die Zeit gehabt zu roden, zu pflügen, zu säen und zu ernten, die harte Siedlungsarbeit zu leisten, wie sie gleichzeitig an vielen Orten betrieben wurde, wodurch Europa ein neues Gesicht bekommen sollte. Glücklicherweise wurden aus der Nachbarschaft Lebensmittel gespendet, vor allem Brot, was am wichtigsten war. Trotzdem reichte die Nahrung noch nicht für jeden Tag, und Robert sah sich hin und wieder gezwungen, ins Land hinauszuziehen und zu predigen. Das genügte, denn seine Rednerbegabung war groß, und bald flossen die Geschenke reichlich: Nach dem Brot gab es die verschiedensten Gaben, Kleider, Geld. Mit der Zeit kamen die Gaben nicht nur aus den Nachbargebieten; Fürsten, ganze Scharen der Bevölkerung machten sich auf den Weg nach Fontevraud, um jene seltsame Gemeinschaft kennenzulernen, deren Mitglieder »aufgrund der übertrieben dürftigen Ernährung, die ihnen die Klosterregel auferlegte, schwach und bleich« aussahen. Noch bevor ein Jahr vergangen war, hatte sich dort soviel Geld angesammelt, daß die Armen von gestern, zu denen sich immer mehr Neuankömmlinge hinzugesellten, ihre ärmlichen Hütten durch Häuser aus Stein ersetzen und das Oratorium erweitern konnten. Die festen Bauten erlaubten es, die Klausur zu verschärfen, die Frauen noch besser gegen die Außenwelt abzuschirmen. Die Männer wurden nun in weiter entfernt liegenden Behausungen untergebracht, die Frauen dagegen in zwei Gruppen eingeteilt, von denen die größere, die etwa dreihundert Personen umfaßte, ihren Platz im Großen Kloster zugewiesen bekam.

Ohne diese Entwicklung wäre der entschiedene, doch respektvolle Ton im Mahnschreiben Gottfrieds von Vendôme nicht verständlich. Robert ließ nun nicht mehr nur eine Schar von Narren hinter seinem Zepter herlaufen, sondern er herrschte über eine ordnungsgemäß errichtete Gemeinschaft, für die sowohl Kleriker als auch Laien das Patronat, das heißt, die Schutzherrschaft übernommen hatten. Auch der Klostergründer war inzwischen ein einflußreicher Mann geworden. Zwar lehnte er die Anrede Abt oder Seigneur für sich ab, wodurch er scheinbar auf kirchliche Würde beziehungsweise auf feudale Macht verzichtete, die die beiden Titel beinhalteten, doch schmückte er sich selbst mit dem Titel *magister*, »Meister«. Was Balderich auch darüber sagen mag, dieser Titel ist aufgrund der geistigen Autorität, die er beansprucht, keineswegs nur ein Ausdruck von Bescheidenheit. Marbod war bereits in helle Aufregung geraten, als er von der völligen Ergebenheit der »Männer des Meisters« sprach.

Auch das Aussehen Roberts hatte sich inzwischen verändert, wie Balderich bezeugt: »Lange Jahre hindurch hatte er sich auf kein Pferd gesetzt und weder Wein getrunken noch feine Speisen gegessen. Er ging stets barfuß und trug einen Rock und grobe Kleider aus Roßhaar. So verfuhr er bis zu dem Tag, an dem er, weil sein Körper schwach geworden war, auf den Rat der Priester hin Schuhe anzog, sich auf einem Pferd fortbewegte und mit dem eigenen Körper sanfter umging als bisher; dies tat er nicht zu seinem Vergnügen, sondern um mehr Kraft für seine Arbeit zu behalten.«

Die Priester hatten Druck ausgeübt und den Wanderprediger auf den rechten Weg zurückgeführt. Und Robert hatte in Fontevraud seine Heimat gefunden.

Mit Kritik hielt sich Gottfried in seinem Brief also deutlich zurück. Anders als Marbod machte der gestrenge Abt keinerlei Anspielung auf das Aussehen des Meisters oder auf das seiner Anhänger; keine Spur eines Vorwurfs auch wegen gemeinsamer Nachtlager der beiden Geschlechter in den Wäldern. Männer und Frauen lebten offensichtlich streng voneinander getrennt in der eigenen Zitadelle. Versuchung konnte für die Männer nur noch von der Tatsache ausgehen, daß sie die Frauen in ihrer Nähe wußten, durch Mauern gut geschützt. So hatte sich der äußere Lebensrahmen der ehemals umherstreifenden Gemeinschaft stark verändert. An die Stelle des Rauschens der Bäume in der freien Natur waren jetzt die Geräusche aus den Alkoven und das Klappern der Schritte in den Klostergängen getreten.

»Es gibt, sagt man, gewisse Frauen, denen du erlaubst, mit dir vertraulichen Umgang zu haben, Frauen, mit denen du dich sehr oft privat unterhältst; und du schämst dich nicht einmal, häufig mit ihnen, mitten unter ihnen, des Nachts zu schlafen.«

Robert von Arbrissel fand noch immer Gefallen an verbotenen Bereichen. Als einziger verzichtete er, fünf oder sechs Jahre nach der Gründung Fontevrauds, nicht auf die seltsamen Kasteiungen aus früherer Zeit, die er sich jetzt sozusagen als Privileg vorbehielt. »Damit glaubst du, wie du selbst sagst, in würdiger Weise das Kreuz unseres Herrn und Heilands zu tragen, indem du dich nämlich darum bemühst, die Glut des sinnlichen Verlangens zu ersticken, während du sie zunächst zu Unrecht angefacht hast.« Diese Aussage ist deshalb besonders wertvoll, weil sich ihr Verfasser allem Anschein nach darum bemüht, Roberts Vorstellungen wiederzugeben. Der Meister suchte die Passion, die er sich selbst durch die Versuchung durch das Fleisch zufügte, in die Passion Christi zu verwandeln. Doch Gottfried konnte ein solches Experiment nur mit dem Wort Frevel charakterisieren: »Du kreuzigst dich im Bett [der Frauen] durch ein neuartiges Martyrium.«

Zweimal bestand der Abt des Klosters von La Trinité darauf, von der Originalität der Marter Roberts zu sprechen: »Du hast eine neue Art von Martyrium erfunden, eine Art, die bis jetzt noch nicht angewendet worden ist und die fruchtlos ist; denn man kann keinerlei Frucht, keinerlei Nutzen ziehen aus dem, was gegen die Vernunft ist.« Wenn Gottfried von Vendôme dem Empfänger seines Briefes die Erfindung dieser asketischen Übung zuschreibt, irrt er sich, denn Robert ließ, wie bereits ausgeführt, lediglich eine sehr alte Tradition wieder aufleben. Sein Kritiker wußte dies im Grunde ganz genau, denn er hatte deren Sinn sofort begriffen: es handelte sich um ein Martyrium, um eine Kreuzigung. Die Tradition derartiger Bußübungen war eher schon zu umfangreich geworden, sie splitterte sich in zu viele Richtungen auf, erlaubte zu viele Extravaganzen. Es ist bemerkenswert, daß zu Beginn des 12. Jahrhunderts der Kleriker Gottfried nur jene Bestandteile der Tradition aufrechterhalten wissen wollte, die mit dem Maß und mit der Logik konform gingen. Einen »Glauben, der nach Einsicht sucht«, propagierte zur gleichen Zeit Anselm von Canterbury, der »Vater der Scholastik«. Um Robert zur Vernunft zurückzuführen, lohnte es sich immer aus den Ermahnungen des *Ekklesiastikus* zu zitieren: »Lege dich nicht bei der Frau nieder, betrachte sie nicht, um nicht Gefahr zu laufen, durch ihre Schönheit ins Wanken gebracht zu werden und verloren zu sein!« Und ferner: »Die Frau sucht sich kostbarer Seelen zu bemächtigen, und der Umgang mit ihr läßt das Herz des Mannes wie ein Feuer entbrennen.« Doch anders als bei Marbod blieben Gottfrieds Vorhaltungen relativ mild, zumal sie gar nicht in erster Linie auf diesen Punkt abzielten. Sie galten weniger dem Asketen Robert als vielmehr dem Leiter des Klosters.

Robert von Arbrissel hatte die Leitung des Klosters den Frauen anvertraut, »eine harte Aufgabe, die schon oft denjenigen den Tod gebracht hat, die sich ihr unterzogen«, wie Gottfried warnend feststellt. Und der Kern seiner Einwände lautet: »Ich habe in der Tat sagen hören, daß du gegenüber dem weiblichen Geschlecht, das du zu leiten unternommen hast, zwei Arten des Verhaltens angenommen hast, die zueinander im Widerspruch stehen, die jedoch beide die Grenzen der *discretio* bei weitem überschreiten.« Von den beiden Arten des Verhaltens Roberts wurde bereits eine genannt: die exzessive Vertraulichkeit mit manchen Frauen, das Teilen des Bettes. Nun kritisiert Gottfried die zweite Art: »Was die anderen betrifft, so sprichst du, wenn du dich manchmal an sie wendest, mit erbarmungsloser Härte und unerbittlicher Strenge zu ihnen; du quälst sie sogar durch Hunger, Durst und Nacktheit und zeigst ihnen nie das geringste Mitgefühl.«

Über diese Zeilen ist schon viel Tinte verspritzt worden. Zwar beschreiben sie genau, worin die beiden unterschiedlichen Behandlungsweisen bestanden, doch bleiben sie im ungenauen hinsichtlich der Kategorie von Frauen, der sie jeweils galten. »Gewisse« und »andere«: diese Ungenauigkeit ließ zahlreiche voneinander abweichende Interpretationen aufkommen. Es war zwar bisher schon viel von Frauen die Rede, doch sind diese noch gar nicht aus ihrer Anonymität herausgetreten. Das mag zwar bedauerlich sein, doch ist dieses Versäumnis auch nicht zu vermeiden gewesen; beide Mahnschreiben an Robert enthalten kein Einzelheiten über die Personengruppe, über die sie doch so viel sagen, und speziell Gottfried wirft durch seine ungenaue Formulierung eine zusätzliche Frage auf, für deren Beantwortung er wiederum keinerlei Hinweis gibt. Auch aus allen übrigen Quellen lassen sich kaum mehr Erkenntnisse gewinnen. Wer also waren die Frauen in dem Kloster von Fontevraud?

Zunächst wäre ihre gesellschaftliche Herkunft zu klären, eine Frage, auf die die interne Gliederung des Klosters eine erste Antwort zu geben scheint.

Als Robert starb, zählte Fontevraud vier Wohnkomplexe: Saint-Jean für die Männer, Saint-Lazare für die Leprakranken sowie zwei Frauenklöster, nämlich das Große Kloster, das der Heiligen Jungfrau geweiht war, und die Madeleine, das Magdalenenkloster. Unklar ist immer noch, für welche Frauen diese beiden Klöster bestimmt waren. Bekannt ist nun, daß sich berühmte Damen des Hochadels in Roberts

Kloster zurückgezogen haben und daß ihm adlige junge Mädchen anvertraut wurden. Außerdem ist gesichert, daß er ehemalige Prostituierte an seine Gemeinschaft gebunden hat.

Aus all diesen Faktoren glaubte man schließen zu können, die beiden Frauenklöster hätten jeweils die beiden extrem gegensätzlichen Kategorien von Frauen aufgenommen: das Magdalenenkloster die Dirnen, das Große Kloster dagegen die Jungfrauen und die adligen Witwen. Ausgehend von dieser Überlegung vermuteten manche Historiker, wie zum Beispiel Jean de Pétigny, Gottfrieds Brief verurteile die Mißhandlungen, die der Meister den Prostituierten auferlegte; andere, so Jean-Marc Bienvenu, glaubten ganz im Gegenteil, Roberts Zuneigung habe den reuigen Sünderinnen gegolten und er habe sich gegenüber den Repräsentantinnen des Adels besonders streng gezeigt. Beide Deutungen bestätigen die erwähnte Einteilung der Frauen in zwei klar getrennte Gruppen. Läßt sich eine solche Zweiteilung aber wirklich auf jene wenigen Fälle anwenden, die man vage erkennen kann?

Daß es im Gefolge Roberts von Arbrissel Prostituierte gab, ist recht wahrscheinlich. So berichtet Balderich, es würden die *meretrices* zu ihm strömen – ein mehrdeutiger Ausdruck, der ebensogut professionelle Dirnen bezeichnen konnte wie in einem etwas abwertenden Sinn leichtfertige Frauen. Allerdings gibt es noch einen anderen Text, der jede Mehrdeutigkeit des Wortes *meretrix* auflöst; in ihm wird geschildert, wie Robert ein Freudenhaus betritt, dessen Bewohnerinnen aus ihm befreit und mit sich in die Einöde führt. Auch aus ihm läßt sich mit größter Wahrscheinlichkeit herauslesen, daß sich am unteren Ende der gesellschaftlichen Skala von Fontevraud tatsächlich Prostituierte befanden. Mit absoluter Sicherheit hingegen weiß man, daß hohe Adlige an der Spitze dieser Skala standen, die einzigen Frauen übrigens, deren Namen bekannt geblieben sind und deren Schicksale wenigstens andeutungsweise rekonstruiert werden können. Mit ihnen sollte man sich deshalb etwas eingehender befassen.

Zwei Namen tauchen zunächst aus der anonymen Masse von Roberts Anhängerinnen auf, zwei Frauen, die in der neuen Klostergemeinschaft eine bedeutende Stellung einnehmen sollten: Hersendis und Petronilla. In beiden Biographien Roberts werden sie im Zusammenhang mit der Gründung von Fontevraud genannt. Kaum hatten dort die Arbeiten begonnen, als ihr Gründer wieder auf Wanderschaft ging. Wie seinerzeit in La Roë zog es ihn in die Ferne, wo er predigen und neue Seelen gewinnen wollte. Die Verantwortung für die gerade entstehende Gemeinschaft übertrug er damals Hersendis. Laut Balderich war sie eine der ersten Anhängerinnen Roberts von Arbrissel. Um dem Wanderprediger zu folgen, hatte sie eine glänzende Stellung am Hofe aufgegeben. Petronilla wurde ihre Gehilfin. Am Ende seines Lebens beschloß Robert, die Leitung der Gemeinschaft einer Äbtissin zu übertragen. Da Hersendis das Zeitliche gesegnet hatte, vertraute er Petronilla diese Aufgabe an. Andreas, Roberts zweiter Hagiograph, schildert ausführlich alle Etappen der Ernennung Petronillas zur Äbtissin. So habe der Gründer der Kongregation vor einer Versammlung von Geistlichen, die er wegen dieser Ernennung selbst einberufen hatte, folgende Überlegungen angestellt: Statt die Leitung des Ordens einer im Kloster erzogenen Jungfrau anzuvertrauen, die nur wenig Erfahrung in der Führung eines so großen Hauses habe, schlage er eine *conversa laïca* als Äbtissin vor, eine Frau, die in der Welt gelebt und in der Lage sei, sich um materielle Angelegenheiten zu kümmern. Ein Archidiakon ermutigte Robert: Er habe sagen hören, daß Papst Urban II. nicht gezögert habe, eine Frau zur Äbtissin zu ernennen, die viermal verheiratet gewesen sei. Bald nach dieser Aussprache wurde die Kongregation der Edelfrau Petronilla unterstellt, die nach Aussage der Historiker die Witwe von Seigneur de Chemillé war.

Woher wissen sie es? Hersendis und Petronilla sind noch

durch andere Quellen zu identifizieren als bloß durch die beiden *Viten* Roberts von Arbrissel. So gibt es Urkunden, die ihre Namen erwähnen und die den Genealogen vom 17. Jahrhundert an dazu dienten, sie in den Adelsfamilien der Gegend einzuordnen. Dort rangieren sie an hoher Stelle. Hersendis war die Tochter Humberts I. von der Champagne; in zweiter Ehe hatte sie Wilhelm, Seigneur de Montsoreau, geheiratet, dessen dritte Gemahlin sie wurde. Ihr Stiefsohn, Gauthier de Montsoreau, war der Schutzherr der Gemeinschaft von Fontevraud, und da er zum Zeitpunkt der Gründung Fontevrauds bereits seine Herrschaft an den Ufern der Loire angetreten hatte, kann man davon ausgehen, daß sein Vater damals bereits gestorben und Hersendis Witwe war.

Petronilla stammt aus dem Hause Craon; sie muß eine Cousine ersten Grades von Gottfried von Vendôme gewesen sein. Sie war mit Orri le Roux, Seigneur de Chemillé verheiratet und hatte, so behaupten die Genealogen, mindestens zwei Söhne. Als sie sich Robert anschloß, war sie noch sehr jung, vielleicht nicht einmal zwanzig. Wann war Orri le Roux gestorben? Man weiß es nicht. Aber war er denn tatsächlich gestorben? Und woher stammt die Vorstellung, Petronilla sei damals verwitwet gewesen? Balderich, der sein Werk der Äbtissin widmete, erwähnt mit keinem Wort ihre Witwenschaft; ebensowenig Andreas, der doch über ihre Wahl genauestens berichtet. Und dennoch leistet die zweite *Vita* der Entstehung dieses Gedankens Vorschub. Als im 16. Jahrhundert zwei französische Versionen von ihr entstanden, verwandelte sich unter der Feder der Übersetzer die »Ehefrau«, die von Urban II. zur Äbtissin ernannte *matrona*, trotz ihrer vier Ehemänner in eine »Witwe«, während Petronilla noch eine Zeitlang als »Konverse«, als Laienschwester geführt wurde.

Bei den Geschichtsschreibern des 17. Jahrhunderts, die über den Orden von Fontevraud berichteten, hatte die Vorstellung von der Witwenschaft dann bereits ansteckend gewirkt, sie wurde somit auch auf Petronilla übertragen.

Und von da an galt dieser Status, trotz der Verschwiegenheit der lateinischen *Viten* in diesem Punkt, als ein Faktum, das man regelmäßig aufgriff, wenn man sich für die Äbtissin interessierte.

Eine Kleinigkeit im Grunde, doch bezeugt sie, wie groß der Abstand ist, der uns heute vom Mittelalter trennt, und welche Schwierigkeiten wir haben, seine Fremdartigkeit zu begreifen: Wenn eine Äbtissin keine Jungfrau war, dann mußte sie wenigstens Witwe sein. Seit dem Beginn der Neuzeit ist eine andere Situation nicht mehr vorstellbar, so wenig würde sie mit unserer Vorstellung von der Würde jenes Amtes übereinstimmen; und was die Quellen nicht verraten, das muß man sie sagen lassen.

Petronilla wird in diesen Quellen aber *conversa laïca* genannt, was bedeutet, daß sie auf die Welt verzichtet hatte, in der sie bisher gelebt hatte und verheiratet gewesen war. Doch als sie bei Robert ankam, hatte sie nicht das Haus ihres Ehemanns, sondern das ihres Vaters verlassen. Hatte sie sich als Witwe oder als verstoßene Ehefrau nach Fontevraud zurückgezogen oder war sie vor ihrem Mann geflohen? Diese Fragen darf man keinesfalls im einen oder im anderen Sinn entscheiden.

Gerade was an Petronillas Biographie im unklaren bleibt, verdient Interesse, denn es lenkt die Aufmerksamkeit auf den ehelichen Status jener Frauen, die sich gleich ihr von Fontevraud angezogen fühlten. War er bei diesen klarer? Tatsächlich bestätigen auch die wenigen anderen bekannt gewordenen Lebensgeschichten, daß er in unseren Augen, nach unseren Normen jedesmal ein Problem darstellte.

Ermengard war die Tochter von Fulko IV. von Anjou. Möglicherweise war sie in erster Ehe mit Wilhelm, dem Grafen von Poitou und Herzog von Aquitanien, vermählt worden, der sie verstoßen haben könnte. Sie heiratete daraufhin den Grafen von der Bretagne Alain Fergent; dieser trat 1112 in die Abtei von Redon ein, was sie vielleicht dazu veranlaßte, den Schleier zu nehmen. Es ist jedoch anzunehmen, daß Ermengard sich sechs Jahre zuvor schon einmal nach Fontevraud begeben hatte, als sie vor ihrem Gemahl sowie vor der Rauheit der Bretagne geflohen war, nachdem sie zuvor vergeblich versucht hatte,ihre Ehe auflösen zu lassen, weil sie mit ihrem Mann verwandt war. Ihre Abschiede von der Welt waren jeweils nur kurz: Sie kehrte zurück an den Hof ihres Sohnes, um dort die erste Stelle einzunehmen, während ihr Mann bis zu seinem Tod das Kloster nicht mehr verließ.

Agnes wurde Priorin von Orsan, der Niederlassung der Kongregation, in der Robert sterben sollte. Wahrscheinlich was sie eine Gräfin von Aix-en-Berri, zunächst verheiratet mit Alard, dem Seigneur de Châteaumeillant. Ihre Ehe wurde wegen der bestehenden Verwandtschaft gelöst. Alard vermählte sich anschließend mit einer Witwe aus dem Hause Bourbon, während Agnes bei Robert Zuflucht suchte. Welche Familienpolitik, welche Interessen standen hinter dieser Ehescheidung? Wem war mehr daran gelegen, den anderen zu verlassen? Hatte es einen Streit gegeben oder ging man im gegenseitigen Einvernehmen auseinander, oder gab es Entschädigungen irgendwelcher Art? Soviel ist gewiß: Alard überhäufte das Priorat seiner früheren Frau mit Schenkungen.

Philippa war die zweite Gemahlin von Wilhelm von Poitou und wahrscheinlich die Nachfolgerin Ermengards von Anjou an diesem »Ehrenplatz«. Sie unterstand mit Sicherheit noch der Machtbefugnis ihres Mannes, als sie 1116, der Untreue Wilhelms und seines notorischen Konkubinats mit der Maubergeonne überdrüssig, nach Fontevraud floh.

Bertrada von Montfort heiratete den Grafen von Anjou, Fulko IV., den Réchin; sie wurde dessen fünfte Frau und damit die Stiefmutter Ermengards. Philipp I., König von Frankreich, entführte eines Tages die Frau seines Vasallen und vermählte sich mit ihr, worauf der Kapetinger von den

Verwünschungen der Kirche verfolgt und mehrmals exkommuniziert wurde. 1105 versprachen die Liebenden, sich zu trennen, doch erst der Tod zwang sie dazu. Philipp starb 1108.

Nun dachte Bertrada daran, sich ins Kloster zurückzuziehen, ein Schritt, der sie nichts mehr kostete, mit dem sie es aber dennoch eilig hatte. Zwischen 1108 und 1114 stattete sie Robert von Arbrissel mindestens vier Besuche ab, bevor sie sich dazu entschloß, in das Priorat Hautes-Bruyères einzutreten, das vom Orden von Fontevraud abhing. Kurze Zeit danach starb sie dort.

Petrus Venerabilis, der große Abt von Cluny, schildert eine Episode aus dem Leben seiner Mutter, der heiligen Raingardis. Diese Frau konnte es nicht ertragen, verheiratet zu sein. Sie haßte die Bande der Ehe und wahrscheinlich auch ihren Mann. Als sie erfuhr, daß ein heiliger Bußprediger durch das Land zog, eilte sie zu ihm hin, warf sich ihm zu Füßen und flehte ihn an, sie in seinen Schutz zu nehmen. Es war Robert von Arbrissel, doch er ging nicht auf ihre Bitten ein. Er beruhigte sie und riet ihr, erst den Tod ihres Herrn und Meisters abzuwarten. Eine ganz ungewöhnliche Verhaltensweise Roberts, denn aus einem Brief des Philosophen Roscelin von Compiègne an Abälard geht hervor, daß Rainaud de Martigné, der Bischof von Angers, den Gründer von Fontevraud gerade in diesem Punkt aufs heftigste angegriffen hat: Ehefrauen hätten bei ihm Zuflucht gefunden, deren Ehemänner sie lauthals zurückverlangen würden, wovon Robert nichts hören wolle.

Was jedoch an der Episode über die heilige Raingardis besonders interessiert, ist das Rollenspiel, dem sie sich offensichtlich unterzog: »Sie warf sich den heiligen Männern zu Füßen und wie Maria, die Sünderin, benetzte sie deren Füße mit ihren Tränen.« Wenn Robert von Arbrissel die Mutter des Petrus Venerabilis bei sich aufgenommen hätte, hätte er sie dann nicht eher im Magdalenenkloster als im Großen Kloster untergebracht, wo doch ihr eigener Sohn nicht zögerte, sie mit der Sünderin Maria zu vergleichen, jener Gestalt aus den Evangelien, die wir Maria Magdalena nennen?

Und was die keuschen Witwen und die unnahbaren Jungfrauen anbelangt, die man normalerweise als Klosterinsassinnen erwartet – in Fontevraud drängten sich vor allem verstoßene Ehefrauen und solche, die vor ihren Männern davongelaufen waren, Frauen, die unbedingt in der Nähe des faszinierenden Gründers der Gemeinschaft leben wollten, oder solche, die noch nicht geneigt waren, auf die Annehmlichkeiten der Welt zu verzichten, und die wie zu ihrem Bedauern ins Kloster eintraten, um sich *in extremis* ein bedrohtes ewiges Heil zu sichern.

Die bisher übliche Unterscheidung zwischen Adligen und Prostituierten erweist sich damit als unbrauchbar. Für einen Geistlichen war Bertrada, trotz ihres hohen Ranges, eine *meretrix*. Für ihren eigenen Sohn stellte Raingardis eine Magdalena dar.

Die wenigen Einzelfälle, die sich aufschlüsseln lassen – es sind die der einflußreichsten Frauen in Fontevraud –, widerlegen bereits die Vorstellung von einer deutlichen Zweiteilung der Klosterinsassinnen. In der Schar, die zunächst im Gefolge des Wanderpredigers umherzog und sich dann in Fontevraud niederließ, gab es, abgesehen von den Jungfrauen, eine große Anzahl von Frauen mit den unterschiedlichsten Schicksalen. Das Spektrum reichte von vereinzelten »untadeligen« Witwen bis zu den seltenen Fällen professioneller Prostituierter. Alle diese Frauen hatten etwas gemeinsam: Sie waren die Opfer der Krise der Institution Ehe, jener gesellschaftlichen Krise, deren Entdeckung Georges Duby zu verdanken ist.

Seit dem Beginn des 11. Jahrhunderts führte die Kirche den Kampf an allen Fronten. Sie wollte nicht nur jenem Teil ihres Klerus, der in der Welt lebte, das Zölibat aufzwingen, sondern auch die ehelichen Verbindungen unter den Laien auf ein höheres moralisches Niveau heben. Das hieß, sie wollte auch den Laien ihre eigene Moral auferlegen. Es sollte nur noch eine einzige, unauflösliche, von der Kirche sanktionierte Eheschließung geben, bei der kein noch so entferntes Verwandtschaftsband zwischen den Ehepartnern bestehen durfte; eine Vorstellung von der Ehe, die sich bis auf den heutigen Tag erhalten hat. Die Moral der Geistlichen war jedoch nicht, was sie glauben machen wollte, an die Stelle einer Regellosigkeit getreten, sie suchte vielmehr eine ältere Ordnung, ein älteres Gesetz zu verdrängen. Bei den Großen, wo sie noch nachvollziehbar ist, gehorchte diese Ordnung immer den Erfordernissen der Familienpolitik: sich einen Stammhalter zu sichern, das Erbe zu vergrößern. Der Mann verstieß seine Frau, wenn sie ihm keine Söhne zu schenken vermochte. Wenn sich eine vorteilhaftere Partie anbot, wurde diese der früheren Verbindung vorgezogen. Um zu verhindern, daß sich das Erbe zersplitterte, war es durchaus üblich, daß ein Mann die eigene Cousine heiratete. Und um seinen Mut und seine Männlichkeit zu beweisen und außerdem seinen Rang zu behaupten, unterhielt er Frauen geringeren gesellschaftlichen Standes, »dänische Gattinnen«, wie man zu jener Zeit sagte. Im Bedarfsfall, das heißt, wenn es keinen Erben edleren Blutes gab, traten auch die Söhne der Liebe das väterliche Erbe an. Dies ging jedoch nicht immer ohne Schwierigkeiten vonstatten, denn ihre Rechte waren nicht so eindeutig wie die der Kinder von Ehefrauen hohen Ranges. Man weiß, wie schwer es für Wilhelm den Bastard war, Herzog von der Normandie zu werden!

Jene völlig konträren Moralvorstellungen, die Georges Duby aufgezeigt hat, prallten um 1100, in jenem historischen Augenblick, in dem Fontevraud gegründet wurde, aufeinander. Der »Raub« Bertradas von Anjou durch König Philipp I. und die daraus entstehenden Konflikte bildeten einen Höhepunkt innerhalb dieser Auseinandersetzung. Ganz allmählich setzten sich die Priester mit ihren Vorschriften – und zunächst mit ihren Worten – durch: Als blutschänderisch galt derjenige, der die eigene Cousine heiratete; Ehebrecher und

Bigamist, wer eine zweite Ehe einging, nachdem er seine erste Frau wegen Unfruchtbarkeit oder auch nur wegen niederer Herkunft verstoßen hatte; eine Frau, die sich in einem solchen Fall in das Bett eines Mannes einschlich, galt als Konkubine und wurde von der Kirche nicht als rechtmäßige Gemahlin anerkannt; Konkubine, *meretrix*, war auch die Frau niederen Ranges, die das Bett ihres Herrn auf dessen Wunsch teilte. Die Adligen lehnten sich zunächst gegen diese Entmachtung auf; dann griffen sie zu einer List und gaben immer häufiger vor, plötzlich erfahren zu haben, daß Blutbande sie mit der Frau verbanden, die sie verstoßen wollten, wodurch sie die Botschaft der Geistlichkeit ad absurdum führten; erst mit der Zeit fügten sie sich. Nur durch die Witwerschaft – wie im Falle Petronillas von Chemillé – konnten die von der Kirche auferlegten Fesseln abgestreift werden. Die mittelalterliche Ordnung wurde vorwiegend von der geistlichen Gewalt bestimmt.

Die beiden damals herrschenden Moralvorstellungen, die der Krieger und die der Priester, hatten eines gemein: Beide waren Moralvorstellungen von Männern. Kam es zu einem Konflikt, so wurde in beiden Fällen die Frau als Objekt behandelt. Fast ausnahmslos zog sie den kürzeren. Sie, die man verurteilte oder verstieß oder die fliehen mußte, empfing Robert von Arbrissel mit offenen Armen. Dem Priester, der im Konkubinat gelebt und sich strenge asketische Lebensführung zum Ziel gesetzt hatte, folgten hilflose Frauen, die um ihre Rechte gebracht worden waren. Der Erfolg Fontevrauds war also auf notwendigen Zufall, auf den ungewöhnlichen Zusammenschluß von Opfern geänderter Moralvorstellungen zurückzuführen. Denn um Opfer handelte es sich nach dem alten sowie nach dem neuen Gesetz.

Zuerst nach dem alten Gesetz der Krieger, nach dem Eherecht, wie es die Fürsten, Barone und Ritter verstanden: Abgelehnt, verstoßen wegen Unfruchtbarkeit, verlassen wegen vorteilhafterer Verbindungen. So widerfuhr es Agnes, als ihr Mann plötzlich vorgab, entdeckt zu haben, sie sei seine Cousine, und der die Sprache des Klerus zu Hilfe nahm, um sein Ziel zu erreichen. Es ist kein Wunder, daß in den Frauen allmählich andere Wünsche erwachten. Sie flohen vor ihren Ehemännern, die brutal, ungeschliffen und treulos waren. Sie dürsteten nach Mystik und verzehrten sich nach dem faszinierenden Wanderprediger, so Ermengard und Raingardis, die nicht wußten, wie sie ihre Ehemänner loswerden sollten; so auch Philippa, die die Vielweiberei des Herzogs von Aquitanien nicht länger ertrug. Frauen wie Petronilla hatten sich von der Vorstellung gelöst, sie müßten unter die Fuchtel eines Ehemannes fallen, um nicht mehr unter der Fuchtel ihres Vaters zu sein, und dann wieder unter die Fuchtel ihres Vaters geraten, um nicht mehr unter der Fuchtel ihres Ehemannes zu stehen. Darüber hinaus – diese Fälle sind jedoch weniger bekannt, weil sie vor allem die niederen Stände betrafen – wurden die Frauen zu Opfern der kirchlichen Reform. Plötzlich wurde ihnen enthüllt, daß ihre Liebesbande, die sie bisher für rechtmäßig oder natürlich gehalten hatten, unmoralsich waren, daß sie nunmehr als Blutschänderinnen oder als Konkubinen galten. Dies war sowohl bei Agnes als auch bei Bertrada der Fall: aber wieviele einfache Frauen waren außerdem noch betroffen, wieviele Frauen von Priestern, die aufgrund der gregorianischen Vorschrift vom Zölibat auf der Straße standen, wieviele geschwängerte Dienerinnen und wieviele leichte Mädchen, die vertrieben wurden und in Fontevraud Zuflucht suchten, um einen plötzlich illegitimen Zustand zu verbergen? Der letztgenannten Gruppe gehörten wahrscheinlich jene jungen Mädchen an, die, wie Marbod behauptet, in ihren Zellen niederkamen oder aus Angst vor neuerlicher Schmach wieder aus Roberts Gemeinschaft flohen, um ihr Kind heimlich im Wald auf die Welt zu bringen.

Als Robert mit seinen Anhängern im Lande umherzog und auch kurz nach der Gründung von Fontevraud, bildeten alle diese Menschen eine große Gemeinschaft, in der Männer wie Frauen jeden Alters und Standes lebten – und dies zum großen Ärger Marbods und seiner Freunde. Dann kam die Zeit, in der Robert von Arbrissel, vielleicht aufgrund von Kritik oder unter dem Druck der Kirche, seine Gemeinschaft neu organisierte: Er trennte die Frauen von den Männern und teilte die Frauen in zwei Gruppen auf, die nunmehr in zwei verschiedenen Gebäuden untergebracht wurden. Mit dieser Aufteilung taucht, wie gesagt, ein Problem auf, das sich nur dem aufmerksamen Leser des *Lebens Roberts* erschließt.

Es wird berichtet, daß ihm auf seinem Sterbebett in Orsan noch einmal Fontevraud vor Augen schwebte: Da lebten seine Priester und seine Laienbrüder, da lebten auch die heiligen Jungfrauen, die Witwen und die enthaltsam gewordenen Frauen. Setzt man die beiden letzten Begriffe gleich, so lassen sich die genannten drei Stände in zwei Kategorien einordnen: die Jungfrauen und die, die bereits mit einem Mann zusammen gewesen waren.

Bei der Ernennung der ersten Äbtissin von Fontevraud war Robert von Arbrissel sich unschlüssig; er konnte zwischen einer im Kloster erzogenen Jungfrau und einer Konverse wählen. Erstere lebten eingeschlossen im Großen Kloster, das der Jungfrau par excellence geweiht war; sie hatten übrigens großen Zulauf von Mädchen aus gutem Hause, deren Väter an der Mitgift sparen wollten. Letztere bewohnten das Magdalenenkloster: Hersendis, Petronilla, Agnes, aber auch Frauen von Priestern, verstoßene Nebenfrauen, leichte Mädchen und Prostituierte. Wiederum etwas, das Mißfallen erregen konnte.

»Er teilte seine ›Familie‹ folgendermaßen auf: Im Großen Kloster brachte er mehr als dreihundert seiner Töchter unter, von denen er wußte, daß sie Jungfrauen waren; den restlichen Frauen verschaffte er eine Unterkunft in dem Priorat der heiligen Maria Magdalena. Aus diesen sonderte er jedoch auf den Rat einiger Leute jene aus, die verheiratet gewesen waren und mit ihren Ehemännern ein untadeliges Leben geführt hatten, damit sie in Gemeinschaft mit den

Jungfrauen lebten, so daß in oben genanntem Priorat nur noch hundert oder hundertzwanzig Frauen zurückblieben.«

Dieses Zeugnis stammt von Yves Magistri, einem Autor des 16. Jahrhunderts. Möglicherweise hatte er in Fontevraud selbst noch Kunde vom Umzug eines Teils der Frauen von einem Kloster ins andere erhalten, einem Vorgang, über den die anderen Quellen schweigen. Aus diesem äußerst aufschlußreichen Zeugnis geht hervor, warum die Aufteilung der Frauen auf die beiden Klostergebäude von Anfang an von Geheimnis umwittert war: Die Hierarchie holte sich unter Androhung von neuen Pressionen mit dieser Aktion ihre Rechte in Fontevraud zurück, Roberts moralische Kategorien mußten der alten sozialen Aufgliederung weichen. Denn wenn man bei Magistri zwischen den Zeilen liest, entdeckt man, daß nun die adligen Frauen das Große Kloster für sich eroberten, während vermutlich die Prostituierten, vor allem aber die Frauen von niederem Stand im Magdalenenkloster zurückbleiben mußten – eine Wendung, die in der Schar der *Pauperes Christi* nur schwer zu rechtfertigen war. Rückblickend kamen die Dinge dann wieder ins Lot: hier die Freudenmädchen, dort die Frauen aus dem Adel. Die Prostitution legitimierte die gesellschaftliche Trennung und deckte sie mit einem moralischen Mäntelchen zu. Damit vermied man, zugeben zu müssen, daß die Reichen nicht länger in Gemeinschaft mit den Armen leben wollten. Schrittweise kehrte die alte Ordnung wieder zurück.

Unsere Neugier ist aber noch nicht restlos gestillt: Welche von den Frauen, die er bei sich aufgenommen, die er zu sich hingelockt hatte, liebte der Meister, und welche schikaniert er? Auf jeden Fall ist nicht schwer zu erraten, wie die Klage über sein Verhalten zu Gottfried gelangen konnte. Robert von Arbrissel verlangte, daß die Frauen aus dem Adel ihre Herkunft geringschätzen sollten, und um eine Gewähr für diesen Sinneswandel zu haben und ihren Stolz zu brechen, ging er bald dazu über, sie nicht mehr von den anderen Frauen abzusondern. Gottfried von Vendôme war mit diesen adligen Damen entweder verwandt oder verbündet und der Vetter ersten Grades von Petronilla von Chemillé. Deshalb glaubt Jean-Marc Bienvenu annehmen zu dürfen, daß er sich zum Sprecher der Frauen seines Standes gemacht habe. Möglicherweise hat sogar Ermengard von der Bretagne dem Abt von Vendôme verraten, daß sie während ihres kurzen Klosteraufenthalts im Jahr 1106 schlecht behandelt wurde, um sich gegen seinen Vorwurf zu verwahren, sie habe den Nonnenstand in leichtfertiger Weise wieder aufgegeben. Wenn jedoch nur eine Kategorie von Klosterfrauen – beispielsweise die Konversen – Roberts Unmut hatte ertragen müssen, warum sollte Gottfried sie nicht eindeutig bezeichnet haben? Es könnte durchaus sein, daß Roberts Launen überhaupt keinem Gesetz gehorchten und daß er einmal der einen und einmal der anderen Stimmung unterworfen war. Kann man sich nicht sogar vorstellen, daß er mit einer Ermengard, mit einer Bertrada abwechselnd streng und liebevoll umging?

Wenn man zu lange sucht, wem die Gunstbeweise oder Schikanen Roberts von Arbrissel gegolten haben, erschöpft man sich in Vermutungen, die vom Wesentlichen ablenken. Der Gründer von Fontevraud unterhielt zu den Frauen seiner Umgebung grundsätzlich ambivalente Beziehungen: mit Zuckerbrot und Peitsche, mit Milde und Strenge versuchte er auf sie einzuwirken.

Diese Ambivalenz brachte auch Gottfried von Vendôme zum Ausdruck, als er Robert von zu großer Vertraulichkeit sowie von übertriebener Strenge abzubringen versuchte: »Durch die Frau ist die Sünde in die Welt gekommen, und ihretwegen müssen alle Menschen sterben... Das weibliche Geschlecht ist sehr zerbrechlich und zart, und deshalb empfiehlt es sich, es mehr mit Sanftheit und Mitgefühl zu lenken als mit übertriebener Strenge, damit es nicht in zu tiefe Trauer versetzt werde.« Auch diesmal hat die Sprache des Anklägers eine verblüffende Ähnlichkeit mit der des Angeklagten.

Um zu wissen, welches Bild von der Frau Robert von Arbrissel vorschwebte, darf man sich, mangels vertraulicher Mitteilungen von ihm selbst, gewiß an Marbods und Gottfrieds phantastische Vorstellungen des Weiblichen halten. Robert war ihnen in vieler Hinsicht ähnlich, und auch als Verteidiger des schwachen Geschlechts, als »fahrender Ritter des Mönchtums«, wie er genannt wurde, unterlag er dem Gesetz seiner Zeit.

Wie all seine Zeitgenossen – ob Kleriker oder Laien – hatte er zunächst Angst vor den Frauen. Für die Kleriker waren die Frauen um so mehr furchterregend, als sie sich diese nur aus der Ferne vorstellen durften. Doch auch die Laien, die mit ihnen Seite an Seite lebten, hielten sie immer noch so weit von sich fern, daß sie ihnen ebenfalls geheimnisvoll und furchterregend zugleich erschienen. Für sie waren die Frauen Zauberinnen und Giftmischerinnen, voll List und Tücke wie der Teufel. Für die einen wie für die anderen galten sie tatsächlich als eine Emanation des Teufels. So schrieb Gottfried von Vendôme in einem anderen Brief: »Dieses abscheuliche Geschlecht hat unseren Urvater Adam vergiftet, der Eva zugleich Ehemann und Vater gewesen ist; es hat Johannes den Täufer erwürgt und den höchst mutigen Samson seinen Feinden ausgeliefert; es hat in gewisser Weise sogar unseren Heiland getötet, denn wenn seine Schuld es nicht erforderlich gemacht hätte, hätte unser Herr nicht für uns sterben müssen ... Unglück über dieses Geschlecht, das weder Furcht noch Scham noch Freundschaft kennt, und das mehr zu fürchten ist, wenn man es liebt, als wenn man es haßt.«

In Roberts Augen gleicht die Frau dem Bild, das Marbod sich von ihr machte: ein Löwenkopf, ein Drachenschweif, ein Feuerleib; deshalb wollte er sich ihrer Flamme als der gefährlichsten aller Martern aussetzen.

Und doch war in diesen Menschen bereits eine andere recht untergründige Kraft am Werk, die danach trachtete, die bösen Geister zu beschwören. Deshalb suchten Marbod,

Gottfried und wahrscheinlich auch Robert in den verschiedensten Quellen ihrer Kultur nach einer Möglichkeit, die alles zerstörende Gestalt Evas zurückzudrängen. Maria schien das beste Gegengift zu sein gegen die Frau, die die Welt vergiftet hatte. Gottfried hatte tiefe Ehrfurcht vor ihr, Marbod schrieb Gedichte auf sie, und er bekannte ihr seine Sünden in der Gewißheit, an ihrem Herzen Trost und Vergebung zu finden. Robert weihte ihr die bedeutendste seiner Gründungen in Fontevraud. Doch neben Maria zeichnet sich in jener Zeit eine weitere Trösterin ab, ein wenig verschwommen noch und mehrgestaltig: Maria, die Sünderin, beziehungsweise Magdalena.

In einer seiner Predigten sowie in einer Hymne vergaß Gottfried seinen Groll auf die Töchter Evas und stimmte statt dessen ein Loblied auf Maria Magdalena an. Robert von Arbrissel wiederum weihte dieser Heiligengestalt das zweite Frauenkloster in Fontevraud. Die klassischen lateinischen Autoren wurden herangezogen, wenn Marbod sich an adlige Damen wie Ermengard von der Bretagne oder an die Königin Mathilde wandte; dagegen zitierte er aus den *Sprüchen* Salomons, wenn er, nach dem schrecklichen Kapitel über die *meretrix* in seinem bereits erwähnten Buch, die Tugenden der Ehefrau, der *matrona*, besang: »Eine tüchtige Frau, wer findet sie? Auch geht ihr Wert weit über Korallen.« Und dann ist, über den gelehrten Wortschwall hinaus, der aus Alt Neu machen wollte, die spektakuläre Erneuerung religiösen Lebens durch Robert von Arbrissel zu erkennen. In der Zeit seines Umherirrens in den Wäldern waren die Frauen noch eine wahre Folter für ihn, und er begegnete ihnen voller Abwehr, sozusagen mit zusammengebissenen Zähnen. Gottfrieds Brief an Robert ruft die Erinnerung an jene Zeit nicht wach, in ihm wird vielmehr der völlig veränderte Umgang Roberts mit den Frauen sichtbar, der auf Vertraulichkeit und schüchterner Zärtlichkeit beruht und sich in einem neugewonnenen Vertrauen zu sich selbst und in unendlich langen Gesprächen äußert.

Robert von Arbrissel lebte nun sehr weit von der Bretagne entfernt, von jener Gegend, aus der er stammte und in die er lange Zeit, gleichsam als Vollendung seines Lebensweges zurückzukehren gehofft hatte. Nun aber war ihm die Rauheit seiner Heimat selbst bewußt geworden, und er hatte aufgehört von der »ewigen Wiederkehr« zu träumen. »Du lebst unter barbarischen und ungebildeten Menschen«, schrieb er an Ermengard, die, aus dem Anjou kommend, sich in der Bretagne wie in einem Exil fühlte. Er selbst hatte die entgegengesetzte Richtung eingeschlagen und ging nun, losgerissen von seinen Wurzeln und ohne sich aufhalten zu lassen, wohin ihn seine Schritte führten. Von La Roë ausgehend und weiterziehend, bis er sich in Fontevraud niederließ, hatte er die Provinz Anjou vom äußersten Norden bis zum äußersten Süden durchquert. Im Süden richtete er dann seinen Blick auf das Poitou und auf Aquitanien, auf die beiden Gebiete, in denen Wilhelm herrschte.

Mehrmals schon war er Robert ins Gehege gekommen. Wer war Wilhelm eigentlich? Dem Namen und der Geburt nach war er der siebte Graf von Poitou und der neunte Herzog von Aquitanien, als er 1086, obgleich selbst Bastard, im Alter von nicht einmal fünfzehn Jahren die doppelte Nachfolge seines Vaters angetreten hatte. Zwischen 1089 und 1091 heiratete er, wie erwähnt, vermutlich Ermengard von Anjou und verstieß sie dann wieder. Er heiratete ein zweites Mal, und zwar die Witwe des Königs von Aragon, Philippa Mahaut von Toulouse, weshalb er auch Ansprüche auf die Grafschaft Toulouse erhob, die er zweimal eroberte. 1101 führte er ein Kreuzfahrerheer nach Kleinasien, um die jungen morgenländischen Königreiche zu stärken, doch nach zahlreichen Kämpfen und Verlusten kehrte er geschlagen nach Poitiers zurück. Von da an schien er außer Rand und Band geraten zu sein, er prahlte mit seinen Mätressen, bot der Kirche die Stirn, schrie seine Zoten heraus und forderte großmäulig zum Wettstreit auf dem Gebiet der Erotik heraus:

Auf einem weichen Pfühle
kenne ich alle Spiele;
da weiß ich, wie man's macht –
bei Tag und bei Nacht.

Bin ein begehrter Mann:
Nie mich vergessen kann
jedes Weib, zu dem ich kam,
das in die Arme mich nahm.
Muß deshalb niemals fürchten Not,
Könnt ja durch Liebe verdienen mein Brot.

Es war, als versuchte er durch ungehemmtes Demonstrieren seiner Männlichkeit, seine Niederlage auf dem Schlachtfeld zu vergessen. Doch er bereitete sich durch dieses Verhalten nur immer wieder neue Niederlagen. Die Frauen von Aquitanien und Poitou, von Anjou und Toulouse waren vielleicht freier als anderswo, an das Raffinement der südfranzösischen Höfe gewöhnt und genossen größeres Ansehen innerhalb ihrer Familien. Wilhelm erlebte, wie nacheinander seine erste und seine zweite Frau ihren Blick auf Fontevraud richteten, wie sie sich von dem Wanderprediger angezogen fühlten, der im Umgang mit ihnen ganz neue Töne anklingen ließ. Wilhelm war erschüttert und versuchte, sich mehr schlecht als recht zu wehren; den Frauen, die einem rechtschaffenen Ritter den Rücken kehrten, weil sie einen Mönch oder Kleriker liebten, drohte er mit dem Scheiterhaufen:

Herrin, du begehst eine große Sünde,
wenn du anstelle des rechtschaffenen Ritters
den Mönch oder den Kleriker liebst.
Du tust nicht recht daran,
und ich werde die Ungetreue
auf dem Scheiterhaufen verbrennen.

In der Auseinandersetzung zwischen Robert und Wilhelm, in der Rivalität zwischen dem Geistlichen und dem Ritter um die Gunst der edlen Damen sieht der Literarhistoriker Reto R. Bezzola einen entscheidenden Schritt, der zur Entstehung der höfischen Dichtung des Abendlandes beitrug. Mehr als ein Indiz vermag diese Hypothese zu stützen. So berichet der Chronist Wilhelm von Malmesbury von einem erstaunlichen Gebäude, das der Herzog von Aquitanien errichten ließ: »In der Burgvogtei von Niort ließ er ein Gebäude errichten, das einem kleinen Kloster glich, und er behauptete in seinem Wahnsinn, er würde dort eine Abtei für Dirnen gründen; zu wiederholten Malen sagte er, er würde diese oder jene Frau zur Äbtissin oder Priorin machen und andere Insassinnen zu Offizialen, je nachdem, wie großartig sie ihre Kunst als Kurtisanen verstünden.«

Es ist sehr gut möglich, daß Wilhelm mit dieser Abtei, mit diesem frevelhaften Abklatsch des Klosters von Fontevraud, Robert von Arbrissel erneut herausfordern wollte. Zuletzt jedoch fand auch er, nach vielen – wahrscheinlich vergeblichen – Anstrengungen seinen Weg. Denn nun ging er dazu über, wie Reto R. Bezzola aufzeigt, eine Art weltliche Mystik der Mystik Roberts entgegenzusetzen, was ihm den Beinamen des »ersten Troubadours« einbrachte:

Euer Leib ist weißer als Elfenbein,
deshalb verehre ich keine andere Frau als euch.
Wird mir nicht bald geholfen,
liebt mich meine edle Dame nicht bald,
küßt sie mich nicht in ihrem Zimmer
oder unter dem Laubdach,
werde ich sterben, beim Haupt des heiligen Gregor.

Unserer Liebe geht es
wie dem Zweig des Weißdorns:
Er hängt an seinem Strauch,
in der Nacht, bei Regen und Frost, zitternd.

Doch am nächsten Morgen glänzt die Sonne wieder
festlich auf den grünen Blättern des Zweiges.

Marbod von Rennes, Gottfried von Vendôme, Wilhelm Firmat und Robert von Arbrissel weisen gewisse Gemeinsamkeiten auf. Bei ihnen allen findet sich die gleiche Furcht vor der Frau, das gleiche Verlangen nach der Glut ihrer Liebe, und darüber hinaus noch etwas anderes, etwas Neues, das noch keinen Namen hat.

Gesichter

Anfangs nur Chimären, haben die Frauen um Robert von Arbrissel nun Gestalt angenommen; aber man kennt noch nicht ihre Gesichter, ihre Augen, die, mehr als alles andere, ein Spiegel des Charakters, der Unverkennbarkeit und Einmaligkeit eines Menschen sind. Aus den beiden *Viten* konnten mit großer Mühe drei weibliche Vornamen wieder ans Licht gezogen werden: Hersendis, Petronilla und Agnes – keine weiteren. Was die übrigen Frauen betrifft, die ebenfalls dem Ruf des Meisters gefolgt waren, so sind sie anonym geblieben, unbekannte Rekrutinnen im großen Heer der Nonnen, glühende Holzstücke für den Scheiterhaufen des Gottesgerichts.

Man muß weniger bekannte Quellen heranziehen, wenn diese schemenhaft umrissenen Gestalten an Deutlichkeit gewinnen und zum Leben erweckt werden sollen. Diesem Zweck dient im folgenden die Schilderung von vier Begegnungen, die, wie man annehmen darf, aus den letzten Lebensjahren Roberts von Arbrissel datieren. Sie zeigen, daß der Meister am Ende seines langen Lebenswegs ruhiger und gelassener geworden war. Und diese innere Gelassenheit war unbedingt erforderlich, wenn er sich einen Augenblick lang vergessen und davon ablassen wollte, sich zu hassen, zu bestrafen, zu prüfen, um sich in das kurze Aufleuchten der Augen der Frauen versenken zu können, die sich ihm anvertrauten. Ist es ein Zufall, wenn die erste jener Begegnungen ihn mit Frauen eines Freudenhauses zusammenbringt, die, weil sie ihren Körper schon seit langem verkauft hatten, nur noch ihren Blick zu eigen hatten?

»Als er sich eines Tages in der Stadt Rouen aufhielt, kam er zufällig in ein Freudenhaus und wurde, als er sich in der Nähe des Herdes niedersetzte, um sich die Füße zu wärmen, sogleich von Dirnen umringt, die glaubten, er sei gekommen, um ihre Dienste in Anspruch zu nehmen. Er aber predigte den Frauen die Worte des Lebens und versprach ihnen das Erbarmen Christi. Eine der Dirnen, die den anderen vorstand, sprach zu ihm: ›Wer bist du, um so zu reden? Du kannst sicher sein, daß seit fünfundzwanzig Jahren, seitdem ich in dieses Haus eingetreten bin, um der Sünde zu leben, nie jemand hierhergekommen ist, um von Gott zu sprechen oder um uns Hoffnung auf seine Barmherzigkeit zu machen. Doch wenn ich wüßte, daß das, was du behauptest, wahr ist, schwöre ich dir, daß ich, meiner ungezählten Sünden überdrüssig, gern darauf verzichten würde, weitere zu begehen!‹ Robert antwortete der Frau: ›*Sei getrost, meine Tochter*, und zweifle nicht an seiner Barmherzigkeit. Wenn du auf die Sünde verzichtest und meine heiligen Ratschläge befolgst, wird Gott sich ohne jeden Zweifel deiner erbarmen! Auf diese Worte hin warf sich die Dirne ihm zu Füßen, zusammen mit anderen, die dort lebten. Die Frauen versprachen ihm ohne Ausnahme, ihren Sünden zu entsagen und durch ihre zukünftigen Werke Buße zu tun. Daraufhin führte sie der heilige Mann aus der Stadt hinaus in die Wüste, um mit ihnen gemeinsam seinen Weg fortzusetzen; und es gefiel ihm, Stillschweigen zu wahren über diese gute Tat...«

Ein erstaunlich mutiger und lebendiger Text! Doch die Überlieferung dieser Episode ist nicht verbürgt. Der Text beginnt mit einer ungenauen Zeitbeschreibung – »eines Tages« – und endet mit Auslassungspunkten. Dazwischen die knappe Schilderung des Geschehens im Freudenhaus. Es gibt kein zeitgenössisches Originalmanuskript; die obige Szene wurde von zwei Gelehrten des 17. Jahrhunderts überliefert, die sie in ihrer lateinisch abgefaßten Geschichte Fontevrauds als Zitat einbauten, zusammenhanglos und inmitten eines Wusts verschiedenartigster sonstiger Informationen. Der eine Gelehrte datiert sie ins 12. Jahrhundert, der andere in das Jahr 1210; keiner von beiden benennt den Verfasser. Wie glaubwürdig ist also dieses Zeugnis? In einer kurzen Einleitung behauptet einer der beiden Gelehrten, offenbar der besser informierte, er habe eine Kopie des Originaltextes besessen, die direkt vom Original abgeschrieben worden sei, eines Manuskripts aus der Abtei Vaux-de-Cernay; und er fügt hinzu, der Verfasser dieses ursprünglichen Manuskripts sei mit Sicherheit ein Zeitgenosse Roberts von Arbrissel gewesen. Die Spur ist zwar undeutlich, doch erlaubt sie, einige Hypothesen aufzustellen.

Im Jahr 1118 gründete eine kleine Gruppe von Mönchen im Tal der Chevreuse die Abtei Vaux-de-Cernay. Diese Mönche waren Schüler von Vitalis von Savigny. Vitalis, ein Freund Roberts und einer der ruhmreichsten Einsiedler Westfrankreichs, hatte seinerseits in der Normandie eine klösterliche Kongregation gegründet und versuchte nun in anderen Gegenden weitere Niederlassungen zu gründen; daher die Ansiedlung jener aus dem Mutterhaus in der Normandie stammenden Mönche in der Ile-de-France. Vitalis, Robert und Bernhard von Thiron hatten zuvor viele Male gemeinsam die Provinzen Westfrankreichs durchstreift, um die Menschen predigend zu bekehren. Daß ihr Weg sie eines Tages auch nach Rouen führte und daß einer ihrer Anhänger die Szene, in der Robert sich wie oben geschildert verhalten hat, selbst miterlebte oder erzählt bekam, ist nicht unwahrscheinlich. Man muß sich nur vorstellen, daß dieser Zeuge dem Orden von Vitalis beigetreten ist und schließlich nach Vaux-de-Cernay kam. Dort muß er dann die glorreichen Taten aufgezeichnet haben, deren Zeuge er geworden war, als er seinen Meistern auf ihren Wanderschaften folgte. Die Hypothese gewinnt noch an Glaubwürdigkeit, wenn man im *Leben des Vitalis von Savigny* liest, daß auch er sich darum bemühte, die Prostituierten ihrem »schändlichen Gewerbe« zu entreißen. Um ihr Vertrauen zu gewinnen, nannte er sie »mit dem süßen Namen Tochter« und überhäufte sie mit »süßen Liebkosungen«. Wenn vorher in Frage gestellt wurde, daß alle reuigen Mädchen, die sich nach Fontevraud geflüchtet hatten, Prostituierte gewesen seien, so handelte es sich bei den neugewonnenen Anhängerinnen Roberts und Vitalis', von denen hier die Rede war, auf jeden Fall um gewerbsmäßige Freudenmädchen. Beide Freunde trugen die gleiche Sorge für die verlorenen Mädchen, deren Vertrauen sie mit Sanftmut zu gewinnen suchten, und die sie zu neuem Leben aufriefen.

Es gibt keine systematische Untersuchung über die Bedeutung der Prostitution im 11. und 12. Jahrhundert. Man nimmt jedoch an, daß sie weit verbreitet war. Die Frage, ob es nicht eine der Hauptfunktionen der auflebenden mittelalterlichen Städte war, die entsprechenden Örtlichkeiten durchreisenden Gästen sowie den Bewohnern des Umlandes anzubieten, scheint nicht ganz abwegig zu sein. In diese Richtung deutet auch der vorliegende Text: Robert trat in das erstbeste Haus ein, um sich ein wenig aufzuwärmen – und die Tür führte in ein Freudenhaus. Die ganze Szene ist so unprätentiös beschrieben, daß man geneigt ist, ihre Echtheit nicht anzuzweifeln: der Herd, an dem sich der Büßer die nackten Füße wärmen will, die seinen Stand verraten, die Verwirrung der Frauen, die ihn zunächst für einen Freier halten, das Hin und Her der Gespräche, die Erzählzeit, die ins Präsens übergeht, sobald die Handlung sich klarer abzeichnet oder sich überstürzt – all das klingt durchaus echt.

Dieses realistische Zeugnis voll knisternder Atmosphäre ist andererseits gleichzeitig eine Art Patchwork, das sich aus Auszügen älterer Quellen zusammensetzt. Die Erzählung wird mindestens aus zwei Quellen gespeist, dem *Leben der Väter Ägyptens* und dem *Neuen Testament*. Es sei hier auf die kurze Geschichte aus dem Orient aufmerksam gemacht, von der sich auch Anatole France und Jules Massenet haben inspirieren lassen. Um die Sünderin Thaïs zu retten, kleidete sich Paphnutius in ein weltliches Gewand, ging zu ihr und gab ihr ihren Lohn, so als ob er ihre Dienste in Anspruch nehmen wollte. Dabei war es seine wahre Absicht, sie zur Buße zu ermahnen. Er entriß sie dann auch tatsächlich dem Laster und hielt sie anschließend drei Jahre lang in einer Zelle eingeschlossen, deren Tür er mit Blei versiegelt hatte.

In einer anderen Darstellung über die Einsiedler Ägyptens wird von einem Mönch aus Alexandria berichtet, der eine Liste mit den Namen aller Dirnen der Stadt aufstellte. Danach suchte er sie der Reihe nach auf und sagte: »Gebt mir diese Nacht und laßt ab von der Sünde!« Worauf er sich in eine Ecke des Dirnenquartiers zurückzog, um dort zu wachen und zu beten. In der Öffentlichkeit stiftete der fromme Mann allerdings Verwirrung, da er jeweils laut kundtat: »Ich gehe jetzt weg, eine Frau erwartet mich.« Denen, die daran Anstoß nahmen, erwiderte er sogar: »Habe ich nicht einen Körper wie jedermann? Sind die Mönche nicht Männer wie andere auch? Mischt euch nicht in fremde Angelegenheiten!«

Roberts Besuch im Freudenhaus, eine Mischung aus Kühnheit und Provokation, hatte also durchaus literarische Vorbilder. Das herausragendste Beispiel für die Bekehrung einer Dirne liefert jedoch das Lukasevangelium. Dort wird berichtet, wie eine Sünderin Jesus zu Füßen fällt, diese mit ihren Tränen benetzt, salbt und mit Küssen bedeckt. Indem sie sich ebenfalls vor ihrem Besucher zu Boden warfen, verwiesen die Mädchen von Rouen auf diese Szene aus dem Leben Jesu. So entspricht auch das von Robert zugesicherte göttliche Erbarmen der von Jesus geübten Vergebung der Sünden. Auch die Anrede »Sei getrost, meine Tochter« stimmt mit den Worten überein, die Jesus gebrauchte, als er eine Frau, die an Blutungen litt, von ihrem Leiden heilte. Schließlich spiegeln sogar die Orte des Geschehens überlieferte literarische Vorlagen wider. Um von der Verdammnis zum Heil zu gelangen, muß man in die Wüste aufbrechen, die Stadt verlassen. Im vorliegenden Fall muß man Rouen verlassen, doch Rouen steht für das »Große Babylon, die Mutter der abstoßendsten Huren der Welt«, deren unmittelbar bevorstehende Bestrafung von der Apokalypse angekündigt wird.

So gesehen könnte man die Authentizität der Szene im Freudenhaus von Rouen in Frage stellen und die Begebenheit als offensichtliche literarische Konstruktion abtun, als eine erbauliche Geschichte, mit der man im Verlauf einer

Predigt vor sich hin dösende Zuhörer aus ihrer Lethargie zu reißen vermag.

Geschichtliche Wirklichkeit also oder literarische Konstruktion? Nun, was in unserer Zeit als Alternative oder gar als Gegensatz verstanden wird, muß für das Mittelalter nicht unbedingt ein Widerspruch sein. Damals hatte die Literatur eine andere Aufgabe und Bedeutung als heutzutage. Das Geschriebene hat nach heutigem Verständnis die Funktion, so gut wie möglich über das zu berichten, was sich ereignet hat, hinkt deshalb gewissermaßen hinter den Ereignissen her, bemüht, sie zu überliefern. Für das mittelalterliche Denken dagegen, zumindest bis in die Zeit Roberts von Arbrissel hinein hatten die Worte nicht nur die Aufgabe, die Dinge zu benennen und Tatsachen zu berichten, sie galten als die Realität an sich. Gott hatte die Welt geschaffen, indem er sprach, das Wort selbst also war das Ereignis.

Aufgabe der *Heiligenleben* war es, diese Sicht von der Identität von Wort und Wahrheit, der besonders die Meister der mittelalterlichen theologischen Schulen anhingen, auf jeder Seite zum Ausdruck zu bringen. Hier liegt auch die fruchtbare Zweideutigkeit des Begriffs *Vita*, der gleichzeitig Lebensgeschichte und Existenz bedeutet, was den heutigen Historikern zu schaffen macht. Und so setzt sich die Schilderung des Lebens eines Heiligen aus zahlreichen früheren Schriften zusammen, die der Heilige zu neuem Leben erweckte oder die vielmehr den Heiligen bei jedem Schritt beseelten, denn das Wort war die Quelle des Lebens. Diese philosophische Sicht, von der insbesondere die Geistlichen ganz und gar durchdrungen waren, schuf notwendigerweise eine psychologische Wahrheit. So darf man nicht grundsätzlich die historische Wahrheit eines Ereignisses bezweifeln, auch wenn es sich überwiegend aus literarischen Reminiszenzen zu rekrutieren scheint. Als Robert von Arbrissel damals vielleicht zufällig seinen Fuß über die Schwelle einer Absteige in Rouen setzte, konnte er, durchdrungen von den Wahrheiten der Väter der Wüste, einfach nur nachleben, was ihm das Beispiel des Paphnutius vorschrieb – es sei denn, daß er mit voller Absicht dort eingetreten sei, um sich selbst in Schande zu bringen gleich dem Mönch aus Alexandria. In diesem Fall haben sowohl das Vorbild als auch sein Imitator denselben Satz des Apostels Paulus vor Augen, wenn sie auch in einem zeitlichen Abstand von sieben oder acht Jahrhunderten lebten: »Darum bin ich guten Muts in Schwachheiten, in Mißhandlungen, in Nöten, in Verfolgungen, in Ängsten, um Christi willen; denn, wenn ich schwach bin, so bin ich stark.«

Jeder Heilige bringt die Tugenden eines früheren Heiligen in Erinnerung, und sie alle versuchen, die Tugenden Christi nachzuleben, jenes Schmelztiegels, aus dem sie alle hervorgegangen sind und in dem sie alle wieder eingeschmolzen werden. In letzter Konsequenz ist Christus der Topos für die gesamte Hagiographie, die folglich von Natur aus nur eine Literatur der Topoi sein kann. Jeder dieser Heiligen, der fest entschlossen seiner Bestimmung folgte, konnte sich auf das Vorbild eines Mannes in Ägypten berufen, der dies noch entschlossener tat, aber keiner von ihnen allen reichte an die Entschlossenheit des Gekreuzigten heran. Deswegen lag es Robert fern, nur eine Rolle zu spielen, sich in einen anderen zu versetzen. Er waltete feierlich seines Amtes, wie der Priester das Mysterium der Messe zelebriert.

Ich glaube, daß sich in Rouen tatsächlich ereignet hat, was hier berichtet wurde. Aber der Schreiber, der das Ereignis bezeugt, weil er diese Szene selbst erlebt hat oder weil sie ihm überzeugend mitgeteilt worden ist, ist seinerseits der Allmacht des *Wortes* unterworfen. Über ein Ereignis berichten, bedeutete für ihn vor allem, jene älteren Texte durchscheinen zu lassen, die seinen Überzeugungen nach das Ereignis selbst ausgelöst und in seinem Ablauf bestimmt hatten. Vielleicht glaubte er, hier oder da, in einem gesprochenen Satz oder in der Mitteilung einer Geste das Charakteristische ein wenig verstärken zu sollen, damit sein Held Jesus oder die Dirne der liebenden Sünderin aus dem Evangelium noch ähnlicher würde. Darf man ihm deswegen vorhalten, die Wahrheit verfälscht zu haben? Nein, er ist im Gegenteil davon überzeugt, sie erst wirklich aufgespürt und in aller Klarheit aufgezeigt zu haben. Eine Bestätigung dieser Tendenz findet sich beispielsweise bei dem Hagiographen des Vitalis von Savigny. Zunächst erwähnt er, daß sich sein Held darum bemühte, Dirnen von ihrem unsittlichen Lebenswandel abzubringen, dann erläutert er den Beweggrund seines Handelns, der kein anderer sein konnte als die Erfüllung der *Heiligen Schrift*: »Durch das Zeugnis des Evangeliums wissen wir, daß sich Zöllner und Sünder zu Tische mit Jesu setzten, daß die Besessenen geheilt und die Kranken von ihren Gebrechen befreit wurden. Und wir wissen jetzt, daß durch die Bemühungen jenes Dieners Christi die Sünderinnen aus dem schrecklichen Abgrund ihres Tuns herausgeholt wurden und daß ihnen durch seine Bitten und seine Ratschläge ein keusches Leben in der Ehe ermöglicht wurde. Denn der, der einst solche Leiden selbst gelindert hat, handelt heute durch seinen Diener.«

Eine mittelalterliche *Vita* scheint eine bestimmte Person zunächst ganz deutlich zu zeigen; analysiert man sie jedoch genauer, ist sie die radikalste Verneinung des Individuums, zumal das Individuum im heutigen Sinne des Wortes erst seit dem ausgehenden Mittelalter existiert.

Johannes Scotus Eriugena, ein bedeutender Philosoph der karolingischen Renaissance, griff einen Gedanken auf, den schon Dionysius Areopagites – oder wenigstens jener, der sich dieses Namens bediente, um seine Anonymität zu wahren – formuliert hatte: Das Universum ist eine Kaskade von Licht, das sich vom Ungeschaffenen her ausgießt über die himmlischen und die irdischen Kreaturen. Kein Sterblicher erstrahlt aus eigenem Glanz. Er ist Brunnen und Spiegel zugleich; das Licht, das er von dem Einen empfängt, wirft er wieder auf den Einen zurück in einem unaufhörlichen Strom des Lobpreises. Was kann man in einem solchen Hin und Her noch über Robert erfahren? Ist es überhaupt sinnvoll, sein Leben im Sinne einer modernen Biographie darstellen zu wollen?

Kein einziges *Heiligenleben* ist ein genaues Abbild des Lebens Jesu auch wenn es das Vorbild für sie alle ist. Darüber hinaus ist jeder Nacheiferer Christi meistens ein etwas überspannter Mensch. Infolge dieser Überspanntheit ließ sich beispielsweise Simon Petrus mit dem Kopf nach unten kreuzigen. Jeder neue Auserwählte weist nur einige verwandte Züge mit früheren Heiligen auf und schlägt bald eine eigene Bahn ein. Und schließlich gibt es in einer *Vita*, die stets aus verschiedenen Bestandteilen kunstvoll zusammengesetzt ist, immer ein wenig Spielraum, winzige Verschiebungen und kleine Auslassungen. So gilt es also, die Überspanntheit eines Heiligen abzuschätzen, seine geistige Verwandtschaft zu erkennen und gleichzeitig zu sehen, wo er sich von der Tradition oder seinen Vorbildern entfernt; es gilt Nutzen zu ziehen aus einer schlecht zusammengefügten Naht, aus einer erkennbaren Flickstelle im bunten Gewebe des hagiographischen Textes. Auf diese Weise kann man am besten die Geheimnisse eines Menschen aus Fleisch und Blut aufspüren.

Als Thaïs ihrem sündigen Leben entsagt hatte, sperrte Paphnutius sie in eine versiegelte Zelle ein; nur durch ein kleines Fenster konnten ihr Brot und Wasser gereicht werden. »Wohin, Vater, mit der Flüssigkeit, die die Natur wieder von sich gibt?« fragte sie ihren Bekehrer. »In eure Zelle«, antwortete dieser, »wie ihr es verdient.« Und als sie wissen wollte, wie sie Gott in ihrer Klause anbeten sollte, sagte er: »Ihr seid weder würdig, den Namen Gottes oder den Namen der Dreifaltigkeit auszusprechen noch Eure Hände zum Himmel zu erheben, da Eure Lippen voller Sünde und Eure Hände voller Schmutz sind.« Nach drei Jahren des Eingeschlossenseins war die Buße schließlich vollbracht.

Zu Roberts Zeit galten noch die karolingischen Bußrituale, die für jede Art von Vergehen die Zahl der Fastentage oder Fastenjahre festlegten, deren Einhaltung die Vergebung der betreffenden Sünde ermöglichte. Paphnutius hätte sich in diesem Sündenregister sogleich wiedererkannt, Robert dagegen forderte die verirrten Schafe nicht auf, das Fleisch abzutöten, sondern predigte ihnen »die Worte des Lebens und versprach ihnen die Barmherzigkeit«. Viermal kehrt der Begriff Barmherzigkeit aus seinem Mund, aus dem Mund der Frauen wieder; und auch das Wort Hoffnung wird zweimal verwendet. Und was die Buße betraf, so wurde sie den Frauen nicht vom Besucher auferlegt, die Bekehrten versprachen sie freiwillig.

Als Paphnutius überlegte, ob er Thaïs wieder freilassen dürfe, wurde zunächst ein langer Prozeß unter dem Vorsitz des Antonius, des Vaters der Einsiedler, geführt, bei dem auch Paulus von Theben zugegen war. Es bedurfte einer Intervention durch einen Engel des Herrn, damit jenes ehrwürdige Gericht Milde walten ließ. Robert dagegen erließ seinen reuigen Sünderinnen nicht eine Buße von drei Jahren, sondern befreite sie von einem Vierteljahrhundert Knechtschaft: »Seit fünfundzwanzig Jahren, seitdem ich in dieses Haus eingetreten bin, um der Sünde zu leben, ist nie jemand hierhergekommen, um von Gott zu sprechen.« Ein zweifaches Erstaunen bei der Dirne: zum einen, weil man zu ihr von Gott spricht, und zum anderen, vielleicht noch mehr, weil man gerade an sie das Wort richtet. Jacques Lacarrière hat die Bekehrung der Thaïs völlig richtig als einen »Mythos vor dem Zeitalter der Gnade« charakterisiert. Gnade aber erfüllt jetzt wie ein Frühlingshauch das Freudenhaus von Rouen.

In der Tradition des Christentums gleicht jede Neuerung der Wiederkehr des Frühlings, sie bedeutet ein Wiederaufleben dessen, was am Anfang war. In diesem Sinne ist auch, ohne daß ihr Name genannt wird, die ganze Freudenhausszene der heiligen Magdalena geweiht. Unter dem Namen der Maria von Magdala hat die katholische Exegese verschiedene Gestalten aus den *Evangelien* zusammengefaßt: Sie ist zum einen die anonyme Sünderin, die in Bethanien in das

Haus Simons, des Pharisäers, kam, um Jesus die Füße zu salben beziehungsweise ihm das Haupt mit »köstlichem Wasser« zu erfrischen; nach dem *Johannesevangelium* lag es dann nahe, diese Frau als Maria, der Schwester der Martha und des wieder auferweckten Lazarus zu identifizieren, jener Frau, die »das gute Teil erwählt« hatte, weil sie das Gespräch mit dem Herrn gesucht hatte. Nun mußte sie nur noch mit Maria von Magdala gleichgesetzt werden, die gemeinsam mit den heiligen Frauen das Grab des Gekreuzigten leer vorgefunden hatte und die als erste Christus in der Glorie der Auferstehung sah. Eine außerordentliche Persönlichkeit, der vom 11. Jahrhundert an in Vézelay glühende Verehrung entgegengebracht wurde; der Rang, den sie in der Phantasie dieser Zeit einnahm, wird dadurch gekennzeichnet, daß man sie mit dem Evangelisten Johannes verlobt sein ließ. Die Geschichte ihrer frommen Taten wurde in apokryphen Schriften noch weitergeführt: Gemeinsam mit Lazarus und Martha schiffte sie sich nach Marseille ein. Ihr Bruder wurde Bischof in dieser Stadt, während ihre Schwester die Tarasque, jenes Ungeheuer, das der Stadt Tarascon den Namen gab, bekämpfte. Nachdem Magdalena sich heldenhaft für die Missionierung des Landes eingesetzt hatte, zog sie sich in eine grauenhafte Einöde zurück, die später die Sainte Baume genannt werden sollte, und lebte dort dreißig Jahre. Dies alles war Bestandteil ihrer Legende, wie sie im 13. Jahrhundert niedergeschrieben wurde.

Wie ein Edelreis wuchs das Eremitentum vom 10. Jahrhundert an aus dem Stamm der christlichen Tradition und gelangte im 11. Jahrhundert zur vollen Blüte. Parallel zu dieser Entwicklung hatte man im Abendland begonnen, einen Christus mit menschlicheren Zügen zu suchen, über das Wesen der Inkarnation nachzudenken und sich für die heiligen Stätten zu begeistern, in denen Jesus sein irdisches Leben gefristet hatte. Es war ein langer Prozeß der Wiederentdeckung des Gottmenschen, der mit dem Auftreten des heiligen Franz von Assisi seinen Höhepunkt erreichte. In seinem Verlauf war der Kult um Magdalena eine notwendige Zwischenstation; diese Heilige hatte Christus direkt berührt und ihn umarmt. Robert von Arbrissel vereinigte nun die einzelnen Schichten ihrer Legende in einer einzigen Szene, wodurch er auf den inneren Zusammenhang all dieser Schichten hinwies. Er gewährte die Vergebung, die Christus der Sünderin zugestanden hatte, denn, so sagte er, »sie hat viel geliebt«. Danach führte Robert die bekehrten Frauen mit sich in die Einöde, wo sie weder die Mißhandlungen einer Thaïs noch die, die der Einsiedler sich einst selbst auferlegt hatte, erleiden sollten. Denn die Einöde der heiligen Magdalena war kein Gefängnis, in dem Sühne für die begangenen Sünden geleistet wurde, sondern eine Öffnung zum Himmel, ein Ort der Verzückung: Siebenmal am Tag hoben die Engel Magdalena zum Himmel empor, wo sie denjenigen in seiner Glorie betrachten durfte, den sie auf Erden so sehr geliebt hatte.

Vitalis von Savigny teilte mit seinem Freund die Sorge um die gefallenen Mädchen, doch war er keineswegs so kühn wie er. Er suchte Ehemänner für die Frauen, die er dem »schändlichen Gewerbe« entrissen hatte, und sammelte Almosen, um ihnen eine Mitgift zu verschaffen, wodurch alles in seine Ordnung zurückkehrte. Dagegen haben die Liebesdienerinnen, die Robert aus dem Freudenhaus von Rouen befreite, sich aller Wahrscheinlichkeit nach seiner bereits als liederlich geltenden Gemeinschaft angeschlossen und kampierten mit dieser buntgemischten Schar nachts in den Wäldern. Robert steht dem als verrückt geltenden Mönch von Alexandria recht nahe, der von den Frauen, die dem ältesten Gewerbe der Welt nachgingen, nichts weiter verlangte als eine Nacht der Enthaltsamkeit: »Demzufolge, was man berichtet, sagst du, du seist zufrieden, wenn du die Sünde eine einzige Nacht lang verhinderst.« Dies sagte Marbod von Rennes, und der Vorwurf galt Robert von Arbrissel. Er liefert den Schlüssel zur Episode von Rouen und erlaubt abzuschätzen, wie groß Roberts Kühnheit, die Kühnheit seines Geistes, tatsächlich gewesen ist. Im Gegensatz zu Paphnutius, im Gegensatz auch zu den karolingischen Bußritualen oder zu Marbod glaubte er nicht, daß die Sünde etwas Unheilbares sei, noch wollte er, daß man mit ihr umgehe wie ein Buchhalter: Jede Sünde ist die erste Sünde des Menschen, ist der Sündenfall an sich, aber die göttliche Barmherzigkeit vermag diese Wunde zu schließen und das verirrte Schaf zur Unschuld vor dem Fall zurückzuführen. Jeder Mensch ist folglich sein eigener Adam und Christus der Erlöser für alle.

Michelet, ein scharfsinniger Denker und tatkräftiger Mann, der gegen einen Teil seines Ich ankämpfen mußte, damit er »sein eigener Prometheus« sein konnte, hielt diesen bisher verkannten Text für derart bedeutend, daß er seine Untersuchung über den Gründer von Fontevraud ausschließlich an der Freudenhausszene von Rouen orientierte, ohne weitere Quellen zu beachten. Er sah dort, weit über Roberts individuelle Bedeutung hinaus, einen Punkt, an dem das Schicksal der abendländischen Frau eine Wende nahm: »Als die Gnade über das Gesetz siegte, kam es spürbar zu einer großen religiösen Revolution. Gott wechselte sozusagen das Geschlecht.« Auch wenn diese verkürzte Formulierung anschließend viele unbedachte Äußerungen auslöste, so bewies der Historiker doch großen Scharfsinn. Robert von Arbrissel hatte in Rouen tatsächlich eine Bewegung ins Leben gerufen, deren Geist bis in unsere Zeit reicht und in alten Schriftstücken geborgen ist.

»Der Geist des Hochmuts ist ein Übel; aber die vorgetäuschte Demut ist schlimmer. Der Geist der Ruhmsucht ist ein Übel; aber die vorgetäuschte Heiligkeit ist schlimmer. Der Geist des Neides ist ein Übel; aber die vorgetäuschte Nächstenliebe ist schlimmer. Der Geist der Habgier ist ein Übel; aber die vorgetäuschte Barmherzigkeit ist schlimmer. Der Geist der Gefräßigkeit ist ein Übel; aber die vorgetäuschte Mäßigung ist schlimmer. Der Geist der Unzucht ist ein Übel; aber die vorgetäuschte Keuschheit ist schlimmer. Vor all diesen Übeln hüte dich, du Dienerin Christi, seien sie beabsichtigt oder schon geschehen, seien sie in aller Öffentlichkeit oder heimlich getan. Denn die Tugend liegt genau in der Mitte zwischen den gegensätzlichen Lastern. Achte darauf, in keiner Sache zu übertreiben! Alles, was man übertreibt, verwandelt sich in ein Laster.«

Diesmal konnte Marbod von Rennes auf seinen Schüler stolz sein, denn obige Worte stammen von Robert von Arbrissel, der sie in einem langen Mahnbrief an die Gräfin Ermengard von der Bretagne richtete. Dieser Brief, der zwischen 1106 und 1109 verfaßt wurde und dann bis zum vorigen Jahrhundert in Vergessenheit geriet, wurde von Jules de Pétigny herausgegeben. Pétignys Erzählung über das romantische Leben dieser adligen Dame ist allerdings mit Vorsicht zu genießen. Das wenige, was einer Analyse standhält, deutet darauf hin, daß Roberts Aufforderung zur Mäßigung aus Gründen der Zweckmäßigkeit erfolgte.

Ermengard war die Tochter des Grafen Fulko IV. von Anjou und seiner ersten Gemahlin, der Tochter von Lanzelot von Beaugency. Sie wurde gegen 1069 geboren und wuchs auf am weithin berühmten Hof von Angers, wo zu jener Zeit Dichter und Gelehrte gefördert wurden. Wahrscheinlich wurde das junge Mädchen zur Ehe mit Wilhelm von Aquitanien gezwungen. Wenn es tatsächlich zu dieser Verbindung gekommen ist, war sie jedoch wegen verwandtschaftlicher Beziehungen ungültig. Das Mittelalter hatte, wie man weiß, eine besonders strenge Auffassung vom Inzest. Die Urgroßeltern der beiden Verehelichten waren Geschwister gewesen! Es handelte sich also um eine Verwandtschaft sechsten Grades – aber die Geistlichen hatten ihr Eheverbot bis auf die siebte Generation ausgedehnt, eine Verwandtschaft 14. Grades nach heutiger Zählung. Den Adligen, die es darauf abgesehen hatten, boten sich mit dieser Vorschrift genügend Möglichkeiten, ihre Frauen zu verstoßen. Gegen 1092 sah sich Ermengard also ein zweites Mal verheiratet, diesmal mit

Alain Fergent, dem Grafen der Bretagne; in den ersten Jahren dieser Ehe bekam sie zwei Söhne und eine Tochter. Als ihr Gemahl sich zwischen 1096 und 1101 im Heiligen Land aufhielt, regierte sie die Bretagne. In dieser Hinsicht haben die Kreuzzüge mit Sicherheit dazu beigetragen, die Macht der Frauen in der Aristokratie zu stärken, auch wenn es sich in den meisten Fällen nur um eine delegierte Macht handelte.

Ermengard sollte ihr Leben lang in der bretonische Politik eine sehr aktive Rolle spielen, doch liebte sie die ihr anvertraute Provinz nicht. Für eine junge Frau, die aus dem Anjou kam, einem »sanften und sinnenfrohen Land«, wie Michelet es besang, bildete die »karge und rauhe Bretagne« nur einen ziemlich traurigen Ersatz.

Auch Robert lieferte in seinem Brief eine erschütternde Darstellung seiner Heimat: »Die Doktoren, die Bischöfe, die Äbte und die Priester sind Simonisten, die Adligen ungerecht und räuberisch, ehebrecherisch und blutschänderisch, und das Volk dort kennt die Gesetze Gottes nicht. Keiner tut das Gute, keiner sagt das Gute, keiner hält sich an die Wahrheit; *denn es ist keine Treue, keine Liebe, keine Gotteserkenntnis mehr im Lande. Er herrschen Meineid, Lüge, Mord, Diebstahl, Ehebruch, Gewalttat, und Blutschuld reiht sich an Blutschuld.«* Nur in der ersten Hälfte dieses Berichts gibt Robert seine Empfindungen mit eigenen Worten wieder, hier mag er in manchen Formulierungen den Enttäuschungen des ehemaligen Erzpriesters Ausdruck verleihen; am Ende seiner Moralpredigt wiederholt er dagegen Worte des Propheten Hosea an die Kinder Israel. Andererseits durfte er den alttestamentarischen Propheten sehr wohl zitieren, gibt es doch genügend übereinstimmende Zeugnisse, die die damalige Bretagne als ein Land verdorbener Sitten schildern. Marbod von Rennes beispielsweise berichtete, daß er sein Haus in der Bischofsstadt nicht verlassen konnte, ohne Räubern in die Hände zu fallen. Ermengard konnte wohl in einer so brutalen Umgebung kaum glücklich werden, sie, die an den Lobliedern, die die Dichter seinerzeit auf sie sangen, Gefallen gefunden hatte.

»Tochter des Grafen Fulko, Zierde Armorikas,
Berühmt, schön, anmutig, rechtschaffen und rein!
Hättest du nicht das Ehebett wählen müssen,
Die Plagen der Geburten deiner Kinder ertragen,
Dann wärst du Diana Cynthia.
Doch auch wenn Keuschheit und Jungfräulichkeit
Mehr bedeuten als der Stand der Ehe,
Scheinst du wie eine Gottheit unter den Frauen,
Du, die du so überaus schön bist!
Aber, Tochter und Frau eines Fürsten,
Deine Schönheit wird schnell zu Asche und Rauch werden.
Oder du wirst, falls du, vom Schicksal begünstigt,
Ein hohes Alter erreichst, ein altes Weib werden.
Heute noch preist man dein schönes, kostbares Antlitz,
Doch Tod und Alter werden es schließlich zerstören.
Dein strahlendes Auge, das einen jeden verzaubert,
Und dein blondes Haar werden zu Asche werden.
Dir geht der Ruf voraus, daß keine Frau dir gleichkomme.
Daß du beredt seist und dein Rat klug sei;
All dies wird vorübergehen,
Am Ende nur noch Legende sein...
Die irdischen Reichtümer kann sich niemand erhalten,
Sie sind vergänglich und schwinden mit dem Dahinscheiden.
Dagegen, Jesus Christus zu lieben, das Diesseits geringzuachten,
Nur Kleidung und Speise zu sein für die Armen,
Das macht dich dauerhaft schön und kostbar für den Herrn;
Weder Alter noch Tod werden deinen Wert zerstören.«

Ermengard muß etwa dreißig Jahre alt gewesen sein, als ihr ein geschickter Verseschmied, der die lateinischen Klassiker kannte, diese stark epikureischen Zeilen widmete – wahrscheinlich war es wieder Marbod, der ehemalige Scholaster von Angers. Die Verse sind voll köstlicher Zweideutigkeit. Während sie einerseits Ermengard dazu bringen sollen, die Welt geringzuschätzen, sind sie andererseits Huldigung an die reife Schönheit einer Frau, die sich möglicherweise gleich ihm in der Bretagne wie in der Verbannung fühlte. Gegen 1106 hielt sie es dort nicht mehr aus. Sie floh und suchte anderswo, allem Anschein nach in Fontevraud, Zuflucht. Vielleicht war es damals tatsächlich ihre aufrichtige Absicht, »nackt dem nackten Christus am Kreuz zu folgen«, wie Robert es bezeichnet hatte; doch wollte sie bestimmt ebenso einem ungeliebten Land und einem untreuen Ehemann den Rücken kehren. Sie lernte von den Männern und bemühte sich herauszufinden, ob sie nicht mit Alain Fergent wenigstens entfernt verwandt sei. Ohne Erfolg allerdings. »Nach kirchlichem Gesetz kannst du von deinem Mann nicht getrennt werden. Du bist geflohen, aber die Kirche muß dich ihm wieder zurückgeben.« Robert erklärt die Gründe für die kirchliche Einstellung: »Du hast keinen Zeugen gefunden, der dir Beweise liefern kann.« Beweise für die Blutsverwandtschaft zwischen ihr und ihrem Ehemann sind hier wohl gemeint, und da die Stammbäume adliger Familien damals von den Gelehrten und Alten mühelos hätten aufgesagt werden können, hat der Graf von der Bretagne hier vielleicht ein wenig nachgeholfen, das Gedächtnis eventueller Zeugen soweit zu schwächen, daß er seine Gemahlin unter seiner Fuchtel behalten konnte.

Ermengard kehrte also wieder an den Hof zurück; und Gottfried von Vendôme, der keine Gelegenheit ausließ, andere Menschen zu belehren, äußerte seine Mißbilligung über ihr Abtrünnigwerden. Warum habe sie sich »vom falschen Glück der Welt« verlocken lassen, die sie nur eine »Kreatur sei, für die der Schöpfer des Lebens gestorben sei«? In einem ganz anderen Geist war der Brief verfaßt, den der Meister von Fontevraud aus gleichem Anlaß und etwa um die gleiche Zeit an die Frau richtete, die vorübergehend Zuflucht in seinem Kloster gesucht hatte. Robert von Arbrissel forderte sie auf, in der Welt zu bleiben, bei ihrem untreuen Gemahl. Ferner sollte sie entsprechend den sieben Stundengebeten der kanonischen Ordnung jeweils »kurze Gebete« verrichten sowie sich in der Tugend der Frömmigkeit üben. In einem ganz speziellen Punkt wurde Robert drängender: »Versuch mit allen Mitteln die Trennung deiner Tochter zu bewirken! Gelingt dir dies nicht, dann bewahre die Trauer über ein so abscheuliches Bündnis für immer in deinem Herzen!« Hedwig, die Tochter von Alain und Ermengard, war mit dem jungen Balduin, Sohn des Grafen Robert II. von Flandern, verlobt worden. In Roberts Brief heißt es, das junge Mädchen sei »dem Tode preisgegeben«. Lag der Grund für diese Befürchtung darin, daß die Verlobten im zwölften Grad miteinander verwandt waren, wo doch eine entsprechende Tatsache für Papst Paschalis II. gewichtig genug gewesen wäre, die Vermählung des Paares zu verbieten? Oder dachte Robert an die Grausamkeit des jungen Freiers, der »Balduin mit der Axt« genannt wurde, »weil er immer eine Streitaxt bei sich trug, die er benutzte, wenn er selbst das Amt eines Henkers ausübte«? Mehr als eine Ehe war in der damaligen Zeit eine Art von Selbstopferung.

Man weiß nicht, wie Ermengard tatsächlich auf die Ermahnungen Roberts reagiert hat. Allem Anschein nach waren sie aber nicht eindringlich genug, um sie endgültig von ihren Vorstellungen abzubringen. Im Jahr 1112, nach einer schweren Erkrankung, beschloß ihr Mann, sich in die Abtei von Redon zurückzuziehen. Jules de Pétigny meint, daß sie die Gelegenheit genutzt hätte, um Fontevraud aufzusuchen, während ihr Sohn Conan, der inzwischen das Mannesalter erreicht hatte, die Regierung des Landes übernahm. Bereitete sich Ermengard also tatsächlich darauf vor, sich für immer glücklich in Roberts Kloster zurückzuziehen, und war es lediglich der Tod des Meisters, der sie wieder von den abgelegten Gelübden entband? Jedenfalls nahm sie das Leben am Hof später wieder auf, war bei allen wichtigen Versammlungen des Hofes zugegen und hatte maßgeblichen

Einfluß auf alle wichtigen Entscheidungen. Obwohl ihr Sohn offiziell der Herrscher war, führte sie in Wirklichkeit die Regierungsgeschäfte. Ihr Mann dagegen blieb seinen Gelübden treu und starb 1119, ohne das Kloster wieder verlassen zu haben.

Im Jahr 1130, im Alter von über sechzig Jahren, begegnete Ermengard Bernhard von Clairvaux. Wie sie sich einst in hohem Maße an Roberts Predigerwort orientiert hatte, so folgte sie jetzt der Stimme des großen Zisterzienserabtes. Aus dessen Händen nahm sie in dem Priorat von Larrey den Schleier. Ein Briefwechsel entspann sich zwischen ihr und dem großen Mystiker und Reformator:

»Oh, wenn du in meinem Herzen von jener Liebe zu dir lesen könntest, die Gott hat entstehen lassen, würdest du erkennen, daß keine Sprache und keine Feder hinreichend wiederzugeben vermögen, was mir der Geist Gottes ins tiefste Innere hineingeschrieben hat. *Ich bin jetzt bei dir in meinen Gedanken, wie fern ich dir auch immer sein mag mit meinem Körper.* Dabei hängt es weder von dir ab noch von mir, ob ich zu dir kommen kann. Dennoch hast du die Möglichkeit festzustellen, ob ich die Wahrheit sage, wenn du ihrer nicht bereits sicher bist. Kehre also in dich und prüfe auf diese Weise mein Herz und gestehe mir zu, ebensoviel Liebe für dich zu empfinden, wie du sie für mich fühlst. Und wenn du glaubst, du würdest mehr lieben und ich weniger, dann halte dich dennoch für überlegen, indem du annimmst, mich in Nächstenliebe übertroffen zu haben.«

Bernhard schrieb Ermengard diese Zeilen, die verwirren können und die zum Innehalten auffordern, um sie mit dem herkömmlichen Bild des Abtes von Clairvaux in Einklang zu bringen. Denn hatte er, der salbungsvolle Lehrer nicht immer darauf hingewiesen, daß man die Selbstliebe in Nächstenliebe umwandeln müsse, und ferner, daß die sinnliche Liebe, die ihm nicht ganz fremd zu sein scheint, überwunden werden müsse als die unterste Stufe auf dem Weg zur mystischen Hochzeit? 1132 begab Bernhard von Clairvaux sich auf eine längere Reise, woraufhin Ermengard in den Orient fuhr, wo sie zwei Jahre lang blieb. Dann kehrte sie in die Bretagne zurück und nahm ihren Platz am Hofe ihres Sohnes wieder ein, wobei sie ihre Klostergelübde noch einmal hintanstellte. Und in jenem Land, aus dem sie einst geflohen war, starb sie 1147, im Alter von fast achtzig Jahren.

Aber kommen wir noch einmal auf den Mahnbrief zurück, mit dem Robert sie vierzig Jahre zuvor aufgefordert hatte, in ihrem Land Armorika zu bleiben, jedoch nicht, um noch mehr über Ermengard zu erfahren, sondern um zu hören, was der Prediger aus Arbrissel dort über sich selbst preisgibt. Man darf hier allerdings keine vertraulichen Mitteilungen erwarten, zumal dieses Schreiben, das aus zwei handgeschriebenen Blättern besteht, allein zweiundfünfzig Verweise auf die Heilige Schrift enthält. Die Art jedoch, in der diese Verweise und Zitate miteinander verknüpft sind, um welche Pole sie kreisen, sagt viel aus über ihren Verfasser.

Robert von Arbrissel stellt sich von Anfang an auf die Seite der *discretio*, ganz als ob Marbods Lektionen Frucht getragen hätten. »Es gibt«, schreibt er, »viele heuchlerische Geistliche, Mönche und Eremiten, die lange Gebete heruntersagen, um den Menschen zu gefallen und um von ihnen beachtet zu werden.« Und: »Wahre in allen Dingen die *discretio*, bei der Enthaltung von bestimmten Speisen, beim Fasten, beim Wachen und beim Beten.« Jede übertriebene Strenge gegen sich selbst lehnt der Meister also ab, wobei er in bezug auf das Essen noch hinzufügt: »Das Reich Gottes liegt nicht im Essen und Trinken, sondern in der Gnade und im Frieden.« Robert ist deswegen nicht zu einem Verfechter der Bequemlichkeit und der bestehenden gesellschaftlichen Ordnung geworden, und wenn er vorschreibt, man solle im äußeren Lebenswandel das rechte Maß einhalten, so verlangt er dies nicht als Selbstzweck, sondern als Voraussetzung für die innere Frömmigkeit. »Ob bei Hofe oder in der Stadt, ob beim Festmahl, bei deinen Soldaten, bei Gericht, in deinem prunkvollen Bett oder in kostbaren Kleidern, habe Gott in deinem Herzen!« Er rät Ermengard inständig, die Welt nicht zu fliehen, sie nicht einmal geringzuschätzen, sondern im Vertrauen auf Gott in ihr zu leben: »Inmitten aller Würden und Ehren, inmitten des Reichtums, der seidenen Kleider, neben deinem Ehemann, deinen geliebten Kindern und deinen reichen Verwandten sprich mit dem Propheten: *Ich bin eine arme Bettlerin, der Herr nimmt sich meiner an.*« Die einzige Askese, die sie sich auferlegen solle, müsse unsichtbar sein und lächelnd ertragen werden; sie bestehe genaugenommen darin, den eigenen Status zu akzeptieren und, in erster Linie, den Ehemann: »Du wohnst eine Zeitlang unter rohen Menschen. Fliehe ihre schlechten Taten in deinem Herzen.« Und ferner: »Die wahre Geduld ist jene, die durch keinerlei Unbeherrschtheit besiegt und durch keinerlei Drangsal erschüttert wird.« Weit entfernt von seinen spektakulären Kasteiungen als Eremit ist Robert hier wieder zum Büßerhemd zurückgekehrt, das er unter kostbarer Kleidung versteckt.

Doch während er noch von Maß und Vernunft redet, packt ihn wieder die Lust am Exzeß. Seine Denkschritte sind in dieser Hinsicht besonders bezeichnend. Der erste Schritt, den er Ermengard gerade empfohlen hat, ist, das rechte Maß in allen Dingen einzuhalten. Wer aber das rechte Maß einhält, handelt recht und billig; wer recht und billig handelt, verhält sich rechtens, und damit ist Robert bei den gerechten Strafen für Verbrecher, die er mit einem Gotteswort legitimiert: »*Selig sind, die Recht sprechen und Gerechtigkeit üben zu allen Zeiten.*« Und weiter zitiert er aus dem Evangelium: »*Selig sind, die da hungert und dürstet nach der Gerechtigkeit.*« Und danach heißt es bereits: »*Selig sind, die um Gerechtigkeit willen verfolgt werden.*« Eine gravierende Verschiebung hat hier bereits stattgefunden; denn nun findet sich der seliggepriesene Richter, auf die andere Seite hinüberwechselnd, als Angeklagter wieder, der zu Unrecht verfolgt wird. Auch Ermengard möge sich so verstehen. Mitten unter den Barbaren solle sie Zuflucht suchen im Frieden ihres Herzens, um dort allerdings heimliche Freude und heimlichen Triumph zu genießen: Das Evangelium bezeugt es: *Selig seid ihr, wenn euch die Menschen um meinetwillen schmähen und verfolgen und reden allerlei Übles wider euch, so sie daran lügen. Seid fröhlich und getrost; es wird euch im Himmel wohl belohnt werden.*« Und Robert zitiert weiter aus dem Evangelium: »*Ihr werdet von allen gehaßt werden um meines Namens willen... Haben sie den Hausherrn Beelzebub genannt, wieviel mehr werden sie seine Hausgenossen also heißen!*« Und er führt den Gedanken weiter, nachdem er die Empfängerin seines Schreibens aufgefordert hat, Hilfe beim Herrn zu suchen: »Denn es steht geschrieben: *Er schlägt jeden Sohn, den er aufnimmt.*« Und: »*Denn welchen der Herr liebhat, den züchtigt er.*« Schließlich zitiert Robert noch aus der Apokalypse: »*Alle, die ich liebhabe, weise ich zurecht und nehme ich in Zucht.*«

Diese Begegnung zwischen Robert von Arbrissel und Ermengard von der Bretagne ist höchst aufschlußreich, zumal sich der Prediger, dem man sich bisher nur interpretierend nähern konnte, zum ersten Mal ausführlich selbst äußert, und zwar in einem Augenblick, in dem er bereits entscheidende Entwicklungen durchlaufen hat. Nach allen Vorhaltungen durch seine Kritiker, mehr noch, angesichts des Eifers seiner Anhängerin, ist er es sich jetzt schuldig, Vernunft walten zu lassen. Er glaubt beweisen zu müssen, selbst zur Ruhe gekommen zu sein und einen festen Platz in der Welt gefunden zu haben. Einst hatte ihm Rainaud von Martigné vorwerfen können, er würde entflohene Ehefrauen nicht an ihre zürnenden Ehemänner zurückgeben; nun liegen die Dinge anders, nun schickt er Ermengard zu Alain Fergent zurück, während diesmal Gottfried von Vendôme die Gräfin kritisiert, sie sei der Strenge des Klosters entwichen. Seinerzeit hatte sich Marbod veranlaßt gesehen, die übertriebene Askese des Wanderpredigers zu verurteilen; jetzt ist es Robert, der mahnt, in allen Dingen das rechte Maß einzuhalten und die eheliche Bindung zu respektieren.

Außerdem war Robert von Marbod vorgehalten worden, er werde zum Heuchler, wenn er Demut allzu demonstrativ sichtbar werden lasse, und Robert hat es sich wohl zu Herzen genommen. Denn jetzt soll Ermengard ihre Demut unter Gold und Purpur verbergen, ihr Martyrium vor der Öffentlichkeit verstecken.

Dennoch hat der alte Einsiedler keinem seiner früheren Prinzipien abgeschworen und sich von nichts losgesagt, was einst für ihn bestimmend gewesen ist. Der starke Strom, der ihn immerzu vorangetrieben hatte, ist nun zwar kanalisiert und verläuft gleichsam unterirdisch, nach außen weniger sichtbar, weiter – trotzdem ist die Kraft unwiderstehlicher als je zuvor. Nach wie vor bereitet es Robert Freude, mit einem Lächeln auf dem Gesicht Beschimpfungen und Verhöhnungen zu ertragen, zu frohlocken unter den Züchtigungen des Herrn. Was also hatte er in Wahrheit empfunden, als Marbod und Gottfried ihm ihre Mahnungen zukommen ließen? Erkannte er nur einfach deren Berechtigung an oder verstand er sich gleichsam als ein Auserwählter, der durch Tadel emporgehoben wird? Die Heiterkeit, die der Meister Ermengard empfiehlt, ist tatsächlich immer noch schrecklich angespannt, vergiftet durch das zweifelhafte Vergnügen eines Triumphes gegen die Natur. An einer einzigen Stelle seines Briefes an die Gräfin von der Bretagne scheint er sich der Begeisterung seines Herzens wirklich hinzugeben, ohne sich Zwang anzutun und auch ohne Berechnung – falls er nicht doch ein wenig den prosaischen Hintergedanken verfolgt, vielleicht mit einer Spende bedacht zu werden. Das würde aber nichts zur Sache tun. Seine wahre Heiterkeit, die er schon in Rouen gezeigt hat, entspringt aus der Barmherzigkeit. In seinem Brief heißt es:

»Sei barmherzig allen Armen, und mehr noch den Ärmsten und vor allem den Dienern des Glaubens gegenüber, die die Welt aus Liebe zu Gott verlassen haben. Höre den Herrn, der da sagt: *Selig sind die Barmherzigen; denn sie werden Barmherzigkeit erlangen.* Und weiter: *Seid barmherzig, wie euer himmlischer Vater barmherzig ist; denn er läßt seine Sonne aufgehen über die Bösen und über die Guten und läßt regnen über Gerechte und Ungerechte.* Und noch an anderer Stelle sagt die Heilige Schrift: *Er hat ausgestreut und gegeben den Armen; seine Gerechtigkeit bleibt in Ewigkeit.* Es steht nicht geschrieben: Er hat den Reichen gegeben, sondern: *Er hat gegeben den Armen. Das Almosen befreit vom Tode und verhindert, daß der Mensch in die Finsternis stürzt...*«

Nach dem Tod von Ermengards Mutter folgte bei Fulko eine Frau auf die andere. Dreimal hintereinander heiratete er eine Frau, um sie kurz danach wieder zu verstoßen. Die vierte Frau in dieser Folge war Bertrada von Montfort, bei der nicht Fulko die Trennung vollzog. Sie wurde von Philipp I., dem französischen König, entführt und zu seiner Gemahlin gemacht. Georges Duby hat kürzlich den exemplarischen Konflikt nachgezeichnet, der sich an der Ehe zwischen Philipp und Bertrada entzündete, und dessen tiefere Mechanismen aufgedeckt. Dreimal belegte die Kirche den König von Frankreich mit der schwersten Strafe, die ihr zur Verfügung stand, mit der Exkommunikation. In Autun sprachen im Oktober 1094 der päpstliche Legat Hugo von Die und zweiunddreißig Bischöfe zum ersten Mal den Kirchenbann gegen ihn aus. Ein Jahr später, in Clermont, unterzog sich sogar Papst Urban II. persönlich der Mühe, den Bannspruch noch einmal zu wiederholen, während ihn doch damals in erster Linie seine großartigen Pläne für den Kreuzzug beschäftigten. Schließlich, als Philipp starrköpfig blieb, wurde er durch päpstliche Legaten, die sich 1100 in Poitiers zum Konzil versammelt hatten, ein drittes Mal aus der Gemeinschaft der Gläubigen ausgeschlossen. Wenn man Ivo von Chartres Glauben schenken will, der bei der Versammlung von Clermont zugegen war und dessen Zeugnis zuverlässig ist, wurde das Paar seinerzeit weder wegen Ehebruch noch wegen Bigamie verurteilt, sondern wegen Blutschande. Wieso eigentlich

Blutschande? In diesem Fall lag tatsächlich eine Verwandtschaft siebten Grades vor – zwar nicht zwischen dem König und Bertrada, dafür aber zwischen dem König und Bertradas vormaligem Ehemann Fulko von Anjou.

Philipps Halsstarrigkeit versetzt in Erstaunen. Gerade für den König war es eine große Diskriminierung, unter dem Kirchenbann leben zu müssen. Persönlichkeiten, auf deren Loyalität es ihm ankam, entzogen ihm, dem geweihten Oberhirten des Königreichs, den Respekt. Sobald Philipp eine Stadt betrat, unterbrach man die Gottesdienste, schwiegen die Glocken. Bertrada soll eines Tages Befehl gegeben haben, die fest verschlossen gehaltenen Türen einer Kirche aufzubrechen, um einen Gottesdienst von ihr ergebenen Priestern abhalten zu lassen, an dem sie teilnehmen wollte. Eine Gewaltmaßnahme, die beweist, wie sehr der Fluch der Kirche die beiden Exkommunizierten getroffen hatte. Um dieser Belastung standhalten zu können, mußte der König sich wohl im Recht gefühlt und für sich selbst die Gewißheit gehabt haben, mit der Tochter aus dem Hause Montfort eine legitime Ehe geschlossen zu haben. Georges Duby erkennt in seiner Haltung den Ausdruck jener anderen Moralvorstellung, von der bereits die Rede war, der Moralvorstellung des Adels, die der Erzeugung eines Stammhalters galt und gegenüber den Gesetzen der Kirche ihre Autonomie zu erhalten suchte. Bertha von Frise, die erste Gemahlin Philipps, hatte erst nach neun Jahren der Kinderlosigkeit einen äußerst schwächlichen Sohn geboren, während Bertrada, die bereits in ihrer Ehe mit dem Grafen von Anjou ihre Fruchtbarkeit bewiesen hatte, dem König drei Kinder, darunter zwei Söhne, schenkte. Fulko, ihr erster Gatte, mochte übrigens zunächst nichts gegen die neue Ehe seiner Frau einwenden. Der päpstliche Legat mußte ihn wachrütteln, und schließlich mußte der Papst selbst sich einschalten – anläßlich seines Aufenthaltes in Angers, bei dem er Robert das Predigeramt übertrug –, bis Fulko, spät genug, etwas wie Entrüstung zu erkennen gab und sich ein wenig um diese

Angelegenheit kümmerte, statt ständig nach neuem Ersatz für Bertrada Ausschau zu halten. Die Entrüstung hielt aber nur kurz an. Schon im Jahre 1106 fanden sich die beiden angeblichen Rivalen, König und Graf, wieder gemeinsam an einem Tisch, und zwischen den beiden Vettern thronte Bertrada.

Es ist immer schwer, die Gedankengänge anderer Menschen nachzuvollziehen, diejenigen Bertradas scheinen jedoch geradezu unbegreiflich. Was empfand sie wirklich für ihre beiden Ehegatten? Was dachte und empfand sie bei den Verwünschungen, mit denen sie die Reformgeistlichen verfolgten, die mit ihrer zweiten Ehe nicht einverstanden waren? Trotz wiederholter und formeller Versprechungen des königlichen Paares, sich zu trennen, blieb sie mit Philipp verbunden bis zu dessen Tod. Der König starb im Jahr 1108; Fulko von Anjou segnete 1109 das Zeitliche. Dann kehrte Bertrada nach Angers zurück, zu ihrem Sohn Fulko V.; etwa aus jener Zeit ist der Brief zu datieren, den die Halbschwester des jungen Grafen, Ermengard, von Robert von Arbrissel erhielt. Im Anschluß an die Herren von Montsoreau, ihre Vasallen, haben dann die Grafen von Anjou Fontevraud unter ihren Schutz genomen, und bei jedem gräflichen Besuch wurde das neugegründete Kloster fortan mit großartigen Geschenken bedacht. Urkunden beweisen, daß der junge Fulko und seine Mutter mindestens viermal nach Fontevraud gekommen sind, um das Kloster reich auszustatten. Ganz offensichtlich kam Bertrada nicht als Büßerin nach Fontevraud, sondern glanzvoll, als Mutter eines Grafen, oder besser noch, als Königin, die sie ja immer noch war.

Als sie dann 1114 doch den Schleier nahm, vollzog sie sogar diesen Schritt in königlicher Manier, gemeinsam mit ihren Hofdamen, ihrer Schwester Isabella, der Gräfin von Conches-Toesny, und ihren Nichten Jeanne Payenne und Denise von Montfort. Das in ihrem Besitz befindliche Landgut von Hautes-Bruyères, zwei Meilen vom Schloß des Herren von Montfort entfernt, übereignete sie mit Zustimmung ihres Stiefsohns Ludwig VI. ebenfalls dem Orden, worauf dort sogleich ein Fontevraldenser Priorat eingerichtet wurde. In diese Abtei zog sich Bertrada zurück, wo sie sehr bald starb. Darf man, gleich dem Chronisten Wilhelm von Malmesbury, der Auffassung sein, Bertrada sei deshalb schon bald nach ihrem Eintritt ins Kloster gestorben, weil »der Leib dieser zarten Frau den Mühen des religiösen Lebens nicht gewachsen war«? Oder soll man vermuten, daß sie sich erst *in extremis* ins Kloster zurückgezogen hat? Empfand sie angesichts des herannahenden Todes und im Hinblick darauf, daß sie bald vor das höchste Gericht treten würde, endlich Gewissensbisse, da sie die Verbote der Kirche übertreten hatte?

Robert schätzte diese Anhängerin sehr, die nur so kurzfristig zu seiner Gemeinschaft gehörte. Weihnachten 1115, als er selbst kaum mehr bei Kräften war, wollte er sich vergewissern, daß in Hautes-Bruyères alles seinen rechten Gang gehe, und verbrachte das Fest gemeinsam mit den dort neu eingezogenen Nonnen. Vor langer Zeit war er allerdings schon einmal im Leben Bertradas in Erscheinung getreten, auf dem Konzil von Poitiers im Jahre 1100, als Philipp zum dritten Mal mit dem Kirchenbann belegt wurde. Geoffrey le Gros, der Hagiograph Bernhards von Thiron, hat die entsprechende Szene überliefert:

»In jener Zeit beriefen zwei Kardinäle, Johann und Benedikt, Legaten des apostolischen Stuhls, ein Konzil nach Poitiers ein. Hundertvierzig Väter der Kirche folgten dem Ruf. Sie sprachen den Kirchenbann über Philipp, den König der Franzosen, aus, da dieser mit der Frau Fulkos, des Grafen von Anjou, im Ehebruch lebte. Bei der Verkündigung der Exkommunikation trat plötzlich Wilhelm, der Herzog von Aquitanien, vor die Versammlung. Er selbst, ein Verächter jeder Scham und jeder Heiligkeit, fürchtete, daß über ihn die gleiche Strafe für ähnliche Vergehen verhängt würde. Hocherzürnt gab er Befehl, allen anwesenden kirchlichen Würdenträgern die Kleider vom Leib zu reißen, sie auszupeitschen und zu töten. Als Wilhelms Leute sich anschickten, diesen Befehl auszuführen, stoben die erschreckten Priester und Äbte in alle Richtungen auseinander, um ihr irdisches Leben zu retten, bemüht, sicheren Unterschlupf zu finden. Nur Bernhard von Thiron und Robert von Arbrissel, die ebenfalls dort zugegen waren, blieben als außerordentlich mutige Verteidiger des Rechts und als Kämpfer gegen jede Ungerechtigkeit am Ort der Versammlung zurück. Mit großer Standhaftigkeit traten sie trotz der Gefahr, in der sie sich befanden, weiter für die Exkommunikation Philipps ein, während sie es sich zur Ehre anrechneten, gegebenenfalls für Christus Kränkungen erfahren oder gar den Tod erleiden zu müssen. Und obgleich sie von ihren Verfolgern nicht getötet wurden, haben sie doch in ihrem Herzen das Martyrium erduldet.«

Dieser Text ist in mehrfacher Hinsicht aufschlußreich. Bemerkenswert ist zunächst, daß in diesem späten Bericht über das Konzil von Poitiers – er datiert etwa aus dem Jahr 1140 – das Vergehen des Inzests durch den Ehebruch ersetzt worden ist, ein Zeichen dafür, daß sich das Eherecht inzwischen im Sinne der kirchlichen Moral gewandelt hatte. Die Einmischung Wilhelms von Aquitanien kann aus zwei Gründen erfolgt sein, die sich in keiner Weise gegenseitig ausschlossen. Wie Philipp lebt Wilhelm – nach Auffassung der Reformpartei – im Konkubinat, und wahrscheinlich erklärte er sich hier, wie es der Verfasser des Textes nahelegt, solidarisch mit seinen Geschlechtsgenossen, die sich in ihrem persönlichen Wohlleben nicht stören lassen wollten. Außerdem war Philipp der Lehnsherr Wilhelms, und in den Augen seines Vasallen hatte dieser durch eine Verbindung, die ihm mehrere Nachkommen schenkte, in keiner Weise den Kodex ihrer Kaste verletzt, im Gegenteil. Was Robert und Bernhard betrifft, so spricht ihnen der Hagiograph hier höchste Anerkennung aus. In einer Zeit, die weit entfernt war von jener Epoche, in der das Martyrium für Christen möglich gewesen war, bot sich diesen beiden Nacheiferern Gottes plötzlich die unverhoffte Chance, ihre eigene Entschlossenheit zum Martertod unter Beweis stellen zu können. Jean-Marc Bienvenu vermutet nicht ohne Grund, daß die beiden Freunde gar nicht als Konzilväter an der Versammlung teilnahmen, daß sie vielmehr ihrerseits Rechenschaft ablegen sollten, inwiefern sie und ihre Anhängerschaft noch den Normen der Kirche gerecht wurden. Fontevraud war zu diesem Zeitpunkt noch nicht gegründet, und auch die Kritik von seiten Marbods fiel etwa in die gleiche Zeit. Durch ihre mutige Haltung und ihr entschiedenes Engagement für die von hoher Stelle gewünschte Reform haben die beiden Verdächtigten damals möglicherweise die Nachsicht ihrer Richter erlangt.

Dieser Versuch einer Deutung der beiden Szenen um Robert und Bertrada, die, wie die Quellen nahelegen, fünfzehn Jahre auseinanderliegen, läßt zwar noch viele Fragen offen, er vermag aber immerhin aufzuzeigen, welche Position Robert von Arbrissel in der ideologischen Krise einnahm, die das Abendland erschütterte: Robert, der Drohungen und brutalen Schlägen standhielt, damit die Kirche Philipp und Bertrada verurteilen konnte; Robert wiederum, der dieselbe Bertrada an ihrer beider Lebensabend in seinen Orden aufnahm und für sie größte Fürsorglichkeit zeigte. Im Konflikt zwischen den beiden gegensätzlichen Moralvorstellungen, der des Adels und der der Kriche, hatte sich der ehemalige Pfarrer von Arbrissel ohne Umschweife auf die Seite der Reform gestellt, wobei er sich um so sicherer war, auf der richtigen Seite zu kämpfen, als er sich selbst die ersten Wunden in dieser Auseinandersetzung zugefügt hatte. Doch sein Charisma bestand darin, Asyl anzubieten, Zuflucht zu gewähren, Barmherzigkeit zu üben, wenn ein Angeklagter zu ihm kam.

In der Lobrede, die anläßlich seines Todes verfaßt wurde und die man Hildebert von Lavardin, dem Bischof von Le Mans, zuschreibt, heißt es von ihm, er habe Sorge getragen, »das Verbrechen auszurotten, nicht den Verbrecher«. Handelte es sich da nur um ein Gelegenheitslob? Vielleicht darf man es dieses eine Mal wörtlich nehmen.

Der Reigen der Begegnungen, an denen sich Roberts innere Entwicklung darstellen läßt, schließt, wie sie begonnen hat, mit einem aus jeglichem Kontext gelösten anonymen Dokument, mit der Beschreibung eines »Wunders«. Ich vermute, daß der betreffende Bericht aus derselben Feder stammt wie die zweite *Vita* Roberts von Arbrissel, und zwar aus der Feder von Andreas. Jedenfalls muß sich derjenige, der sich einst die Mühe gemacht hat, diesen Bericht niederzuschreiben, bewußt gewesen sein, daß er ein bedeutendes Ereignis festhielt. Die Geschichte ist in einer mittelfranzösischen Fassung überliefert:

»Als er sich eines Tages in der Auvergne aufhielt, in einem Ort namens Ménelay l'Abbaye, wollte Robert voll Glaubenseifer in der dortigen Abtei predigen. Da erklärten ihm Bewohner des Ortes, daß in ihre Kirche keinesfalls Frauen eintreten dürften, und wenn es doch eine wagen sollte, würde sie auf der Stelle tot umfallen. Nachdem Robert, der treue Diener Gottes, dies erfahren hatte, nahm er gerade aus diesem Grund eine Anzahl von Frauen mit sich in die Kirche, in der er seine Predigt halten wollte – gegen den Willen derer, die die Tore bewachten. Den Frauen geschah nichts, und so bewies Robert den Versammelten, welch gottlosem Aberglauben sie angehangen hatten. Trotz dieses Wunders begannen die Männer, die den Frauen den Zutritt zur Kirche verwehren wollten, den heiligen Ménelay anzuflehen. Laut riefen sie, der Heilige möge die von den Eindringlingen gezeigte Anmaßung und Verachtung sowie die geübte Beleidigung bestrafen.

Darauf sprach Robert, reich an Verstand und Urteil: ›Ach, ihr Arglosen, betet nicht solch dumme Gebete, die ungehört bleiben werden. Wisset statt dessen, daß die Heiligen niemals die Feinde der Gemahlinnen Jesu Christi sind. Das, was ihr fürchtet, ist widersinnig; unser katholischer Glaube in seiner Reinheit besagt genau das Gegenteil, wie das Evangelium berichtet von jener seligen Sünderin, die die Füße des Erlösers geküßt, sie mit ihren Tränen gewaschen, mit ihren Haaren getrocknet hat und Salbe breitete auf sein würdiges Haupt. Wer will es da noch wagen zu behaupten, daß es irgendeine Kirche auf der Welt geben darf, die Frauen nicht betreten dürfen, sofern sie sich dieses Rechtes nicht durch eigene Schuld und eigene Sünde begeben haben? Und welcher Tempel ist bedeutender, dieser materielle Tempel hier auf Erden oder jener geistige Tempel, in dem Gott wohnt? Wenn eine Frau den Leib und das Blut Jesu Christi zu sich nehmen darf, dann stellt euch vor, wie dumm es ist zu glauben, daß sie nicht auch in eine Kirche eintreten dürfe!‹ Und so ließ man schließlich von dem Irrglauben ab, nachdem Robert die Wahrheit aufgezeigt hatte.«

Bei der hier geschilderten Auseinandersetzung ging es im Prinzip um das Wesen der Frau; in dem Scharmützel zwischen dem herumziehenden Gefolge Roberts und den Bewohnern von Ménelay l'Abbaye standen sich nicht bloß die Anschauungen von zwei heiligen Männern – Robert und Ménelay – gegenüber, es war vielmehr der Widerstreit von zwei Kulturen, dem Denken eines aufgeklärten Geistlichen und der althergebrachten Religiösität des einfachen Volkes, ein Kampf zwischen ungleichen Kräften, zwischen Wahrheit und Irrtum, Zukunft und Tradition. Welche Kräfte standen hinter der Tradition, die dem weiblichen Geschlecht verbot, eine Kirche zu betreten? Man muß sich mit der Geduld eines Archäologen wappnen, will man die Ursprünge dieser Tradition freilegen und ihren Sinn entschlüsseln.

In dem Ort Ménelay l'Abbaye darf man wohl das Kloster Menat in der Auvergne erkennen. Spätestens seit dem 9. Jahrhundert verehrte man dort Reliquien, die angeblich die des heiligen Meneleus waren. Wahrscheinlich entstand um die in Menat aufbewahrten Gebeine zunächst eine Legende, bis dann im 10. oder 11. Jahrhundert eine *Vita* des

Meneleus verfaßt wurde, ein apokrypher und etwas grotesker Bericht, aus dem sich immerhin ein außerordentlich starkes Mißtrauen gegenüber dem Weiblichen herausschält. Will man dieser *Vita* Glauben schenken, lebte Meneleus im 7. Jahrhundert. Er stammte aus dem Anjou und war von sehr hoher Abkunft, wie es bei den Heiligen des Hochmittelalters der Gepflogenheit entsprach. Sein Vater wollte ihn mit der Tochter des Seigneur Barontus verheiraten, doch hatte der Sohn schon im Alter von sieben Jahren ein Keuschheitsgelübde abgelegt; wenige Tage vor seiner Vermählung floh er aus dem Elternhaus.

Im einsamen Menat-Tal in der Auvergne, wohin er sich geflüchtet hatte, begegnete er Theofred, einem Mönch der Abtei von Chaumillac, der ihn in sein Kloster mitnahm, um ihn dort auszubilden. Sieben Jahre danach brach Meneleus auf Befehl eines ihm erschienen Engels wieder nach Menat auf, wo er seine Mutter, seine Schwester und seine Braut traf, die ihn inzwischen überall gesucht hatten, um ihn heimzuholen. Und wieder erschien ihm ein Engel, der ihn anwies, die drei Frauen an einem entlegenen Ort unterzubringen. Dort trat schließlich Barontus auf den Plan, der den Spuren der Flüchtlinge gefolgt war. Er zog sein Schwert, um Meneleus zu töten. In diesem Augenblick erblindete der Seigneur, sein Arm versagte ihm den Dienst, und seine Finger verkrampften sich ineinander. Das Leben des Heiligen blieb also unversehrt, so daß er auch an dem Vater seiner Braut eine wundersame Heilung vollziehen und ihm verzeihen konnte. Zu guter Letzt übereignete Barontus seinem Retter mehrere Güter zum Dank.

Ähnlich bewegt ist das Ende dieser *Vita*, wenn die Martern geschildert werden, denen Meneleus durch Königin Brunhilde ausgesetzt wurde. In diesem insgesamt sehr frauenfreundlichen Bericht weist jedoch noch nichts eindeutig auf das Kirchenverbot für Frauen hin, dem Robert von Arbrissel im 12. Jahrhundert begegnen sollte.

An dieser Stelle müßte der Historiker die Spur der

Geschichte verlieren, wäre er nicht soeben dem Namen des Mönchs Theofred begegnet, jenes Reformators, der dem alten, südlich von Puy-en-Velay gelegenen Kloster von Chaumillac seinen Namen gegeben hat, und zwar in der volkstümlichen Form von Saint-Chaffre du Monastier. *Das Leben Theofreds*, demzufolge der Heilige 732 beim Eindringen der Sarazenen zum Märtyrer wurde, ist im Grunde ebensowenig glaubwürdig wie die Lebensbeschreibung seines Schülers. Allem Anschein nach hat die Legende des Meneleus die seines Meisters beeinflußt, die später entstanden sein soll. Eine Passage darin verdient immerhin Beachtung. Nachdem Theofred zum Abt von Chamillac ernannt worden war, ergriff er eine Reihe von Maßnahmen, die die Ordnung in dem ihm unterstellten Kloster gewährleisten sollten, wobei er besonders darauf achtete, daß der Friede des Altarraums durch nichts gestört wurde: »Die Frauen, die das Gotteshaus betreten wollten, bekamen ihre Sitze weit ab, in der Nähe des Portals, zugewiesen. Und obgleich manche nicht wußten, woher diese Vorschrift kam – vielleicht glaubten einige, es handle sich um ein göttliches Gebot aus früherer Zeit –, respektierte man sie über sehr lange Zeit unverändert.« Ging es hier nicht genau um das Verbot, an dem Robert einige Jahrhunderte später Anstoß nahm? Wie dem auch sei, auch nachdem man hier erneut auf seine Spur gestoßen ist, wird der Sinn dieses Verbots dennoch nicht hinreichend verständlich.

Man muß also noch einmal zum Ausgangspunkt der Entwicklung, nach Menat, zurückkehren. Das *Leben des Meneleus* ist nicht die älteste Heiligenlegende, die auf dieses Kloster aufmerksam macht; es wird schon in einer älteren Quelle erwähnt, im *Leben des heiligen Calais*. Dieser Bericht wurde in der Karolingerzeit verfaßt und existiert in zwei Hauptfassungen, die leicht voneinander abweichen; die Ereignisse, die darin mitgeteilt werden, sollen bis in die merowingische Zeit zurückreichen. Nun enthält aber diese an sich nicht sehr bedeutende Erzählung Auskünfte, die für die vorliegende Untersuchung wertvoll sind. Calais stammte aus der Auvergne, und in Menat verbrachte er seine Novizenzeit. Danach floh er immer wieder von dem Ort, an dem er sich gerade niedergelassen hatte, um dem Ruf in die »Wüste« Folge zu leisten, bis er schließlich das Kloster gründete, das dann seinen Namen trug: Saint-Calais im Maine. Kurz vor seinem Tod wurde Calais eine äußerst peinliche Bitte vorgetragen. Königin Ultrogodis, die Frau seines Wohltäters Childebert, des Sohnes Chlodwigs, sandte einen Boten zu ihm mit der Bitte, er möge erlauben, daß sie ihn in seinem Kloster besuche. Calais begriff, welche Gefahr von einem solchen Besuch ausgehen würde, verweigerte ihr deshalb die erbetene Gunst und verfügte darüber hinaus, daß sein Kloster von nun an grundsätzlich für Frauen verboten sein solle; eine Klosterregel, die, wie man sagt, mit Gottes Hilfe, bis auf den heutigen Tag eingehalten wurde – wobei es allerdings der Intervention des Allerhöchsten bedurft hat, dieser Vorschrift immerzu ungebrochenen Respekt zu erhalten. Dies verrät auch eines der Wunder, die der heilige Calais *post mortem* vollbrachte. Einmal wollte eine Frau namens Gunda das eherne Verbot unbedingt übertreten. Sie verkleidete sich als Mann, um die Wache der Klosterbrüder zu überlisten und ins Allerheiligste der Kirche vordringen zu können, dorthin, wo der Leichnam des Heiligen ruhte. Aber in dem Augenblick, als sie ihr Ziel fast erreicht hatte, ging eine schreckliche Strafe auf sie nieder. Und damit ist man beim Kern des Themas angelangt.

Die Episoden um Ultrogodis und Gunda bieten endlich die Möglichkeit, die Beweggründe für das Verhalten der Menschen der Auvergne und des Maine zu verstehen, besonders weil das *Leben des Calais* in den beiden Fassungen beträchtliche Varianten aufweist. Zwar bringen die beiden Berichte im wesentlichen sehr wohl dieselben Fakten, doch haben sie im Stil kaum Ähnlichkeit. Die erste Version ist kürzer gefaßt und vor allem derber; ihr Verfasser muß die Zeugnisse der Menschen vor Ort verarbeitet haben. Vermutlich war er ein Geistlicher, doch mit Sicherheit ein wenig gebildeter Mann, der sich ohne Bedenken zum Echo volkstümlicher mündlicher Überlieferungen machte. In der zweiten Fassung ist dieser oftmals primitive Bericht umgearbeitet, erweitert, ausgeschmückt und verfeinert. Der zweite Hagiograph war wohl eher ein Literat, der durch kunstvolle Ausarbeitung den ungehobelten Stoff feiner zu gestalten suchte.

Warum fürchtete sich der Asket vor dem Besuch der Königin Ultrogodis in seinem Kloster? Nach der ersten Darstellung weigerte er sich, sie zu empfangen, »in der Besorgnis, die Geister seiner Schüler könnten in irgendeiner Weise durcheinandergebracht werden«, weshalb er ganz allgemein beschloß, daß »das weibliche Geschlecht zukünftig keinen Zugang zum Kloster mehr haben dürfe«. In der zweiten Version dagegen richtet Calais die Frage an sich selbst: »Wie kann es sein, daß mich die Königin so sehr zu sehen wünscht, mich, der ich durch die Entbehrungen des Fastens unansehnlich geworden bin...?« Dann sagte er gleichsam warnend zu sich selbst: »Oh, ich kenne sie, die glühende Angriffslust des alten Feindes, durch die er bereits im sanften Paradies die Kraft des Mannes gebrochen hat, indem er nämlich die Schwäche des Weibes als Werkzeug benutzte. Ich muß mich vor dem Anblick dieser Frau hüten, damit ich nicht in das Netz des Feindes gerate, ich, der ich in der rauhen Wüste lebe, wo doch sogar Adam, der im Paradies die Annehmlichkeiten des Lebens und sogar die Gegenwart Gottes genießen konnte, durch das Weib zur Sünde verführt wurde.« Im Anschluß an solche Überlegungen antwortete er dem Gesandten der Königin: »Solange ich noch aus Fleisch und Knochen bestehe, werde ich nie mehr das Gesicht einer Frau sehen, und dieses Kloster, das ich mit Gottes Hilfe errichtet habe, wird niemals mehr einer Frau Zugang gewähren. Denn es schickt sich nicht, daß wir, die wir die Familie Christi sind, unseren Anblick den Frauen verkaufen.«

Von einer Version zur anderen hat das Körperliche an Gewicht gewonnen, ist die Beschreibung sexuellen Verlangens deutlicher geworden. Vor allem aber hat eine »örtliche« Verlagerung des sündhaften Impulses stattgefunden: In der ersten Fassung hatte sich die Versuchung ganz im Herzen der Brüder abgespielt, in der zweiten wurde allein die Frau zur Anstifterin der Sünde, zur Repräsentantin der Schlange. Doch obwohl in den beiden Versionen des *Lebens des Calais* zwei verschiedene Stufen des Frauenhasses beschrieben werden, schöpfen sie aus ein und derselben literarischen Quelle, gehen sie beide gleichermaßen auf die Väter der Wüste zurück. Dabei ist es keineswegs erstaunlich, daß schon hier die ägyptische Thematik erkennbar wird, erreichte sie doch bereits Ende des 6. Jahrhunderts in mündlicher oder schriftlicher Überlieferung Sulpicius Severus, den Hagiographen des heiligen Martin von Tours. Dessen Lebensbeschreibung, die *Vita Martini*, ist der erste Text, in dem sich das Abendland mit der Herausforderung durch das orientalische Asketentum befaßte, die während des gesamten Mittelalters und lange Zeit danach eine bestimmende Rolle spielen sollte. Sind nicht auch die berühmten Einsiedler von Port Royal von den *Viten der Väter* beeinflußt gewesen, die Arnauld d'Andilly übersetzt hat? Haben nicht auch der legendäre Calais oder seine beiden Hagiographen diese oder jene Passage aus den Schriften von Cassianus wiederholt:

»Eine edle alte Dame wollte aus Ehrerbietung den Abt Arsenius besuchen, worauf der Erzbischof Theophilus diesen bat, die Frau zu empfangen. Arsenius willigte jedoch nicht ein. Die Besucherin drang daraufhin ohne Erlaubnis bis zur Zelle des Abtes vor, fand ihn vor der Tür stehend und warf sich ihm zu Füßen. Der Abt hob sie entsetzt auf: ›Wenn Ihr mein Gesicht sehen wollt, so seht es Euch an!‹ forderte er die Frau auf, doch diese, verwirrt und eingeschüchtert, wagte nicht mehr, dem alten Mann ins Gesicht zu sehen. Daraufhin sprach dieser zu ihr: ›Wie konnte eine Frau wie Ihr es wagen, eine so lange Reise bis zu mir zu machen? Ihr werdet nach Hause zurückkehren und den anderen Frauen berichten, Ihr hättet den Abt Arsenius gesehen; und dann werden auch sie kommen und mich sehen wollen.‹ Worauf die alte Dame bedeutete: ›Wenn Gott erlaubt, daß ich dorthin zurückkomme, wo ich herkomme, wird keine andere Frau Euch mehr belästigen. Ich bitte Euch ja nur, für mich zu beten und mich immer in Eurem Gedächtnis zu behalten.‹ – ›Ich bitte Gott‹, antwortete ihr der Heilige, ›er möge die Erinnerung an Euch vollständig aus meinem Herzen löschen.‹ Nachdem so zu ihr gesprochen worden war, kehrte die zurückgewiesene und gemaßregelte Frau wieder in ihre Herberge zurück und wurde von hohem Fieber befallen. Als der Erzbischof davon erfuhr, kam er, um sie zu trösten, doch sie klagte: ›Ich sterbe nun vor Schmerz!‹ – ›Wißt Ihr nicht‹, antwortete ihr daraufhin der Erzbischof, ›daß der böse Feind die Heiligen durch die Frauen angreift? Deshalb hat der alte Arsenius so zu Euch gesprochen. Jetzt jedoch betet er unaufhörlich für Eure Seele.‹ Nach diesen Worten fühlte sich die Frau bald wieder gestärkt und konnte nach Hause zurückkehren...«

Eine weitere Episode aus Cassianus sei hier erwähnt: »Ein Klosterbruder mußte seine alte Mutter über einen Fluß tragen; dabei bedeckte er seine Hände mit einem Mantel. Die Mutter fragte ihn: ›Mein Sohn, warum habt Ihr Eure Hände in dieser Weise bedeckt?‹ Darauf antwortete er: ›Weil der Leib einer Frau ein Feuer ist und weil mir, wenn ich Euch berührte, die Erinnerung an andere Frauen wieder in den Sinn käme.‹«

Diese beiden Episoden stellen die Verbindung von Calais zu Meneleus her. Hatte der Einsiedler von Menat nicht aus der gleichen Vorstellung heraus seine Mutter, seine Schwester und seine Braut aus dem Männerkloster, dem er angehörte, verbannt? Man darf schließen: Sei es in der Thebais, in der Auvergne oder im Maine – alle Vorkommnisse, in denen Frauenfeindlichkeit zum Ausdruck kommt, die die Menschen noch heute erschaudern läßt, folgen immer der gleichen Regel: der von der mönchischen Klausur, zu der sich das abendländische Mönchtum vom Hochmittelalter an bekennt, entsprechend dem strengen Vorbild des Orients. Im Lauf der Jahrhunderte haben wir uns nun daran gewöhnen können, daß es Männer gibt, die ein solches Leben der Abgeschiedenheit wählen, von dem das weibliche Geschlecht ausgeschlossen ist; wie unnatürlich muß aber die Strenge gewirkt haben, mit der man seinerzeit die Verbannung der Frau in die Wege geleitet hat! Man mußte damals wohl kräftig argumentieren, um diese Verbannung bei den Männern im Kloster wie auch bei den Menschen außerhalb der Klostermauern durchzusetzen. Daher die Drastik in diesen Berichten, daher die in ihnen geschildete Arroganz. Möglicherweise hat auch die Legende des Calais die Erinnerung an das erste Verbot bewahren wollen, das im Bereich des Maine erlassen wurde; und damit diese Erinnerung sich um so nachhaltiger auswirken könne, mußte das Verbot eine Königin treffen.

Auch wenn das neue Gesetz von der Trennung der Geschlechter direkt nur eine kleine Anzahl von Auserwählten betraf, so stellte es indirekt jenes Gesetz der Natur in Frage, nach dem Männer und Frauen gemeinsam leben und sich fortpflanzen. Im Lebensbericht des Calais wird mit der Episode über Gunda versucht, den neuen, noch fremdartigen Geist durchzusetzen und eine neue Ordnung zu begründen. Hier ist nun die erste Version dieser Episode, die, wie der Hagiograph versichert, damals jedem in der gesamten Gegend bekannt war:

»Es zog sich Gunda, eine Frau, die den Heiligen Geist verspotten mochte, einst Männerkleider an und versuchte so in das Kloster des seligen Calais einzudringen. Sie wollte herausfinden, ob die Weissagung zuträfe, daß es dem weiblichen Geschlecht für immer unmöglich sein solle, diesen heiligen Ort zu betreten. Doch nach dem gerechten Willen Gottes wurde sie, noch bevor sie den geschlossenen Bereich des Klosters erreichen konnte, leibhaftig vom Teufel ergriffen und von ihm in so abscheulicher Weise überwältigt, daß die Scham über mich kommt, wenn ich davon berichte. Er steckte seinen Kopf zwischen ihre Schenkel, und das in einer Weise, daß sie, die sie den geheiligten Stätten ihre trügerischen Küsse hatte aufdrücken wollen, gezwungen war, die schändlichen Teile seines Leibes zu küssen. Weiter zwang er sie, die sich unter Männerkleidern versteckt hatte, am hellichten Tage ihr Geschlecht all denen zu zeigen, die es betrachten wollten. Dies geschah, damit Frauen es niemals mehr wagen sollten, diesen Ort zu betreten, und damit offenbar wurde, daß die Weissagung des Seligen der Wahrheit entsprochen hatte.«

Eine volkstümliche Illustration des mönchischen Gebots, in die magische Elemente eingewoben sind: Die Auseinandersetzungen um Tabus, um die Rolle der Geschlechter sowie um die unsichtbare Schranke, die den Bereich des Heiligtums nach außen abgrenzt, sind hier verarbeitet worden, ähnlich wie in zahllosen Legenden in den verschiedensten Kulturen der Welt. Die menschliche Phantasie hat hier ein eigentlich rätselhaft gebliebenes Gebot, das von den Mönchen erlassen worden war, so interpretiert, wie es dem Geist der damaligen Zeit entsprach. Der Verdacht der Sündhaftigkeit, der in der Form des unerbittlichen Keuschheitsgelübdes der Mönche die Beziehungen zwischen den Geschlechtern treffen mußte, versuchte man ausschließlich auf die Frau zu lenken. Ihr Körper wurde der Lächerlichkeit ausgesetzt, sie wurden bestraft, indem man ihr Geschlecht unrechten Blicken preisgab. Die gegen die Frauen verhängten Sanktionen lagen in den derben Scherzen, die die Männer über sie machten, in den Possen, die man mit ihnen trieb, in dem Umstand, daß man sie als schwaches Geschlecht verspottete. Strafmaßnahmen ähnlicher Art finden sich in zahlreichen Legenden, ihre Absicht ist immer dieselbe; doch nie sonst sind sie mit solcher Kühnheit dargestellt. Manchmal wird beispielsweise nur beschrieben, wie ein heftiger Windstoß die Röcke von Frauen hochhebt, die gerade ein Heiligtum betreten wollen, in dem der Leichnam des Heiligen ruht. Das Lachen über eine solche Szene ist dann Ausdruck von Ambivalenz, denn es beschwört die Angst – die Angst vor dem Weiblichen überhaupt und die vor der Entweihung heiliger Stätten. Gegen diese Angst wehrt sich auch das Volk jenes Dorfes im Maine, das sich die Geschichte von Gunda erzählt. Was Geste der Provokation seitens der Frau sein könnte, wird zur erlittenen Sanktion; die Herausforderung verwandelt sich in Strafe. Und jedesmal übernimmt die Menge die Rolle des Voyeurs.

Der Angriff auf das Weibliche war indessen zu vordergründig geführt worden, und der Schmutz, mit dem man Gunda beworfen hatte, befleckte jedoch mehr den Ruf derer, die Gunda verleumdet hatten: »Die Scham kommt über mich, wenn ich davon berichte«, gesteht der Hagiograph. Eine Neufassung der Geschichte war also gefragt. Und wieder steht Gunda in deren Mittelpunkt:

»Als sie sich darum bemühte, ins Innere des Heiligtums vorzudringen, begierig, auszukundschaften, was es dort auszukundschaften gab, da wurden ihre Augen durch einen plötzlich aufleuchtenden grellen Lichtschein geblendet, und sie, die unehrerbietig zu sehen begehrt hatte, was zu sehen verboten war, verlor jetzt das Recht, auch nur die gewöhnlichen Dinge zu sehen. Und zur selben Zeit, so als hätte der Dämon sie zu seinem Werkzeug gemacht, schoß ein Strom schwarzen Blutes aus ihrem Mund. Das Blut quoll so reichlich, daß es von ihr niederfiel und die Erde befleckte.«

In dieser zweiten Version wird der weibliche Körper nicht mehr der Lächerlichkeit preisgegeben, er ist hier vielmehr durch Unreinheit gezeichnet. Der geheimnisvolle Strom schwarzen Blutes, der aus Gunda ausströmt und ihre Umgebung verunreinigt, steht mit Sicherheit für die Monatsblutung, die als Kehrseite der Fruchtbarkeit verstanden und als Strafe des Himmels dargestellt wird. Das Verbot von Calais, aus den Legenden über die Wüstenväter entnommen, um eines der Grundgebote des Mönchtums zu sichern, wurde zuerst, entsprechend volkstümlicher Tradition, in der Form einer Groteske dargestellt und fand schließlich eine mythische Neufassung, in welcher der über Eva verhängte Fluch nachklingt.

Gegen 1114 kam Robert von Arbrissel in die Nähe von Menat. Rund um das Kloster, das, auf der linken Seite des Sioule-Tals gelegen, 1107 von Mönchen aus Cluny übernommen worden war, hatte sich ein kleines Dorf angesiedelt. Das alte, gegen Frauen gerichtete Tabu, das sich bis nach Saint-Chaffre und nach Saint-Calais ausgebreitet hatte, war auch hier über ein halbes Jahrtausend lang uneingeschränkt gültig und wirksam geblieben. Den Frauen war es auch hier verboten, die Kirche zu betreten; und die Strafe, mit der dem Verbot Respekt verschafft wurde, war hier ebenso frei von grotesken Phantasien wie sie radikal war: Frauen, die ins Innere der Kirche vordrangen, drohte der Tod. Aber wo besuchten dann die Bewohnerinnen von Menat die heilige Messe? Sollte das Verbot die paradoxe Folge gehabt haben, daß sie vom Besuch des Gottesdienstes dispensiert waren? Das Kloster, das für die weiblichen Familienangehörigen des Meneleus errichtet worden war, lag zu weit entfernt. Und doch gab es eine Lösung. Betrachtet man die im Herzen des Dorfes gelegene alte romanische Kirche aufmerksam, wie sie beschädigt, verfallen, ohne Sachverstand restauriert und trotzdem schön dasteht, fällt einem eine Besonderheit ins Auge: das riesengroße, alle Proportionen sprengende Portal, das zwar aus dem 13. Jahrhundert stammt, aber sicher einem früheren Plan entsprechend nachgebaut worden ist. Das *Leben Theofreds* löst das Rätsel dieses Portals: Die Frauen mußten an der Kirchentür stehenbleiben; der breite Bogen bot ihnen zwar Schutz, aber gleichzeitig standen sie noch vor der Schwelle der Kirche, noch außerhalb des verbotenen Heiligtums. Der Bericht über ein Wunder des Stephan von Obazine offenbart, daß in dem an der Westseite des Zentralmassivs gelegenen Kloster dasselbe Tabu noch Mitte des 12. Jahrhunderts gültig war. Und auch in Menat kannten damals alle diese Sitte. Die Bauern des Dorfes machten Robert und sein Gefolge mit dem Verbot bekannt. Die Mönche, die seinerzeit den Eingang der Kirche bewachten, baten Meneleus um Hilfe, er möge das frevelhafte Eindringen von Frauen in ihre Kirche rächen, und ihre kluniazensische Strenge in bezug auf die Klausur paßte ausgezeichnet zu den volkstümlichen Legenden. Von Ultrogodis bis Gunda bestand hier eine geheiligte Verbindung von mönchischer und volkstümlicher Tradition. Robert von Arbrissel hatte es mit einer starken Front von Gegnern zu tun.

Andererseits hätte seine erste Herausforderung genügen können, ihm den Sieg zu sichern: Er hatte durchgesetzt, daß die Frauen seines Gefolges in eine für sie verbotene Kirche eintraten, und die Frauen waren daraufhin allesamt am Leben geblieben. Das hätte doch als ein positives Gottesurteil gelten müssen. Aber die Verfechter des Aberglaubens hatte dieser Fingerzeig zunächst noch keineswegs erschüttert, ihre Vorurteile waren zu fest verankert. Dann sprach Robert. Und wo das Handeln nicht genügte, verhalf ihm das Wort zum Sieg. Seine Rede war schlicht, klar und mit Beispielen und Verweisungen versehen, die alle verstehen konnten. Er verwendete gerne die Frageform, als hätte er seinen Zuhörern die Möglichkeit geben wollen, sich selbst zu überzeugen, statt sich von der Überzeugung eines anderen erdrücken zu lassen. Ein wenig grob war er vielleicht geworden, als man schon die Arme gegen ihn erhoben hatte:

»Ach, ihr Arglosen, betet nicht solch dumme Gebete, die ungehört bleiben werden.«

Gegen die lokale Tradition, gegen das, was der Hagiograph als »gottlosen Aberglauben« bezeichnet, setzte Robert den »katholischen Glauben in seiner Reinheit«. Die Tradition, auf die er sich stützte, war das Evangelium. Als Frau, die den anderen Frauen den Weg zum Heil öffnete, galt für ihn Magdalena, »die Sünderin, die die Füße des Erlösers geküßt, sie mit ihren Tränen gewaschen und mit ihren Haaren getrocknet hat und Salbe breitete auf sein würdiges Haupt«.

Es ist gewiß nicht gerechtfertigt, dieses Lob der Zärtlichkeit als ein Plädoyer *pro domo* zu werten. Der Meister von Fontevraud hatte die Zeit der Selbstkasteiungen, deren ihn Marbod und Gottfried einst beschuldigten, inzwischen weit hinter sich gelassen. Das macht vor allem folgender Satz deutlich: »Wer will da noch wagen zu behaupten, daß es irgendeine Kirche auf der Welt geben darf, die zu betreten Frauen nicht erlaubt ist, sofern sie sich dieses Rechtes nicht durch eigene Schuld und eigene Sünde begeben haben?«

Indem Robert jeden für die eigenen Sünden für verantwortlich erklärte, widerlegte er die Vorstellung, Weiblichkeit sei schon dem Prinzip nach böse. Er verglich die Frau mit der heiligen Magdalena und entkräftete so in zweifacher Hinsicht den Schuldvorwurf. Für ihn war die Frau nur dann eine Sünderin, wenn sie tatsächlich gesündigt hatte, und selbst wenn sie gesündigt hatte, wurde ihr die Barmherzigkeit Christi zuteil, der gekommen ist, die Sünder zu erretten. Die Frau wird also durchaus als ein Wesen anerkannt, das über sittliches Bewußtsein von Gut und Böse verfügt, und Robert teilte auch nicht die Vorstellung des unreinen Körpers, den die alte Legende bekämpfen zu müssen glaubte:

»Und welcher Tempel ist bedeutender, dieser materielle Tempel hier auf Erden oder der geistige Tempel, in dem Gott wohnt? Wenn eine Frau den Leib und das Blut Jesu Christi zu sich nehmen darf, dann stellt euch vor, wie dumm es ist zu glauben, daß sie nicht auch in eine Kirche eintreten dürfe!«

Er machte die überkommene Sicht im Handumdrehen zunichte: Für ihn war der Körper der Frau geheiligt, ein Tempel des Heiligen Geistes, ein Tabernakel der Eucharistie. Er sah einen tiefen Zusammenhang zwischen der Szene, die sich in Bethanien abgespielt hatte, und dem heiligen Abendmahl. Ebenso wie der »seligen Sünderin« vergeben worden war, würde einer jeden Frau, die »den Leib und das Blut Jesu Christi zu sich nimmt«, die Erlösung gewährt. Robert brachte das Prinzip von der angeblichen Unvereinbarkeit von Gewissen und Fleisch ins Wanken und hob die moralische Schranke auf, die zwischen Mann und Frau entstanden war. Selbstsicher und kühn verhalf er einem neuen Gefühl zum Durchbruch sowie einem ersten Bild vom Individuum und seiner Würde. Robert hat auf seine Weise die ursprüngliche Vorstellung erneuert, daß durch die Frau das Heil in die Welt gekommen ist und daß es in ihr Gestalt angenommen hat.

Ein Paradox des geistigen Universums des Mittelalters besteht darin, daß alle Strömungen, die im Laufe der Zeit aufeinanderfolgten, sich überschnitten oder sich bekämpften, daß jene Konstellationen von Vorstellungen und Bildern, die man heute als Ideologien bezeichnet, ausschließlich aus der Heiligen Schrift und der Tradition gespeist wurden. Auch die beiden gegensätzlichen Vorstellungen von der Frau, die in Menat aufeinandergeprallt waren, gingen auf ein und dieselbe Quelle zurück, auf die Erzählungen über die Väter der Wüste. Sowohl das verzweifelte Fliehen vor der Frau als auch die Bestrebungen um ein klösterliches Zusammenleben mit ihr sind ein und derselben Idee von Askese entsprungen, sie stellen lediglich zwei verschiedene Phasen dieser Askese dar: Auf die Trennung, die das Verlangen abtöten soll, folgt die Bewährung angesichts der unmittelbaren Versuchung durch das Fleisch, die Prüfung nach den Prüfungen.

Robert von Arbrissel hatte, ganz wie Calais oder Meneleus in ihrer Abgeschiedenheit, seinen Körper in der Einöde abzutöten versucht, bevor er sich der unmittelbaren Feuerprobe aussetzte. Erst danach betrat er unbekanntes Land.

Das Wunder von Rouen und von Menat bestätigen sich wechselseitig, so sehr waren sie von einem Geist erfüllt, der dem Zeitgeist entgegenlief. Während die offizielle Kirche der nachgregorianischen Zeit alle Begründungen, die ihr die Heilige Schrift und die Tradition anboten, dazu nutzte, ihre weltlichen Kleriker zu einem mönchischen Leben zu zwingen und sie von der Frau als Versucherin loszureißen, bemühte Robert sich, das Bild der Frau von dem Vorurteil zu befreien, sie gleiche entweder der sündigen Eva oder der heiligen Maria. Insbesondere der Vergleich mit der heiligen Jungfrau erdrückt, im Gegensatz zur verbreiteten Auffassung, die irdische Frau mehr, als daß er sie erhöht. Gemessen an der jungfräulichen Fruchtbarkeit Mariens dieser von vornherein unterlegen, fällt die Frau unvermeidlich auf die Stufe Evas, der Versucherin, der Unreinen also, zurück. Damit nun die Frau nicht länger mit den alten Vorbildern identifiziert werden mußte, griff Robert von Arbrissel auf ein anderes biblisches Vorbild zurück: Nicht Eva und auch nicht Maria wurden in Rouen und in Menat beschworen, sondern die unendlich zärtlich und menschlich anrührende Gestalt der Magdalena.

Unter seinen Augen erhellten sich Gesichter wie im Glanz der Morgenröte.

Die siebte Stufe der Demut

Jahr um Jahr war vergangen. Beaugency, Redon, Rouen, Angers, Borges, Menat, Agen, Toulouse; Predigten, Bekehrungen, Klostergründungen. Der Apostel hatte sich nicht geschont. »Robert, das bedeutet robust wie die Steineiche«, so hatte der Hagiograph den Namen seines Helden ausgelegt. Diesmal jedoch verließen den Prediger die Kräfte immer mehr. Er fühlte es. Im Sommer 1115 hatte er bereits ein sehr hohes Alter erreicht, an die siebzig Jahre und mehr. Woran litt er genau? Niemand wußte es, und niemand machte sich Gedanken darüber: »Neue Leiden, die zu den alten hinzukamen«, Fieberanfälle, Gebrechlichkeit. Das allein zählte. Im Bericht des Bruders Andreas, in dem die letzten sechs Monate im Leben des Meisters Schritt für Schritt festgehalten sind, einem Bericht, der gänzlich durch den Verlauf der Krankheit, ihre Krisen und das zeitweilige Nachlassen dieser Krisen geprägt ist, ist nie von Schmerzen die Rede, sondern nur von Unfähigkeit. Robert konnte sich im wahrsten Sinne des Wortes nicht mehr aufrecht halten, und so ließ er die Brüder von Fontevraud an sein Krankenbett kommen.

»Es ist nun soweit, meine höchstgeliebten Söhne, die ich im Evangelium gezeugt habe, daß ich mich, gezwungen durch die körperliche Erkrankung, anschicke, den Weg allen Fleisches zu gehen.« Der Tod war da, und Robert wußte es. Nicht weniger als achtmal kündigte er ihn, dem Bericht des Andreas zufolge, in heiteren und feierlichen Worten an. Das Nahen des Todes war damals nicht etwas, das man geheimhalten mußte, und auch nichts Trauriges; doch wurde der Tod äußerst ernstgenommen. Wichtig war, daß der Sterbende klug über seine Macht und seine Güter verfügte, wenn ihn der Himmel damit gesegnet hatte, dem Heil seiner Seele zuliebe und auch wegen der Interessen derer, die ihn überlebten. In Roberts Fall war das Erbe ungeheuer groß. Die Besitzungen Fontevrauds waren beträchtlich angewachsen: Ländereien, Wälder, Weinberge, Mühlen und zahllose andere Schenkungen; darüber hinaus existierten bereits an die zwanzig Priorate, die über den ganzen Westen Frankreichs verstreut lagen. Aber in dieser Stunde dachte Robert vor allem an die Menschen, die sich ihm anvertraut hatten:

»Prüft euch, solange ich noch am Leben bin, ob ihr an eurem Vorhaben beharrlich festhalten wollt, das heißt, ob ihr um das Heil eurer Seelen willen weiterhin den Dienerinnen Christi gehorchen wollt. Denn ihr wißt, daß ich alles, was ich allerorten mit Gottes Hilfe aufgebaut habe, ihrer Macht und Herrschaft unterstellt habe. Aber wenn ihr nicht mit ihnen zusammenbleiben wollt wie bisher, gebe ich euch die Freiheit, allerdings mit dem Rat, euch einem anderen Orden anzuschließen.« Und seine Mönche antworteten ihm: »Es sei fern von uns, liebster Vater, sie jemals zu verlassen, da wir, du weißt es, anderswo keinesfalls besser unserem Ziel nacheifern können. Es sei fern von uns, dein Kloster verlassen zu wollen! Vor Gott und seinen Heiligen, in deine Hand versprechen wir einhellig und freiwillig Festigkeit und Beständigkeit gegenüber der Kirche von Fontevraud.«

Diese leidenschaftliche Zustimmung der Mönche darf niemandem Sand in die Augen streuen. Wer von einer Troubadourwelt in Fontevraud träumt und mit Michelet der Meinung ist, es sei gegründet worden, um »die Frau zur Königin der Klöster zu machen und um unter ihr leben zu können in wollüstigem Gehorsam, in dem sich Liebe und Heiligkeit mischen«, wird mit diesem Dialog aus dem Sommer 1115, mit dem der Bericht des Andreas einsetzt, eines besseren belehrt. Zunächst einmal, weil dieser Dialog überhaupt stattgefunden hat; weil der Meister, als er den Tod herannahen fühlte, es für höchst dringlich gehalten hat, daß die Brüder ihr Gehorsamsgelübde erneuerten. Dieses Gelübde verstand sich also nicht mehr von selbst, und manche dachten daran, den Orden zu verlassen. Wie sehr sie bereits dazu entschlossen waren, läßt sich aus dem Schluß von Roberts Rede ablesen: Lieber wollte der Ordensgründer sie von ihren Gelübden entbinden, als ihnen ein Joch auferlegen, das sie doch früher oder später abschütteln würden. Diskret erwähnt der Hagiograph, daß »fast alle« Mönche Robert die soeben zitierte ergreifende Antwort gegeben haben. Eine kleine Gruppe von Brüdern nutzte also die von ihm erteilte Erlaubnis, um anderswo ihr Heil zu suchen.

Doch die Zeit drängte; das Fieber stieg jeden Tag ein wenig mehr. Der Meister schickte Boten in die benachbarten Diözesen und bat Bischöfe und Äbte, zu ihm zur Beratung zu kommen. Dann, im September, waren sie alle versammelt: »Ich fühle«, eröffnete ihnen Robert, »daß mein Ende bald bevorsteht, und deshalb habe ich euch herbeigerufen: Ich möchte mit eurem Rat zugunsten unserer Kirche die Wahl einer Äbtissin vornehmen.« Daraufhin erwiesen die Geladenen Robert ihre Ehrerbietung: »Wir müssen eher deinen Rat entgegennehmen, liebster Vater, um so mehr als wir wissen, daß unter den Sterblichen unserer Tage gerade dein Rat sich durch eine besondere Kraft auszeichnet. Gott hat dich der Welt als Versöhner der Seelen geschenkt.« Was für eine Genugtuung für den ehemaligen heimatlosen Wanderprediger, gegen den fünfzehn Jahre zuvor die Prälaten gewettert hatten! Jetzt rief er die Großen der Kirche zusammen, und sie eilten zu ihm. Der fromme Beschützer des Ordens, Petrus von Poitiers, war nicht mehr unter ihnen. Er war ein Jahr zuvor an den Folgen der Mißhandlungen durch Wilhelm von Aquitanien gestorben, doch auch seine Kirche, die noch verwaist war, hatte ihre Primasse geschickt.

Angesichts der geistigen Verödung in den benachbarten Diözesen hatte Roberts Wort um so mehr Gewicht, und noch auf seinem Krankenlager war er das anerkannte Oberhaupt der Versammlung. Robert brauchte die Geladenen nicht so sehr wegen ihres Rates, sondern weil sie seine Worte zu Protokoll nehmen und nach seinem Tod Bürgen für ihn sein sollten.

»Ihr wißt, meine überaus geliebten Freunde, daß ich alles, was ich in der Welt errichtet habe, für das Wohl unserer Nonnen geschaffen habe... Und was noch mehr ist, ich und meine Anhänger, wir haben uns um unseres Seelenheils willen in ihren Dienst gestellt.« Wort für Wort, oder beinahe Wort für Wort, wiederholte er dann die Rede, die er bereits vor den Klosterbrüdern gehalten hatte und kam zu folgendem Schluß: Es müsse jetzt eine Äbtissin bestimmt werden. War es nicht geschickt von ihm, die ungewöhnliche Organisation zugunsten des Seelenheils der Brüder als ein bereits bestehendes Faktum hinzustellen und nur für die sich daraus ergebenden Konsequenzen um Zustimmung zu bitten? »Ich frage euch also«, fuhrt er fort, »ob es mir erlaubt ist, eine Laienschwester als Äbtissin einzusetzen. Denn ich weiß wohl, daß die Würde dieses Amtes eingentlich nur durch die Ernennung einer Jungfrau gewahrt wird.« Dann folgten einige sehr merkwürdige Ausführungen: Er setzte die jungen Mädchen, die im Kloster erzogen wurden, eindeutig herab, indem er behauptete, sie seien unfähig, die Geschäfte des Ordens zu führen, und verstünden sich nur auf das Singen von Psalmen. Sie seien unbedarfte Mädchen, die das Haus nur zugrunde richten würden. »Deshalb will ich diese Prälatur keiner im Kloster erzogenen Jungfrau anvertrauen, denn ich fürchte damit zu zerstören, was ich aufgebaut habe.« Äbtissin sollte statt dessen eine erfahrene Frau werden, eine gute Verwalterin, die sich bereits in der Welt umgesehen hatte.

Wahrscheinlich handelte es sich auch bei dieser Entscheidung um ein Zeichen der Zeit. Das völlig abgeschlossene und unberührte Universum eines Klosters, das ausschließlich auf das himmlische Jerusalem ausgerichtet war, von dem es bereits hier einen Abglanz bildete, entsprach zu Beginn des 12. Jahrhunderts nicht mehr dem religiösen Empfinden der Menschen. Cluny, um das herum in ununterbrochener Folge die Prozessionen zogen, wo eine Messe nach der anderen gefeiert wurde, um gleichsam die Gesänge der Ewigkeit vorwegzunehmen, und wo Oblaten, dem Klosterleben geweihte Kinder, weit ab von jeder Beeinflussung durch die Welt aufgezogen wurden, war das Modell eines solchen Klosters, und sein Ansehen war noch immer groß. Doch der

Respekt, den man ihm zollte, entsprach mehr dem Respekt vor einem außergewöhnlichen Reliquienschrein aus vergangener Zeit. In Cîteaux, das drei Jahre vor Fontevraud aus dem gleichen neuen religiösen Gefühl heraus gegründet worden war, ließ man keine Oblaten zu; man nahm nur lebenserfahrene Männer auf, die auch körperlich arbeiten mußten. Gewiß hatte die Benediktinerregel auch den Kluniazensern auferlegt, sich durch mühevolle Arbeit zu heiligen; aber diese Arbeit bestand vor allem aus langen Lesungen, aus Meditation und unendlich langen Gottesdiensten. In Cîteaux wurden die Ärmel hochgekrempelt. Natürlich wurden auch dort die gröbsten Arbeiten von Laienbrüdern, ungebildeten Bauern verrichtet, aber auch die Chormönche, so gebildet sie waren, mußten sich ihr tägliches Brot im Schweiße ihres Angesichts verdienen – ihr tägliches Brot und ihr ewiges Heil, denn immer noch wurde die körperliche Arbeit nur deswegen geschätzt, weil sie erniedrigte, gleich einer Buße.

Die regelrechte Kritik, die Robert gegenüber den unwissenden Jungfrauen äußerte, stellte deswegen noch keine Rechtfertigung der anderen Frauen dar. »Ich sehne mich gewiß weiterhin nach Maria im Himmel, aber ich wähle Martha, die es versteht, mit den irdischen Dingen sorgfältig umzugehen.« Er tat es nur ungern; denn wenn auch die Jungfrauen ungeeignet waren, so waren die Konversen im Grunde unwürdig, was er zum Schluß noch in einem anschaulichen Vergleich deutlich machte. Der Tabernakel sei außen mit Ziegenleder überzogen, sagte er, doch nur um den scharlachroten Stoff zu schützen, der sein Inneres schmücke, damit dessen Glanz durch nichts verdunkelt werden könne. Die Jungfräulichkeit wird hier als der wertvollste aller Schätze bezeichnet, weshalb der zukünftigen Äbtissin von vornherein nur der Wert einer Ziegenhaut zugestanden wird. Einer der Geistlichen in der Versammlung, ein Erzpriester aus der Diözese von Angers, überbot Robert noch: Er habe einst gehört, daß Papst Urban II. das Amt einer Äbtissin einer Ehefrau anvertraut habe, die vier Ehemänner gehabt habe. Ohne viele Worte verstanden sich diese Männer. Sie waren sich einig geworden und gingen auseinander, nicht ohne ihr Vertrauen in den ehrwürdigen Vater von Fontevraud erneuert zu haben.

Alles war gesagt worden, aber noch nichts getan. Nun mußte noch diejenige benannt werden, die die Gemeinschaft fortan beschützen sollte. Robert war allein Herr dieser Entscheidung. Er brauchte aber lange, um sie zu treffen, zögerte wahrscheinlich und beriet sich noch. Ein ganzer Monat verging. Erst Ende Oktober fiel sein Spruch zugunsten Petronillas von Chemillé: »Es scheint mir gerecht zu sein«, heißt es bei Andreas, »daß die Frau, die gemeinsam mit mir die Mühen unserer Wanderschaft und unserer Armut getragen hat, jetzt auch die Last unseres Glücks und unseres Wohlstands trage.« Wenn es heilbringend war, Armut mit der Geduld Hiobs zu ertragen, wenn es noch heilbringender war, sie freiwillig auf sich zu nehmen, dann stellte ein Überfluß an irdischen Gütern gleichwohl ein Zeichen dar für das Auserwähltsein durch Gott; auch auf die »Pauperes Christi«, die Armen Christi, war dieser göttliche Glanz inzwischen gefallen. »Obwohl Petronilla verheiratet war, wenn auch gezwungenermaßen, sehe ich keine, die für diese Prälatur geeigneter ist«, fuhr Robert fort. Seinen Worten kann man entnehmen, daß er für diese getreue Anhängerin der ersten Stunde nicht gerade Begeisterung empfand. Balderich gibt seinerseits in seinem Lebensbericht deutlich zu verstehen, daß Petronilla den Ehrenplatz als Äbtissin nicht erhalten hätte, wenn Hersendis, die Priorin aus der Anfangszeit, noch am Leben gewesen wäre.

Warum also wählte Robert Petronilla? Sehr wahrscheinlich spielten hierarchische und verwandtschaftliche Beziehungen hierbei eine Rolle. Der Klostergründer schien zwar durch ein instinktives Vertrauen mehr zu Hersendis hingezogen gewesen zu sein, aber auch bei seiner ersten Wahl gaben vermutlich schon die verwandtschaftlichen Beziehungen der Witwe zum Schloßherrn Gauthier von Montsoreau, dem nächsten Nachbarn der Klostergemeinschaft, den Ausschlag. Petronilla war ihrerseits Cousine ersten Grades von Gottfried von Vendôme, dessen weitreichender Einfluß bekannt ist. Heißt dies, daß Robert Druck von außen nachgegeben hat? Druck von außen gab es wahrscheinlich, doch er hatte nichts dagegen einzuwenden. Besorgt um das Wohlergehen seines Ordens wollte er diesen möglichst gut mit dem Netz von Beziehungen verknüpft wissen, das sich der Feudalismus geschaffen hatte; und er wollte auch daß Fontevraud nach außen durch einen Repräsentanten von einigem Gewicht vertreten werde. Dabei war es ziemlich gewagt, hier an eine Repräsentantin zu denken; darum dürfte Robert sich bemüht haben, die Einsetzung Petronillas durch den päpstlichen Legaten, Girald von Angoulême, bestätigen zu lassen, der sich sicherheitshalber noch ein entsprechendes Privileg von Papst Paschalis II. besorgt hat. Andererseits stand die Idee, im Orden von Fontevraud die Männer den Frauen unterzuordnen, keineswegs im Widerspruch zu den überkommenen sozialen Hierarchien. Die männlichen Mitglieder der Kongregation waren im allgemeinen niederer Herkunft, selten Adlige, bestenfalls Ritter; die ins Kloster eingetretenen Frauen, ehemalige Ehefrauen wie Jungfrauen, stammten dagegen meist aus dem hohen Adel. Mit seiner überraschenden Bevorzugung der Frauen entspricht Robert von Arbrissel durchaus den Vorstellungen seiner Zeit. Wenn er dennoch auch Vorbehalte gegen Petronilla hatte, dann galten sie ihrer Person, keinesfalls der Herrin von Chemillé, der Tochter der Herren von Craon. Was die persönlichen Vorbehalte angeht, so sollte der weitere Verlauf der Geschichte erweisen, wie berechtigt sie gewesen waren.

Zunächst gab sich die neue Äbtissin bescheiden und demütig. Als man ihr die Nachricht von ihrer Ernennung überbrachte, trug sie alle möglichen Gründe vor, um diese nicht anzunehmen. Bei Andreas heißt es darüber: »Sie hatte Angst vor der unermeßlichen Verantwortung, die eine solche Auszeichnung nach sich ziehen mußte; als kluge Frau fürchtete sie ihre eigene Unzulänglichkeit, während sie die große Bedeutung dieser Prälatur erkannte.« Petronilla soll Angst vor der Verantwortung gehabt haben – es dürfte schwierig gewesen sein, noch unfreundlicher über sie zu urteilen. Trotzdem muß ihre erste Reaktion gleichsam als Teil eines Rituals verstanden werden. Niemand hätte damals eine Ehrenstellung angenommen, besonders wenn es sich um eine geistliche handelte, ohne sich zunächst als ihrer unwürdig zu erklären. Boten mußten zu wiederholten Malen vorsprechen, mußten bitten, anmahnen; man lehnte immer wieder ab, bis man sich schließlich doch einverstanden und bereit erklärte. Von dieser Art Höflichkeit, die heute als orientalisch bezeichnet werden darf, war das ganze Mittelalter geprägt; und in Frankreich hat sie sich, zumindest auf dem Lande, noch lange erhalten: Wie oft lehnt man ab, wie oft steht man schon auf, um scheinbar zu gehen, bevor man ein Glas Wein annimmt!

Viel weniger üblich war es dagegen, auch zur Zeit Roberts von Arbrissel, so unverfroren, wie es Bruder Andreas tat, von der mangelnden Befähigung eines Menschen für ein bestimmtes hohes Amt, von seiner *imbecillitas* zu berichten. Zwar schreibt der Hagiograph über die Äbtissin: »Es gibt viele Züge an ihr, die es wert sind, daß man sie preist. Aber da ich mich dazu bekenne, ihr unwürdiger Sohn zu sein, schweige ich hier, damit man nicht glaubt, *ich wollte ihr das Haupt mit dem Öl der Schmeichelei salben«*. Aus diesem Grund glaubten manche Historiker, Andreas sei ein elender Speichellecker gewesen. Doch wenn man sich wie dieser Biograph mit seinem Lob zurückhält, nachdem man kurz zuvor erst als kritischer Beurteiler kein Blatt vor den Mund genommen hat, ist es wohl sehr zweifelhaft, ob man als Schmeichler verstanden werden darf.

Ein anderer Hinweis vermag, wie mir scheint, den tieferen Sinn der Ereignisse, die sich in Fontevraud abgespielt haben, noch besser zu deuten. Andreas wies darauf hin, daß in der Kongregation von Fontevraud alle Frauenklöster unter dem Schutz der Jungfrau Maria standen, während die Oratorien der Männer dem Evangelisten Johannes geweiht waren, »damit die Brüder ein Vorbild hätten, wie sie den Bräuten Christi dienen sollten«. Hier fand der Hagiograph noch milde Töne; man wird erinnert an die bewegende Szene auf dem Kalvarienberg; als Jesus mit letzter Kraft dem Jünger, den er besonders liebte, seine verzweifelte Mutter anvertraute. Doch gleich darauf stellt Andreas klar: »Ich sage das jedoch nicht, um unseren Dienst mit dem des heiligen Johannes zu vergleichen, da ich mir ganz und gar bewußt bin, daß jene außerordentliche Jungfrau, die neben ihrem Sohn im Paradiese sitzt, ohne Beispiel ist.« Es bleibt kein Zweifel an seiner Auffassung bestehen: Die Brüder sollen dem Apostel Johannes nacheifern, wenn sie sich auch nicht mit ihm vergleichen dürfen; die Schwestern aber sind des Schutzes Mariens in jeder Weise unwürdig.

Es ist also nicht zu übersehen, daß bei Andreas immer dann, wenn von der Rolle der Frau innerhalb des Ordens die Rede ist, auch auf ihre Unwürdigkeit hingewiesen wird, was wiederum darauf hindeutet, daß in Fontevraud eine spezielle Form der Buße geübt werden sollte: das Kloster als Sklaveninsel, als verkehrte Welt. Robert, der bereits aus dem Ordal der Sexualität als Sieger hervorgegangen war, suchte in der Regel seiner Kongregation erneut die Fortsetzung seiner Buße, die letzte Prüfung, mit der er das Vergehen seiner frühen Jahre sühnen konnte. In der *Regel* des heiligen Benedikt, der Regel, die dem Meister sehr gut bekannt war und deren strengste Auslegung er übernommen hatte, indem er seinen Anhängern vorschrieb, wie sie sich ernähren und kleiden sollten, ist der langsame Aufstieg des Menschen auf den Stufen der Demut beschrieben, die, wie die Jakobsleiter, sicher zu Gott hinführen. Der erwähnte Aufstieg erreicht schließlich die siebte Stufe, auf der die Demut zur Hinnahme von Demütigung wird, wenn man »nicht nur mit dem Munde bekennt, die letzte und elendste Kreatur unter allen Kreaturen zu sein, sondern dies aus einem tiefen Gefühl des Herzens heraus zu glauben vermag und mit dem Propheten sprechen kann: *Ich bin nur ein Wurm und kein Mensch, die Schande der Menschheit und der Auswurf des Volkes; zuerst bin ich erhöht worden, dann wurde ich erniedrigt und zu Schanden gemacht.*« Fontevraud, das zum überwiegenden Teil von Frauen bewohnt wurde, war dennoch vorrangig »zum Heil der Brüder« geschaffen worden. Um ihrer Seele willen, meinte sein Gründer, habe er die Brüder veranlaßt, sich den Schwestern unterzuordnen, denn nichts sei demütigender, als jemandem gehorchen zu müssen, den man insgeheim nicht für würdig hält, den übergeordneten Rang einzunehmen. Am Ende würden dann die Gedemütigten die Erwählten sein, so wie geschrieben steht, daß die letzten die ersten sein werden. Und wie sollten die Frauen ihr Seelenheil gewinnen?

(Die Antwort auf diese Frage wurde anderswo gegeben: Auf dem Kalvarienbeg stützt Johannes Maria, die Mutter Jesu, die ohnmächtig geworden ist in ihrem Schmerz; ihr Füreinandersein hat einen Augenblick lang die Heftigkeit ihrer Trauer gemildert. Und daneben gibt es noch eine andere Frau, eine Frau mit langem, aufgelöstem Haar, die auf die Knie gesunken ist. Dem Erlöser zu Füßen liegend, das ist seit Bethanien ihre Stellung, die niedrigste und zugleich die, in der sie dem Herrn am nächsten kommt. Sie blickt ihn unverwandt an, und nichts lenkt sie ab von dem Antlitz, das ihr Gesicht erleuchtet.)

Auch Stephan von Muret, ein Zeitgenosse Roberts von Arbrissel gründete einen Orden, der den Chronisten interessanten Stoff bot. In seiner Ordensgemeinschaft wurden, wie schon erwähnt, Laienbrüder, Bauern, die sich noch kaum von ihrer Scholle gelöst hatten, den Chormönchen, die gebildet waren und die Priesterweihe empfangen hatten, übergeordnet. Und doch handelte es sich hier nicht um so etwas wie eine Diktatur des Proletariats, sondern um ein System, das den Geistlichen bessere Möglichkeiten bot, sich der Kontemplation hinzugeben, ähnlich wie es die Jungfrauen von Fontevraud taten. Außerdem hatte man es hier gewiß wieder mit dem besonders sicheren Weg zum Himmel zu tun, auf dem man sich befand, wenn man eine besonders verdienstvolle, weil von der Norm abweichende Art des Gehorsams wähte. Einen Orden zu wählen, weil man einige seiner Prinzipien als gegen die Natur gerichtet empfand, hieß ja nicht tatsächlich die für natürlich erachtete Ordnung in Frage zu stellen, so wie auch die in Fontevraud praktizierte Organisation keinesfalls von der Absicht inspiriert gewesen war, die Frau aus ihrer untergeordneten Stellung zu befreien, sondern eine letzte Abwandlung in Roberts Repertoire von Kasteiungen darstellte. Robert von Arbrissel hatte keine große geistige Revolution ausgelöst, sondern lediglich eine Art Verschiebung im Denken, die von ihrem Prinzip her nur unvorhergesehene Folge, perverse Wirkung einer Askese war genauso wie die Wertschätzung der körperlichen Arbeit in Cîteaux. Eine Ehefrau – meinte Robert, als er Petronilla zur Äbtissin bestimmte – eigne sich besser als eine Jungfrau zur Leitung der von ihm gegründeten Gemeinschaft, denn wie die Hülle des Tabernakels würde auch sie »mannhaft« den Stürmen standhalten. Mit diesem Lapsus offenbarte er, wie die Dinge wirklich lagen beziehungsweise, daß sie sich in Wahrheit noch gar nicht verändert hatten.

Sobald die Krankheit ein wenig abklang, lockte es Robert von Arbrissel erneut in die Ferne. Man würde von ihm, der unzählige Meilen durchmessen hat, nicht eine einzige einigermaßen genaue Reiseroute kennen, hätte sich Andreas nicht die Mühe gemacht, die Reise aufzuzeichnen, auf die er sich im November 1115 begab, seine letzte Reise. Vielleicht beeilte sich Robert deswegen, beim ersten Zeichen einer

Besserung, sich wieder auf den Weg zu machen, weil er die ordnungsgemäße Führung der weiter entfernt liegenden Niederlassungen des Ordens noch einmal prüfen wollte, bevor ihn der Tod hinwegraffen würde. Andererseits kann man nicht sagen, daß er sich einer solchen Aufgabe mit ausschließlicher Konsequenz gewidmet hätte. Gab es irgendwo Streit? Er eilte, um ihn zu schlichten. Wohnte ein Freund in der Gegend? Er machte sich auf, um ihn zu besuchen. Wollte man ihn predigen hören? Er ließ nicht lange auf sich warten. Bei all diesen Umwegen, die Robert machte, war zu spüren, daß ihm das Umherziehen Freude bereitete, daß er wechselnde Horizonte liebte und gerne ein neues Publikum für sich gewann. Es ist übrigens eine charakteristische Erscheinung des Mittelalters, daß die Menschen übergangslos von extremer Ortsgebundenheit (stabilitas loci) zu ebenso extremer Mobilität überwechselten. Jahre um Jahre lebte man im jeweils engen Umkreis ein und desselben Gebietes, um sich plötzlich nach Santiago de Compostela oder nach Jerusalem aufzumachen, wo man seine Tage auf geweihtem Boden zu beenden hoffte. Damals, als das Leben objektiv kurz war, war den Menschen bewußt, daß sie auf Erden nur Reisende auf dem Wege, wie sie sicher glaubten, ins gelobte Land waren. Und wenn sie schon nach dorthin unterwegs waren, begaben sie sich im Verlauf ihres Erdendaseins häufig auch konkret auf die Wanderschaft. Robert und seine Gefährten brachten von Mitte November bis Mitte Februar an die sechshundert Kilometer hinter sich: von Fontevraud in das Gebiet der Ile-de-France, von dort in den entferntesten Winkel des Berry, und alles, ohne Umwege zu fürchten. Das war viel für einen inzwischen alt gewordenen Mann, der jetzt zwar eingewilligt hatte, ein Pferd zu benutzen, dem es aber bereits sehr schwer fiel, sich im Sattel zu halten.

Zunächst war es Zweck der Reise, in Hautes-Bruyères einige neue Schwestern einzuführen – wahrscheinlich Bertrada von Anjou und deren Verwandte. Diese adligen Damen waren unter der Führung Petronillas vorausgeschickt worden. Robert folgte ihnen in kurzem zeitlichen Abstand und holte sie ein, als sie die Benediktinerabtei Saint-Florentin in Bonneval erreicht hatten. Sie hielten sich dort eine Zeitlang gemeinsam auf, wobei sie erfuhren, daß Bernier, der Abt des Klosters, und Ivo, der Bischof von Chartres, in erbitterter Feindschaft lebten. Robert war glücklich, sich als Vermittler einschalten zu können. Er trennte sich wieder von den Nonnen, überließ sie diesmal der Priorin Angardis, so als ob er kaum auf ihre Gesellschaft Wert gelegt hätte, und behielt nur Petronilla bei sich. Zusätzlich bat er seinen Freund Bernhard von Thiron, dessen Kloster in der Nähe von Bonneval lag, ihn ein Stück zu begleiten. Man weiß nicht, worum es bei dem Konflikt zwischen dem Weltgeistlichen und dem Abt seinerzeit ging, jedenfalls gelang es Robert, kurz nach seiner Ankunft in Chartres, die beiden zerstrittenen Brüder wieder zu versöhnen.

Zu Weihnachten erreichte er dann Hautes-Bruyères. Dort stammt von allen Bauwerken, aus denen der Ort heute besteht, nur noch die vom Einsturz bedrohte Fassade einer Kirche aus jener Zeit, in der die Abfolge der Gottesdienste den Lebensrhythmus einer Handvoll Nonnen bestimmte. Robert weihte das soeben gegründete Priorat ein und feierte dort 1115 das Fest der Geburt des Herrn, »beflissen im Fasten und Beten, unersättlich bei den Lesungen, die ganze Nacht hindurch wachend, reichlich Tränen verströmend, in bewunderswerter Weise das Wort verkündend«.

Doch kaum war Weihnachten vorbei, als die Welt wieder nach ihm verlangte. Der große Ivo von Chartres war inzwischen plötzlich verstorben, und die Wahl seines Nachfolgers drohte in einen Krieg zwischen den einzelnen Fraktionen auszuarten. Zunächst hatten die Kanoniker des Domkapitels Geoffrey von Lèves auf den Bischofssitz gehoben, ganz im Sinne des gregorianischen Geistes. Dies entsprach dann aber ganz und gar nicht dem Geschmack des mächtigen Grafen Thibaud IV., der auf sein Vorschlagsrecht nicht verzichten und seinen Kandidaten ins Amt einsetzen wollte. Als

Robert von dem Konflikt erfuhr, waren alle Verhandlungen zu seiner Beilegung bereits gescheitert, Vermittlungsbemühungen Bernhards von Thiron hatten nichts erbracht, und in der Stadt war es bereits zu Kämpfen und zu Blutvergießen gekommen. Der Graf hatte die Häuser der Kanoniker zerstören lassen, worauf die geistlichen Herren in ihr Kloster geflohen waren, ohne sich dort allerdings sicherer fühlen zu können, da Thibaud nicht nachließ, sie sich gefügig machen zu wollen. Auch Geoffrey von Lèves befand sich auf der Flucht, er hatte guten Grund, um sein Leben zu fürchten. In ihrer Not hatten die Kanoniker schließlich Robert um Hilfe gebeten, »als letzte Hoffnung nach Gott«, und obwohl der Meister inzwischen wieder von seinen Leiden heimgesucht worden war, hatte er sich auf den Weg nach Chartres gemacht. »Alles will ich tun«, war seine Antwort an den Boten aus der Stadt gewesen, »solange ich lebe«. Er verhandelte dann mit beiden Seiten, und es gelang ihm auch, die streitenden Parteien zu besänftigen. Thibaud willigte ein, die Wahl Geoffreys anzuerkennen, der daraufhin nach Chartres zurückkehrte; und die Kanoniker, die sich durchaus nicht alle standhaft gezeigt hatten gegenüber dem vom Grafen ausgeübten Druck, leisteten auf Wunsch des Friedensstifters einen feierlichen Eid, niemals mehr die Simonie zu unterstützen, »die schon eine lange Zeit ihre Basilika entweiht hatte«. Über zwanzig Jahre war Robert der Mission, die ihm einst Urban II. übertragen hatte, treu geblieben.

Robert von Arbrissel war wohl damals von der Macht Thibauds nicht sonderlich beeindruckt. Als er Chartres in Begleitung Bernhards von Thiron verließ, nahm er den Weg über Blois, den Sitz des Grafen, um Wilhelm von Nevers zu besuchen. Dieser treue Vasall des Königs von Frankreich wurde dort gefangengehalten, seitdem er versucht hatte, die Rechte seines Lehnsherrn zu verteidigen. Jetzt vegetierte er im Schloßturm seines Bezwingers dahin. Wilhelm von Nevers, obgleich Krieger, war ein heiliger Mann gewesen; er starb 1148 mit der Kutte der Mönche der Chartreuse. Als er

Bernhard und Robert erblickte, rief er: »Wer wird sich beklagen, lange Jahre im Gefängnis zu sitzen, wenn er zum Lohn den Besuch solcher Männer bekommt?« So wirkten also Robert und Bernhard immer wieder wohltätig auf die Welt, der sie selbst unbedingt hatten entfliehen wollen. Viele Jahre lang hatte die gleiche Begeisterung sie beflügelt; sowohl in der Einöde von Craon als auch auf ihren Wegen als Wanderprediger, nicht zuletzt während des Konzils von Poitiers hatte man sie Seite an Seite gesehen. Jetzt allerdings, nach ihrem Besuch in Blois, trennten sie sich; der eine setzte seinen Weg nach Süden fort, während der andere nach Thiron zurückkehrte. Ohne es zu wissen, verabschiedeten sie sich im Januar des Jahres 1116 voneinander, um sich in diesem Leben nicht mehr wiederzusehen.

Robert zog also mit einer kleinen Schar von Begleitern weiter nach Orsan, einem zur Kongregation von Fontevraud gehörenden Priorat im Berry; da wurde die Gruppe plötzlich von Räubern überfallen. Offenbar hatten es die Wegelagerer auf die Pferde ihrer Opfer abgesehen, da Robert und seine Leute gewiß keine anderen Reichtümer mit sich führten. Die Mönche wurden allesamt zu Boden gerissen; Robert allerdings, obwohl man auch ihn umwarf und halbtot schlug, ermahnte die Räuber »mit sanfter Stimme«, sie sollten um Gottes willen auf ihre Beute verzichten, wobei er »mehr unter dem Gedanken an die Verdammnis, die sie erwartete, als unter dem ihm selbst angetanen Unrecht litt«. Petrus dagegen, einem der Begleiter Roberts, lief die Galle über. Er überschüttete sie mit Vorwürfen und stellte am Schluß die Frage: »Wißt ihr nicht, daß es sich bei dem Mann, den ihr da von seinem Pferd gerissen habt, um Robert von Arbrissel handelt, dessen ungewöhnlicher Ruf sich inzwischen über die ganze Welt ausgebreitet hat?« Da erschraken die Räuber zutiefst, warfen sich dem großen Mann zu Füßen und baten ihn um Vergebung. Lächelnd und voller Güte und Sanftmut gewährte er sie ihnen und umarmte sie sogar.

Episoden dieser Art stellen meist eine literarische Reminiszenz dar. Sie werden vom Hagiographen erzählt, weil sie erbaulich wirken sollen, aber auch, weil sie sich als Glied in eine lange Reihe ähnlicher überlieferter Vorkommnisse einfügen sollen. Nicht, daß es damals unmöglich gewesen wäre, als Wanderer fernab von Städten und Dörfern Räubern in die Hände zu fallen; lediglich darauf hinzuweisen, heißt, eine Selbstverständlichkeit zu wiederholen. Wichtig ist vielmehr, daß jeder Bericht von einem Überfall auf eine Gruppe Geistlicher zwangsläufig an den Überfall erinnert, dem auch der heilige Martin von Tours seinerzeit ausgesetzt gewesen war. »Fürchtest du dich nicht?« wurde Martin von jenem Schurken gefragt, der ihn ausplündern wollte. Und Martin antwortete ihm, daß er sich nie zuvor so sicher gefühlt habe wie in diesem Augenblick, und zwar im Vertrauen auf das Erbarmen des Herrn, daß er aber jenen beklage, der ihn überfallen habe, weil er sich um das göttliche Erbarmen gebracht habe. Natürlich wird hinter Martins Worten die *Heilige Schrift* erkennbar, die die Feindesliebe zum Gebot macht. Hinsichtlich dieser Feindesliebe aber weicht das Verhalten der Gruppe um Robert ein wenig vom reinen Geist des Evangeliums ab. Petrus, der Begleiter Roberts, wird wegen des schändlichen Überfalls auf die heiligen Männer vom Zorn ergriffen. Die hier erzählte Episode weist also auch neue Züge auf, und wenigstens in bezug auf die Legende des heiligen Martin gewinnt sie dadurch an eigenem Leben. Andererseits aber hält sie sich auch hier wiederum genau an ein biblisches Vorbild: Auch der Apostel Petrus vermochte seine Unduldsamkeit nicht immer zu beherrschen.

Schließlich erreichte Robert von Arbrissel mit seiner Anhängerschaft den sicheren Hafen, das Priorat von Orsan. Robert verweilte dort zwei Wochen, auf Petronilla wartend, von der er sich in Hautes-Bruyères getrennt hatte. Als Petronilla ihn dann eingeholt hatte, brach er erneut auf, weil man ihn inzwischen wieder einmal gebeten hatte, irgendwoanders zu predigen, an einem Ort, den Andreas nicht benennt.

Der Ort lag weiter nördlich, möglicherweise in Richtung Orléans. Unterwegs machte er jedenfalls in Déols Station, in jenem alten Benediktinerkloster gegenüber Châteauroux. Auch dort nahmen ihn die Mönche mit Freuden auf, und am nächsten Tag versammelte er sie auf ihre dringenden Bitten hin um sich und schenkte ihnen die Gabe seines Worts. Er nutzte seinen Aufenthalt außerdem, um einen Streit zwischen Fontevraud und Déols wegen des Priorats Orsan zu schlichten, sowie um die ortsansässigen Mönche mit dem Seigneur Alard, dem Beschützer des Fontevraldenser Priorats auszusöhnen. Und während Petronilla und Angardis wieder in Richtung auf das Mutterhaus aufbrachen – im Rahmen jenes seltsamen Balletts, in dem der Meister den Ordensfrauen immer wieder zu entfliehen scheint, sobald er gerade mit ihnen zusammengetroffen ist –, machte Robert von Arbrissel sich mit seinem Kaplan Andreas wieder auf den Weg zu neuen Volksscharen, die auf seine Predigt warteten. Diese Zuhörer sollte er allerdings nicht mehr erreichen.

Ein Heiliger ist man in gewisser Hinsicht nur in den Augen anderer, und das Erwähltsein durch Gott bedarf der Zustimmung der Menschen. Es gibt folglich keine Heiligkeit ohne den Prozeß der Heiligsprechung, sei er formell oder informell, und innerhalb dieses Prozesses, der zu Roberts Zeit noch nicht streng reglementiert war, bildete die *Vita*, die jeweils zu Ehren des Kandidaten verfaßt wurde, ein wichtiges Dokument. Andreas war sich dessen wohl bewußt. Auf all den verschlungenen Wegen der letzten Wanderschaft Roberts, in allen Episoden über den Meister, die bisher getreu nachgezeichnet wurden, verlor er sein Ziel keinen Augenblick aus den Augen. Alle diese Wege wären bedeutungslos gewesen, könnte man aus nicht ihnen gleichsam einen Traktat über die Tugenden seines Helden herauslesen.

Darüber hinaus handelte es sich bei dem Bericht des Andreas von vornherein um ein Plädoyer gegen eventuelle

Angriffe. Anstatt das Bild eines Mannes zu zeichnen, der Verwirrung stiftete und Skandale auslöste, bemühte sich Roberts Schüler, das Porträt eines Weisen zu entwerfen, dessen Lehre unbestritten war und der sich besonders als »friedfertiger Mensch« und »Vermittler im Streit« ausgezeichnet hatte. Innerhalb von drei Monaten war es dem Meister gelungen, vier Streitfälle zu schlichten, darunter den schweren Streit von Chartres: »Gott hatte ihn in der Tat durch eine solche Gnade ausgezeichnet, daß ihn nicht nur Mönche verehrten, sondern daß auch Könige und Fürsten gern seinen Befehlen gehorchten.«

Heiligkeit wird nur anerkannt, wenn dem Heiligen der Ruf der Heiligkeit vorauseilt, wobei der offizielle Kult die Aufgabe hat, einen solchen Ruf, der die Kraft der Evidenz besitzt, zu bestätigen, das heißt, der geistlichen Rechtsprechung zu unterziehen. Welch schöneres Argument konnte es im Hinblick darauf geben als die Episode bei den Räubern, die Tatsache, daß sie vor Scham erzitterten, schon als sie den Namen Robert von Arbrissel hörten? Man darf auch nicht glauben, daß bei Roberts Besuch bei Wilhelm von Nevers allein die Freundschaft zu diesem Mann eine Rolle spielte. Wäre der Tugendkatalog denn vollständig gewesen, wenn Robert nicht Gefangene besucht hätte, was ihm dazu verhelfen mußte, am Tag des Gerichts mit Sicherheit verklärt zu werden? Und war er nicht gerade rechtzeitig auf die Räuber getroffen, um seine Befähigung, seinen Feinden vergeben zu können, unter Beweis zu stellen?

In jedem Augenblick, in dem man dem »Menschen« Robert zu begegnen glaubt, zeigt sich der Heilige. Und doch spürt man aus dem Bericht des Andreas ganz persönliche Züge heraus, die Robert von seinen Archetypen unterscheiden. Ist nicht eines dieser wesentlichen Züge jene Kraft, die seine Predigten vermitteln, jene so persönliche Begabung, Menschen zur Besserung anzuhalten und zu rühren? Diese Kraft, diese Begabung, war immerhin so außerordentlich gewesen, daß man von einem Ende des Königreichs zum andern nach ihm verlangte und daß, laut seinem Hagiographen, die Zuhörer so mitgerissen wurden, daß sie Mund und Augen aufsperrten. »Seine Predigt«, schreibt Andreas, »war ganz und gar nicht wirkungslos, im Gegenteil, sie erreichte die Herzen seiner Zuhörer mit solcher Gewalt, daß man klar erkennen konnte, wer bei ihr zugegen war: der Heilige Geist, ohne dessen Hilfe die Rede des Gelehrten ohne Wirkung bleibt und von dem geschrieben steht: *Denn nicht ihr seid es, die dann reden, sondern der Geist eures Vaters ist es, der in euch redet.«* Die von Andreas zitierte Stelle aus der Aussendungsrede im Matthäus-Evangelium charakterisiert am besten das Unterfangen der Hagiographie. Sie will weder neue Götter schaffen noch den Weg individueller Schicksale nachzeichnen; statt dessen führt sie in jedem einzelnen ihrer Berichte die Verdienste eines Menschen, der für eine gewisse Zeit aus der Anonymität hervorgetreten ist, ausschließlich auf die Quelle aller Tugenden, auf Christus, zurück. Beispielhaft ist ein Heiliger, weil er ein Beispiel darstellt für den Herrn. Und genau aus diesem Grund finden sich in der im Leben Roberts von Arbrissel nun beginnenden Woche vom Freitag, dem 18., bis zum Freitag, dem 25. Februar, zahlreiche Parallelen zur Karwoche, wie denn auch die letzten Stationen auf Roberts Lebensweg die Stationen eines Kreuzwegs sein könnten.

Ab Freitag also, nach dem Aufbruch aus Déols, machte sich seine Krankheit wieder deutlich bemerkbar; sie zwang Robert immer wieder, vom Pferd abzusteigen. Die Begleiter baten ihn, nach Orsan zurückzukehren, weil sie Schlimmes ahnten, doch Robert bestand darauf durchzuhalten, bis sie die bereits in greifbarer Nähe vor ihnen liegenden Zitadelle Graçay erreicht hätten, um dort den Menschen, die ihn erwarteten, den Beweis seines guten Willens zu liefern. Robert gelangte in der Tat ans Ziel, und der Gastgeber in Graçay hieß ihn willkommen. Am nächsten Morgen hatte sich der Zustand des Kranken noch weiter verschlechtert, er konnte sich nicht mehr auf dem Pferd halten und beschloß jetzt, doch umzukehren. Er forderte von seiner Umgebung: »Liebe Brüder, richtet mir eine Bahre aus Holz und tragt mich nach Orsan zurück, denn ich weiß, daß ich an meinem Leiden sterben werde.« Als der Hausherr ihn mahnte: »Laß nicht geschehen, Meister, wovon du sprichst. Folge statt dessen meiner Bitte, dich hier auszuruhen, bis du weißt, ob du genesen kannst!« nahm Robert seine Brüder beiseite. »Was man euch auch sagt«, beschwor er sie, »achtet nicht darauf. Tut vielmehr das, worum ich euch gebeten habe!« So gelangten sie bis zum Schloß Issoudun, Robert auf der Trage, wo ihnen der Schloßherr seine Gastfreundschaft bot. Der Gastgeber bemühte sich um den Sterbenden und bat, man möge ihn zur weiteren Pflege in seinem Haus zurücklassen. Doch Robert verlangte auch hier: »Bringt mich nach Orsan zurück!«

So erreichten die Brüder am Sonntag endlich wieder das Priorat von Orsan, das von Agnes geleitet wurde, der ehemaligen Frau des dortigen Grundherrn, Alard von Châteaumeillant. Der Zeitdruck, unter dem sie standen, hatte ihnen wohl das Äußerste abverlangt. Von Graçay bis Issoudun hatten sie an einem Tag etwa dreißig und am nächsten Tag, von Issoudun nach Orsan, dreiundvierzig Kilometer zurückgelegt, wobei sie eine improvisierte Bahre schleppten, auf der der Sterbende beim leisesten Stoß schon hin- und herrutschte. Doch kaum hatten sie Orsan erreicht, bedauerte Robert bereits wieder, daß er dorthin gewollt hatte. Am Abend dieses 20. Februar klagte er: »Fontevraud, o Fontevraud, immer habe ich davon geträumt, in dir meine letzte Ruhestätte zu finden!« Da trat der getreue Andreas zu ihm ans Lager und sprach: »Lieber Meister, wenn du fühlst, daß dein Ende naht, dann veranlasse, was zu veranlassen du das Recht hast. Gib Weisung, daß dein Leib nach deinem Tode nach Fontevraud getragen wird!« Worauf wiederum Robert antwortete: »Wozu soll es gut sein, meinen Leichnam von hier wegzutragen? Damit er euch im nächstbesten kleinen Dorf geraubt wird?«

Jedermann wußte Bescheid: Vom ersten Anzeichen seiner Agonie an war Roberts Körper zu einem Wertobjekt geworden; die Heiligkeit seines Besitzers würde den Leichnam zu gegebener Zeit zu einer begehrten Reliquie werden lassen. Die Begeisterung des Mittelalters für Reliquien war sehr groß. Die sterblichen Überreste eines Heiligen zu sehen, besser noch, sie anzufassen, bedeutete, sich des Schutzes des Heimgegangenen zu vergewissern und vor allem die Heilung, um die man ihn bat, wahrscheinlicher werden zu lassen. Auch wenn es sich bei der Reliquie nur um einige wenige Knochen handelte, spielte es keine Rolle; ihre magische Ausstrahlung, die wohltätige Kraft, die von ihr ausging, würde um so intensiver sein. Die heilbringenden Überreste, die aus dem Heiligen Land kamen, wurden beispielsweise gegen Gold gehandelt. Bezahlte nicht der heilige Ludwig für die Dornenkrone Christi mehr als dreimal soviel, wie ihn der Bau der Sainte-Chapelle gekostet hat, die er als würdigen Aufbewahrungsort für die Kostbarkeit vorgesehen hatte? Leichtgläubigkeit auf diesem Gebiet forderte aber auch einschlägige Betrügereien heraus. Mit der Zeit gab es spezielle Werkstätten, in denen die unschätzbaren Talismane in Serie hergestellt wurden, und deshalb war es eine der sichersten Methoden, in den Besitz einer echten Reliquie zu kommen, sich des Leichnams eines Heiligen zu bemächtigen, noch bevor er erkaltet war. Welche bessere Garantie gab es für die Echtheit und damit für die Wirksamkeit der Reliquie, wenn man nicht erst die Gebeine, sondern schon den noch identifizierbaren Körper heimbrachte? Im Jahr 397 war der heilige Martin in Candes gestorben. Die Bewohner der dortigen Gegend wollten von diesem unerhörten Glücksfall profitieren und seinen Leichnam rauben. Doch da wurden sie von den Verehrern des Heiligen aus Tours überlistet, die den Leichnam durch ein Fenster der Kirche entführten, vor deren Portal zahlreiche Menschen aus Candes Wache hielten. Noch drei Begebenheiten dieser Art: Als die Bewohner von Saint-Michel-de-Cuxa einst gewahr wurden, daß Romuald durch eine Krankheit ans Bett gefesselt wurde, beschlossen sie, ihn rechtzeitig zu töten, damit seine Überreste ihnen nicht verlorengingen. Als die Mönche von Savigny die sterbliche Hülle ihres Klostergründers Vitalis überführen wollten, mußten sie sich ihrer Ellbogen und Fäuste bedienen, um sie unterwegs gegen die Habgier der Bewohner des kleinen Dorfes Teilleul verteidigen zu können. Was schließlich Firmat betraf, so löste sein Tod einen regelrechten Krieg zwischen bewaffneten Bewohnern von Domfront, Mayenne und Mortain aus.

Sobald sich also der Tod Robert von Arbrissel zu nähern schien, in jener Zeit, als jeder Krieger auch ein wenig ein Räuber war, umkreisten die Herren des Berry ihn wie Raubvögel ihre Beute. Und die Klosterbrüder befürchteten, daß der heilige Leichnam ihnen und ihrem Orden weggenommen werden könnte. Der Meister selbst hätte beinahe ihre Interessen gefährdet, weil er unbedingt noch ein wenig weiter nach Norden hatte ziehen wollen, um dort seine letzte Predigt zu halten, bevor er sich, dann eben mit einem Tag Verspätung, in das Unausweichliche schickte. Roberts Haltung ist höchst aufschlußreich für seinen wahren Glauben: In einer Zeit, in der sich mit der Verkündigung des Evangeliums noch viele Überreste einer primitiven Religiösität verbanden, war er der einzige, der die Botschaft, die er brachte, höher bewertete als die magische Kraft seines Körpers.

Robert war bis zuletzt außergewöhnlich viel unterwegs gewesen; jetzt mußte man sich seiner letzten Reise annehmen. Am Montag verlangte er »die Wegzehrung des Leibes und Blutes unseres Herrn Jesu Christi«, jene Ausstattung, »ohne die der Reisende dazu verurteilt ist, stets in die Irre zu gehen.« Bevor er die Eucharistie empfing, legte er eine lange öffentliche Beichte ab, »bei der seine Seele seufzte und stöhnte«. Am Dienstag verlangte er dann die letzte Ölung und noch einmal die Kommunion, nicht ohne sich vorher erneut selbst angeklagt zu haben, »mehr als sich ein Dieb jemals selbst angeklagt hat«. Aber stand nicht geschrieben, wie Andreas erinnerte, daß »der Gerechte der eigene Ankläger ist«?

An jenem Tag strömten so viele Menschen herbei, daß das kleine Priorat sie kaum fassen konnte. Im 16. Jahrhundert hatten die im Mittelalter errichteten Gebäude von Orsan einem eleganten Neubau Platz machen müssen, seitdem waren auf einer Wiese an einem Bach noch bis zu Anfang unseres Jahrhunderts die Fundamente zu erkennen gewesen, auf denen sich einst die Kapelle der Schwestern erhoben hatte. Einige Schritte weiter deutete weniger üppiges, aber kräftig grünes Gras die Stelle an, an der sich Teiche und Fischbassins befunden hatten, aus denen die kleine Gemeinschaft mit Fisch versorgt worden war. Was den Rest der damaligen Anlage betrifft – das Schwesternhaus im eigentlichen Sinne –, so darf man sich darunter etwas Ähnliches wie einen großen Bauernhof vorstellen, der allerdings nie mehr als etwa zehn Ordensfrauen beherbergt hat. Die Brüder waren abseits davon untergebracht. 1107, als man das Priorat gegründet hatte, war es von den Brüdern zunächst in aller Eile aus Holz errichtet worden. Erst seit dem Beginn des Priorats von Agnes war man dazu übergegangen, in Stein zu bauen. Wie weit diese Arbeiten inzwischen auch immer fortgeschritten sein mochten, es war auf jeden Fall eine recht bescheidene Behausung, die sich der vornehmen Welt an jendem Dienstag, dem 22. Februar 1116, darbot.

Zunächst war Léger, der Erzbischof von Bourges gekommen. Er hatte etwa zehn Jahre zuvor Freundschaft geschlossen mit dem Gründer von Fontevraud. Um auch in seiner Diözese eine Niederlassung des Ordens errichten zu können, hatte er in der Region nach einem geeigneten Platz Ausschau gehalten, und auch nach der Gründung von Orsan hatte er sich stets väterlich um Ordensfrauen gekümmert. Nun hatte Robert ihn gebeten, an sein Krankenlager zu kommen. Da sich die Nachricht von seinem bevorstehenden Tod inzwischen weit herumgesprochen hatte, eilten nach Léger die Lehnsherren der Gegend herbei, und um sicher sein zu können, daß ihnen der sterbende Heilige nicht weggenommen würde, trafen sowohl die weltlichen Herren als auch der Erzbischof die entsprechenden Vorsichtsmaßnahmen und umstellten das Priorat durch jeweils eigene Bewaffnete. Erst danach nahmen sie sich die Zeit, in frommer Gesinnung die letzten Worte des Sterbenden entgegenzunehmen.

Dann trafen Petronilla und Angardis ein. Schon am Samstag hatte Robert nach ihnen suchen lassen. Der Bote, der mit lockerem Zügel reitend von Graçay aufgebrochen war, hatte sie in La Puye eingeholt, einer weiteren Niederlassung des Ordens, wo sie auf dem Weg nach Fontevraud Station machten. Er kam in der Nacht von Sonntag auf Montag dort an, nachdem er hundertfünfzig Kilometer in nur vierundzwanzig Stunden hinter sich gebracht hatte, und bat die beiden Frauen um höchste Eile. Sie warteten deshalb nicht einmal auf den Beginn des nächsten Tages, um aufzubrechen, und am Dienstagabend hatten sie die Entfernung von hundertfünfzig Kilometern, die sie von Orsan trennten, bereits zurückgelegt. Sie müssen dort erschöpft angekommen sein. »Ach, guter Meister, du wirst uns bald nichts Gutes mehr tun«, rief Petronilla aus, worauf Angardis ihr widersprach: »Sagt nicht so etwas, gute Frau; betet lieber zu Gott, er möge ihm die Gesundheit wiedergeben. Der, der ihm diese Krankheit schickt, wird ihm auch die Gesundheit schicken, wenn es ihm gefällt.« Sollte Petronilla tatsächlich daran interessiert gewesen sein, den Meister möglichst schnell zu begraben? Andreas jedenfalls verzichtete nicht darauf, ihre Äußerungen festzuhalten, wobei es ihm offenbar zusätzliches Vergnügen bereitete, der Nachwelt auch die Zurechtweisung durch Angardis, ihre Untergebene, mitzuteilen.

Ansonsten war dies jedoch nicht die Stunde für interne Streitigkeiten. In dem noch verdeckten Krieg, wo jedes Lager erst seine Position bezog, mußte die Partei der Fontevraldenser mit ihren Kräften haushalten. Am Mittwoch bat

Robert von Arbrissel Erzbischof Léger zu sich und hielt ihm eine sehr lange Ansprache. Zuerst erinnerte er ihn an die Liebe, die sie miteinander verband, sodann an die Entschlossenheit, mit der der Erzbischof sich seinerzeit darum bemüht hatte, eine Niederlassung von Fontevraldenser Ordensfrauen in seinem Bistum zu errichten, sowie an die Fürsorge, die er diesen Ordensfrauen seither angedeihen ließ. Doch das war erst der Anfang von Roberts Rede. »Ich will darüber hinaus dir als Freund einen Wunsch meines Herzens anvertrauen und möchte deiner Heiligkeit ein besonderes Verlangen eingestehen. Bei meinem Tod möge dann klar werden, ob du mich bei Lebzeiten geliebt hast, ob ich dir, wie du sagtest, teuer gewesen bin. Denn du weißt sehr wohl, daß die wahre Zuneigung nicht allein in den Worten liegt, sondern, nach dem Zeugnis der Heiligen Schrift, in den Werken. *Wir sollen nicht im Wort und in der Rede lieben, sondern im Werk und in der Wahrheit.* Ich möchte dich also wissen lassen, hochgeliebter Vater, daß ich weder in Bethlehem, wo Gott durch die Jungfrau geboren wurde, noch im Heiligen Grab zu Jerusalem begraben werden möchte; auch nicht in Rom, inmitten der heiligen Märtyrer, ebensowenig wie im Kloster von Cluny, wo die schönen Prozessionen stattfinden...

Ich will nirgendwoanders beerdigt werden als in Fontevraud. Denn du weißt, mein Vater, daß ich Fontevraud zum Haupt aller anderen Niederlassungen bestimmt habe. Dort befindet sich der größte Teil unserer Kongregation, dort wurde die Grundlage für unsere Frömmigkeit geschaffen. Ich bitte dich auch nicht, mich in einem der Klostergebäude zu bestatten, sondern tatsächlich mitten unter meinen kleinen Brüdern im Erdreich von Fontevraud. An diesem Ort leben meine Priester und Geistlichen, meine guten Laien und Schüler; da leben auch die heiligen Jungfrauen, die Witwen und die Enthaltsamen, Tag und Nacht dem Lobe Gottes hingegeben. Da leben auch meine geliebten Kranken, Männer und Frauen; da leben meine geliebten Aussätzigen, Männer und Frauen. Da leben die guten Weggefährten meiner

Wanderschaft; da leben die, die um Christi willen mit mir Armut und Mühen ertragen haben. Da leben die, die um des Heiles ihrer Seelen willen geduldig Hitze und Kälte, Elend und Drangsal auf sich genommen haben und die, die auf den Ruf meiner Predigt hin durch die Eingebung Gottes ihr bisheriges Leben und alle ihre Güter aufgegeben haben. Von allen diesen leben die einen noch in ihrem sterblichen Leib, die anderen sind bereits gestorben und harren aus im Gehorsam bis zum Ende. Da liegt auch die Nonne Hersendis begraben, meine gute Mitverwalterin, mit deren Rat und Hilfe ich die Bauten von Fontevraud errichten konnte. Hier liegen auch meine guten Söhne, deren Gebeten ich meine Verteidigung vor Gott anvertraut habe. Hier schlafen meine guten Nonnen, durch deren Verdienste mir, wie ich glaube, geholfen werden wird, wenn ich vor Gott trete. Dies alles sind die Gründe, höchstgeliebter Freund, warum ich eine Bestattung an den heiligsten Orten ablehne, denn ich wünsche mir sehnlichst, im Erdreich Fontevrauds begraben zu werden, mitten unter meinen kleinen Brüdern und Schwestern. Ich weiß, daß auch sie bei ihren Lebzeiten gewünscht haben, ich möge an diesem Ort liegen, damit ich am Tage der heiligen Auferstehung in Frieden und gemeinsam mit ihnen, in diesem Fleische, dem Gericht Gottes entgegengehe.«

Welche Energie hatte er doch aufgewendet, um Orsan zu erreichen! In fremder Erde fühlte er sich verloren, von Beutegierigen ausgespäht, während er sich in einem Hause seines Ordens in Sicherheit wähnte. Von Graçay aus war Orsan die nächstgelegene Fontevraldenser Niederlassung, und von dort waren Robert und seine Begleiter auch gekommen. Aus einer ersten Überlegung, aus einem Reflex heraus, machten sie nach dorthin kehrt. In diesem sicheren Hafen konnte der Meister dann an seine endgültige Heimkehr ins Mutterhaus denken, wenn er auch zunächst nicht wagte, wirklich daran zu glauben. Er konnte jetzt auch abschätzen, welche Fehler in der Eile begangen worden waren: Graçay liegt fünf Meilen vom Cher entfernt; man mußte nur dem Wasserlauf dieses Flusses und dann weiter der Loire folgen, um nach Fontevraud zurückzugelangen. Inzwischen war auch Petronilla bei ihm, und er wußte, daß er auf ihre Entschlossenheit zählen konnte. Zwar hatten die Herren des Berry bereits ihre Leute postiert, doch waren inzwischen mit Sicherheit auch schon seine Mönche in die benachbarten Priorate ausgeschwärmt, um Verstärkung zu erhalten. Und schließlich hoffte Robert noch, durch seine lange Rede das Herz Légers, seines alten Freundes, erweicht zu haben. Warum aber war bei ihm die Sehnsucht nach Fontevraud so stark?

Die Gründe für diese Sehnsucht waren vielschichtig. Robert sah als erstes die Notwendigkeit, seiner Kongregation inneren Zusammenhalt zu geben: Die Einheit Fontevrauds sollte für immer angesichts seines Leichnams besiegelt sein. Roberts Orden war ja aufs höchste zentralisiert, das heißt, auf Frontevraud ausgerichtet. So hatte er es sich gewünscht, als er eine allen übergeordnete Äbtissin ernannte und in den übrigen Niederlassungen nur Priorinnen duldete. Die sterbliche Hülle des Ordensgründers, am zentralen Ort bestattet, würde jede Niederlassung daran erinnern, daß sie nur Glied eines Leibes war, Fontevraud aber dessen Haupt.

Noch wichtiger war es für den Sterbenden, andere mögliche Bruchstellen seines religiösen Gebäudes von vornherein fest zu verkitten und Zwistigkeiten im Innern seiner heiligen Stadt, die er gerade so bewegt und stolz beschrieben hatte, auszuschließen.

Als eine Klosterstadt erscheint einem die große Abtei noch heute, selbst wenn von ihren fünf Wohngebäuden nur noch drei erhalten sind: das Große Kloster, Saint-Benoît und Saint-Lazare. Das Magdalenenkloster und Saint-Jean-de-l'Habit wurden im Laufe der Geschichte zerstört. Eine Stadt war jedoch im Mittelalter Symbol entweder für das ganz Reine oder für das ganz Verdorbene, entweder für Jerusalem oder für Babylon. Fontevraud wäre Babylon, wenn es dort zur Spaltung kommen würde, wenn die Brüder wieder unzufrieden wären, wenn sich jede einzelne Gruppe der großen klösterlichen Gemeinschaft einer zentrifugalen Kraft überließe. Es wäre jedoch eine Himmelsstadt, wenn dort Harmonie herrschte zwischen all jenen Teilen, die zwar verschieden sind, aber dennoch eine Einheit bezeichnen, da ihre Verschiedenheit in jeweils komplementären Paaren streng geordnet erscheint: Kranke und Gesunde, Männer und Frauen, Jungfrauen und Laienschwestern. In einem anderen gemischten Orden, dem von Sempringham, liegt der Leichnam des Gründers, des heiligen Gilbert, in der Mauer bestattet, die das Kirchenschiff in zwei Abteilungen teilt, die für Männer und die für Frauen. Der Leichnam des Heiligen stellt also zwischen beiden Gruppen das Bindeglied dar. Auch Robert von Arbrissel träumte davon, ein solches Bindeglied zu sein: »Wer in meiner Kongregation hätte ein so hartes Herz, daß er sich beim Gedenken an mich nicht erweichen ließe, in Tränen und Seufzern?« Besser als alle Statuten, besser als jeglicher Zwang würde der mit dem Kloster zu einer spirituellen Einheit verschmolzene heilige Leichnam alle Klosterbewohner an ihr besonderes Gelübde erinnern, so daß sich die Vielfalt der Schöpfung in einer perfekten Kosmogonie um ihn als Zentrum anordnen könnte. Legt man nicht auf Reliquien einen Eid ab? Was könnte den Glauben besser sichern?

Doch gab es noch ein tiefer liegendes Gefühl, ein geheimeres Motiv, aus dem dieser letzte Wille entsprungen war. Die Struktur einer Biographie ergibt sich gewöhnlich aus einer Abfolge von wichtigen Daten, die sie gliedern. Die Komposition eines hagiographischen Berichts liegt dagegen viel mehr, wie Michel de Certeau feststellte, in einer bestimmten Anordnung von Orten. Wenn eine Biographie aufgrund der Vergänglichkeit der Zeit notwendigerweise die Geschichte einer Reise ohne Wiederkehr ist, dann stellt ein Heiligenleben eine Wanderschaft dar, die, weil sie häufig zyklisch verläuft, in ihrem Verlauf schon das Versprechen der Ewigkeit enthält. Dies ist beispielsweise beim *Leben des Alexius* der Fall, der eine lange Odysee erduldet, nur um schließlich zu seinem Ausgangspunkt zurückzukehren, zu einer letzten Epiphanie. Robert hatte zu einem bestimmten Zeitpunkt seines Lebens sehr wohl davon geträumt, den Weg des verlorenen Sohnes zurück in seine Heimat gehen zu dürfen. Alles, was ihn weiter von Arbrissel wegführte, sollte nur den Tag seiner Rückkehr desto strahlender und triumphaler erscheinen lassen. Doch als er dann La Roë verließ, wo er sich bereits in nächster Nähe zu seinem Ziel niedergelassen hatte, wich er ab von der bereits vorgegebenen Richtung seiner Lebensgeschichte. Nun hatte er aufgehört, davon zu träumen, wieder in sein ursprüngliches Erbe eingesetzt zu werden, er wollte von nun an fremde Länder erobern.

Durch das ganze Hochmittelalter hindurch betrachtete man Heiligkeit nur als die Erfüllung einer anfänglichen Wahl Gottes: »Man wird als Heiliger geboren, man wird es nicht«, heißt es noch mitten im 13. Jahrhundert bei Honorius von Autun, was auf die lange Gültigkeit jener Auffassung hinweist. Doch mit Roberts Generation war bereits eine neue Sensibilität zum Durchbruch gekommen: Diese Generation glaubte an die Heiligkeit des Werdens und Eroberns, des Eroberns »mit der Hände Kraft«, wie es André Vauchez ausdrückte. Roberts Leben war deswegen außergewöhnlich, weil es jene Wende des Denkens und Fühlens sichtbar gemacht hat, wobei es nacheinander, je nach dem Ort, der ihn gerade lockte, den Ruf in die alte Heimat oder den Ruf in eine neue Welt zum Ausdruck brachte. Jetzt, in der Stunde seines Todes, wollte er sich nicht ausgeschlossen sehen von dem jungfräulichen Land, das er selbst gefunden, dessen Natur er gebändigt und dessen Geometrie er erdacht hatte. Wer hätte nicht schon Mitgefühl gehabt mit Moses, der an der Schwelle zum gelobten Land hat sterben müssen?

All diese Überlegungen hätten keinen Sinn, trüge Robert von Arbrissel, trotz des Bewußtseins seiner Schuld und seiner Vergehen, nicht die Gewißheit in seinem Herzen, er würde als Heiliger anerkannt werden. Der Bericht des Andreas beruht auf der Voraussetzung, daß Roberts Körper, der sich nun immer mehr erschöpft und auf den immer mehr die Aufmerksamkeit gelenkt wird, der Körper eines Erwählten Gottes sei. Das 12. Jahrhundert bot in der Tat erstaunliche Phänomene. Auf der einen Seite existierte, wie André Vauchez betont, noch keine reguläre Prozedur der Kanonisation, und der Status der Heiligkeit wurde problemlos anerkannt: Man hatte einige Mißhandlungen erlitten, Räuber waren bekehrt vor einem niedergefallen, man war eines exemplarischen Todes gestorben, und die Angelegenheit war beschlossen. Daneben entwickelte sich allmählich die Vorstellung, Heiligkeit müsse mehr verdient und errungen werden, als daß sie einem vom Himmel zufalle. Und so gab es denn in jenem Jahrhundert eine Generation, in der einzelne das Joch der Prädestination abschüttelten, ohne bereits unter die Herrschaft einer Institution zu geraten, die sich erst allmählich etablierte. Es gab damals Männer, die mit Aussicht auf Erfolg den Plan verfolgen konnten, einmal Heilige zu werden. Dieser Plan stellt sich im Bericht des Hagiographen als ein Weg in Form einer Parabel dar.

Fontevraud war jetzt für Robert von Arbrissel eine Heimat, die er frei gewählt hatte. Damit kam diesem Ort zentrale Bedeutung zu innerhalb jener »Geographie des Heiligen«, als die Michel de Certeau das Unterfangen der Hagiographie charakterisierte. Aufgabe der Hagiographie sei es, einen »Nicht-Ort«, einen »geistigen Raum«, ein »Jenseits« zu schaffen, dadurch daß sie einen für den Heiligen wichtigen Ort, beispielsweise die Stätte seiner Geburt oder seines Todes, ständig umkreist. In ihrem extremen Bemühen, Geschehnisse zu lokalisieren, spreche sie im Grunde von etwas, das nicht lokalisierbar sei. Einfacher gesagt, erfüllt diese Literatur einen besonderen Zweck: Sie will gewöhnliche Stätten des Abendlandes in heilige Stätten verwandeln. Daher erfolgt in Roberts Abschiedsrede an Léger auf die

Erwähnung der heiligsten und ältesten Orte der Christenheit – Bethlehem, Jerusalem und Rom – der Lobpreis des jungen Klosters Fontevraud, seiner Erde, der dort wohnenden Brüder und Schwestern. Siebenmal kommt sein Name dem Sterbenden über die Lippen, wie eine Beschwörung: Fontevraud. Er zieht es sogar dem hochberühmten Cluny vor, »wo die schönen Prozessionen stattfinden«. Kann man die Kluft, die zwischen den beiden Orden und ihren Idealen liegt, klarer und ehrlicher bezeichnen, als Robert es hier tut? Doch nicht der Schatten einer Mißachtung oder einer Kritik liegt in seinen Worten, nur die Feststellung, daß ein großer Abstand zwischen Fontevraud und Cluny besteht, ein Abstand wie zwischen zwei Planeten. Man hat bemerkt, mit welchem Nachdruck Robert Begriffe wie »liegen«, »begraben werden«, »im Erdreich« gebrauchte, um seine Entschlossenheit auszudrücken, sich mit dem Boden zu verbinden wie das Samenkorn. Die großen Gestalten des Evangeliums sind den Legenden nach die ersten gewesen, die ihre Saat in heidnisches Land gesät haben: Petrus war nach Rom, Jakobus nach Santiago de Compostela, Magdalena nach Vézelay, Dionysius in die Ile-de-France gekommen. Nach und nach vervollständigten autochthone Heilige dieses Unternehmen und setzten bunte Tupfer in jenen grauen Bereich, der sich bislang zwischen den heiligen Stätten des Abendlandes erstreckte. Dort, wo Robert begraben wäre, würde Heiligkeit Wurzeln schlagen und keimen; daher die besondere Bedeutung, die jetzt alle seiner Beerdigung beimaßen.

»Hochgeliebter Meister«, antwortete ihm also Léger, »seit langem liebe ich dich ohne Vorbehalt. Das, worum du mich bittest, liegt nicht allein in meiner Macht, sondern hängt zum großen Teil von den Fürsten dieser Gegend ab. Du weißt, daß unser Kloster hier im Territorium eines Herrn namens Alard liegt, der es auch zum großen Teil erbaut hat. Ich will dir nicht versprechen, was ich dann nicht halten kann. Doch sprich morgen unter vier Augen mit Alard über diese Angelegenheit.«

Léger war einer klaren Antwort ausgewichen, als erster. Andreas, der den Herzenswunsch seines Meisters kannte, mischte sich sogleich ein: Agnes, die Priorin von Orsan, stamme aus dieser Gegend; Alard sei ihr Mann gewesen, sie könne dem Unternehmen viel nützen, aber auch viel schaden. Robert rief sie zu sich und sprach sie mit feierlichen Worten an: »O Herrin Agnes!« (Auch als Nonne blieb sie die Frau des Lehnsherrn, die *domina*; ihr Priorat lag ganz auf der Linie ihrer bisherigen gesellschaftlichen Position.) »O Herrin Agnes! Ich befehle dir, indem ich dich bitte, und ich bitte dich, indem ich dir befehle als meiner Tochter und Jüngerin, alles zu tun, was in deiner Macht liegt, damit erfüllt werde, worum ich den Erzbischof gebeten habe.« – »Lieber Meister, wollt Ihr wirklich, daß ich so handle?« – »Ich will es, meine Tochter, ich will es unbedingt, und ich verlange mit meiner ganzen Seele danach; ich befehle dir, meine Hand zu küssen, um diese Abmachung zu besiegeln.« Hin- und hergerissen zwischen dem erforderlichen Gehorsam gegenüber dem Meister und dem Interesse ihres Landes, gab Agnes ihr Versprechen, wenn auch mit halbem Herzen.

In diesem Augenblick muß der Tod Robert von Arbrissel fester umklammert haben, so daß die Anwesenden es für nötig hielten, ihn zum Beten aufzufordern. »Natürlich habe ich große Sehnsucht, zu Gott zu beten«, antwortete er ihnen, »aber es gelingt mir nicht, weil ihr mich stört. Geht hinaus, geht weg, damit ich endlich in Ruhe zu meinem Gott beten kann!« Statt zu sterben, ganz ostentativ, wie alle das erwartet hatten, zog Robert es für den Augenblick vor, sich zu sammeln; statt das grandiose Schauspiel seines Todes vorzuführen, suchte er die tiefe, persönliche Versenkung. Eine kleine Schar Getreuer blieb indessen bei ihm zurück: Es ging ihm nicht so sehr um das Alleinsein als um die Nähe vertrauter

Menschen. Dann begann er zu beten, für den Papst, für die Lehrer der Kirche, für seine Gastgeber, für seine Wohltäter und für seine Feinde, und er schloß seine Aufzählung mit Wilhelm von Aquitanien, damit dieser Mann »den Weg der Wahrheit« zurückfinde. Es war der einzige Name, der in diesem Zusammenhang gefallen ist, so als ob Wilhelm in geheimnisvoller Beziehung zu Robert stünde, als ob er sein *alter ego* wäre.

Die Gebete zogen sich hin. In der Stille der Nacht rief Robert nach Petrus, nicht nach jenem Priester und Gefährten, der ihn bei seinem Abenteuer mit den Räubern begleitet hatte, sondern nach einem Laienbruder, der hier Dienst tat, und bat ihn, »den Priester Andreas« zu holen. Als dieser kam, bat Robert ihn: »Bring mir bitte das Holz des heiligen Kreuzes!« Mit großer Mühe erhob er sich daraufhin und kniete vor dem Kreuz nieder, um vor seinen Zuhörern das *Credo* zu sprechen: Schöpfung, Fleischwerdung und Auferstehung; zum Schluß dankte er für die Gnaden, die Gott ihm erwiesen hatte.

Immer noch zu Füßen des Kreuzes liegend begann er nun, sich selbst anzuklagen: »Hört, ihr Priester, meine Sünden! Hört sie, Himmel und Erde! Der Sohn Gottes ist in diese Welt gekommen, die Sünder zu erretten, unter denen ich der erste bin. Denn ich bin empfangen worden in Sünden, aufgezogen in Sünden und habe, durch meine Schuld, auf ungezählte Weisen gesündigt.« Die fünf Vergehen, die er nun beichtete, ließen ihn noch einmal die Stationen seines Lebens durchlaufen. Als kleines Kind wünschte er sich von seiner Mutter bessere Speisen. Als es regnete, wünschte er sich trockenes Wetter und umgekehrt: Das waren die Empfindungen des Bauern, der er gewesen sein muß, als er Pfarrer von Arbrissel war. Er habe sich der Simonie schuldig gemacht anläßlich der Wahl eines Bischofs von Rennes. Er habe »die große Gabe der Gelehrsamkeit und der Predigt«, die Gott ihm anvertraut habe, nicht genügend genutzt. Er habe Lob entgegengenommen wegen seiner Klostergründung, während doch das Verdienst daran den Frauen zukomme, die er um sich gesammelt habe.

Nach der Absolution durch den Priester bat er, Gott möge ihn aus dieser Welt erlösen, und befahl ihm seine Herde an. Danach trug man das Kreuz wieder fort, und alle legten sich schlafen.

Der Tod, den er sehnlich erwartete, kam immer noch nicht; statt dessen traten die Mächte der Finsternis noch einmal an ihn heran. »Seid verflucht, ihr Gottlosen!« rief er den ihm erschienenen Dämonen zu. »Warum haltet ihr euch hier auf? Zurück, Gott befiehlt es euch!« Und während die anderen schliefen, kämpfte er allein gegen die Versucher an. Schließlich erwachte Petrus und glaubte, sein Meister befinde sich im Delirium, doch Robert verwahrte sich dagegen, daß man an der Realität dieser Erscheinungen zweifle. Erschrocken war inzwischen auch Agnes herbeigeeilt, denn in der kleinen Welt von Orsan dauerte es nicht lange, bis sich ein Ereignis herumgesprochen hatte. Eine Schar von Feinden sei gekommen, den Meister anzugreifen! Agnes bekreuzigte sich schnell. Waren sie noch da? Aber nein, er hatte sie bereits durch ein Kreuzeszeichen in die Flucht geschlagen. Wie sie ausgesehen hätten, wollte sie noch wissen: »Sie waren schwärzer als Kohle und gekleidet... wie Mönche.« Mißtrauisch stellte sie dann die wichtigste Frage: »Wie konnten sie es wagen, zu Euch zu kommen? Dachten sie, etwas zu finden, weswegen sie Euch anklagen könnten?« – »Gewiß«, antwortete Robert ihr, »sie dachten, ich müsse wie ein Tier sterben, darum sind sie gekommen, mir aufzulauern und mich zu verführen, doch vergeblich. Denn ob sie wollen oder nicht, ich werde mit Gottes Hilfe als ein guter Christ sterben.«

Der Vorgang ist inzwischen bekannt. Wie auf einem Palimpsest verbirgt sich unter dem mittelfranzösischen Text ein anderer: »Warum hältst du dich hier auf, blutige Bestie? Du wirst nichts an mir finden, du Verfluchte! Der Schoß Abrahams nimmt mich auf.« So liest man im *Leben des heili-*

gen Martin, der erneut den Schlüssel zu der kleinen Episode liefert, die an dieser Stelle in den Bericht des Andreas eingeflochten ist. Entsprechungen zwischen den beiden Heiligen finden sich nun immer häufiger, zumal der heilige Martin für eine Gestalt wie Robert beinahe zwangsläufig das Vorbild ist. Als erster hatte der Apostel der Gallier im 6. Jahrhundert die Herausforderung durch die Väter Ägytens angenommen und bewiesen, daß die Ufer der Loire »der Einsamkeit einer Wüste in nichts nachstehen«; er war auch der Gründer der beiden ältesten Klöster in Gallien, Ligugé und Marmoutier. Jeder Eremit und jeder Klostergründer nach ihm fühlte sich verpflichtet, ihm doch ein wenig nachzueifern. In der Tat war die Ausstrahlung dieses Heiligen so groß, daß seine *Vita* von seinem Freund Sulpicius Severus bereits aufgeschrieben wurde, als er selbst noch auf Erden weilte, was im Bereich der Hagiographie äußerst selten vorkommt. Beim Tode Martins glaubte Sulpicius dann, die unvollständige Lebensgeschichte zu Ende schreiben zu sollen. Er tat dies in einem Brief an seine Schwiegermutter Bassula, in einer ausführlichen Epistel, die von vornherein für die größtmögliche Verbreitung vorgesehen war. Auf sie beziehen sich dann auch zahlreiche Sterbeberichte von Heiligen. Andreas fühlt sich um so mehr auf sie verwiesen, als er, ganz wie Sulpicius in der *Epistel an Bassula*, eher das Sterben als das Leben beschreibt, wenn er das Werk Balderichs vervollständigt. Und dennoch geht er hier eigene Wege, wenn er die von Robert soeben nachgelebte Episode selbst ausführlich kommentiert; er knüpft dabei an die von Agnes zuletzt gestellte Frage an:

Der Böse Feind verfolgt die Heiligen unaufhörlich, weil er sich für die Schmach rächen will, die sie ihm ununterbrochen antun. Er weiß genau, daß die Gerechten nach ihrem Tod für ihn keine Beute sind, weshalb er sie in ihrer Todesstunde erneut zu verführen, sich ihre Schwäche zunutze zu machen versucht. Die letzten Augenblicke im Leben eines Heiligen sind folglich die, in denen er am stärksten gefährdet ist. Auch der heilige Martin muß sich bis zum letzten Atemzug gegen die Angriffe auf seine Seele wehren. In bezug auf Robert fragt sich Andreas besorgt, wobei er die Legendentradition einen Augenblick aus dem Auge verliert: »Wenn der Feind einen so heiligen Mann, eine der wichtigsten Leuchten der Kirche, auf dem Weg zum Heil hat hindern und unterdrükken wollen, müssen wir dann nicht befürchten, daß er sich darum bemüht, auch uns auf diesem Weg zu behindern und zu erschrecken, so sehr er kann? Und doch, in der Hand unseres Herrn liegt unsere einzige Hoffnung, und durch seine Barmherzigkeit kann er uns von der Gewalt des Bösen befreien.«

Paradoxerweise hat der gewöhnliche Sterbliche weniger zu befürchten als der Heilige, denn er bleibt stets im Bereich der göttlichen Allmacht, die ihn in seiner Schwäche schützt. Der Heilige aber ist im Augenblick der Anfechtung mit sich allein, von Gott verlassen. So allein wie Hiob, als Satan seine Seele Gott abspenstig machen wollte. Und so heißt es im Buche Hiob: »Der Herr aber sprach zum Satan: ›Woher kommst du?‹ Der Satan antwortete dem Herrn und sprach: ›Ich streifte auf der Erde umher und erging mich auf ihr‹. Der Herr sprach zum Satan: ›Hast du auch auf meinen Knecht Hiob achtgehabt? Denn es gibt niemand auf Erden wie ihn. Er ist untadelig und rechtschaffen, fürchtet Gott und meidet das Böse.‹ Der Satan antwortete dem Herrn und sprach: ›Ist denn Hiob umsonst so gottesfürchtig? ... Doch strecke einmal deine Hand aus und rühre an all seinen Besitz. Wahrhaftig, er wird dir ins Angesicht fluchen!‹ Der Herr aber sprach zum Satan: ›Siehe, alles, was er besitzt, ist in deine Hand gegeben. Nur gegen ihn selbst darfst du deine Hand nicht ausstrecken.‹«

Der fromme Kämpfer sieht sich allein auf seine Kräfte verwiesen, denn Gott, dessen Banner er verteidigt, willigt in seine Prüfung ein. Aus diesem Grunde ist der Heilige weit davon entfernt, Titanenkämpfe zu führen. Er ist kein Held, er ist ein Unfähiger, der im Staube kriecht. Und wenn er dennoch größte Siege erringt, dann nicht, weil er besondere Leistungen vollbringt, sondern weil ihm alles unendlich viel schwerer fällt als anderen Menschen. Eine Heldentat bedeutet es bereits, wenn er vor Gott so gut dasteht wie die übrige Menschheit, und sein Ehrgeiz scheint lächerlich gering zu sein: »Ich werde als ein guter Christ sterben« und nicht »wie ein Tier«, hatte Robert von Arbrissel auf Agnes' Frage geantwortet. Ein Musterbeispiel solcher Verlassenheit in der Anfechtung war natürlich der heilige Antonius. Als er einmal gegen eine ganze Schar von Dämonen kämpfen mußte und Christus ihm erst spät zu Hilfe gekommen war, klagte der Heilige: »Wo warst du, lieber Jesus, wo warst du? Warum hast du mir nicht von Anfang an beigestanden, um meine Wunden zu heilen?« Da erhob sich eine Stimme und sagte zu ihm: »Antonius, ich war zugegen; doch wartete ich erst ab, bis ich dich kämpfen sah. Da du nicht nachgelassen hast, dem Bösen tapfer zu widerstehen, werde ich dir von nun an immer gleich zu Hilfe eilen und deinen Namen im ganzen Universum berühmt machen.«

In der Verlassenheit, in der der Heilige bis an die Grenze der Verzweiflung gerät, ist in der Tat das Versprechen seines späteren Ruhms und auch das Versprechen der Erlösung für andere enthalten. Robert wacht, während alle anderen schlafen; er durchlebt noch einmal den Beginn des Leidensweges Christi am Ölberg. Als Jesus dort von seinen Jüngern alleingelassen worden war, hatte er selbst einen Augenblick lang in seiner Opferbereitschaft geschwankt: »Mein Vater, wenn es möglich ist, so gehe dieser Kelch an mir vorüber.« Und das Gefühl seiner größten Verlassenheit hat er am Kreuz, in der Stunde seines Todes, zum Ausdruck gebracht, wie einen Schrei aus der Tiefe der Nacht: »Mein Gott, mein Gott, warum hast du mich verlassen?« Auf diesen Schrei der Verlassenheit jedoch sollte der Triumph der Auferstehung folgen.

Auch Robert von Arbrissel lieferte einen kleinen Baustein zu jenem Gebäude aufeinander aufbauender Berichte und

Legenden. Nicht Satan, kein Teufel und auch kein Dämon war ihm erschienen, sondern der Böse Feind, gekleidet in ein »Mönchsgewand«... in sein Gewand. Robert war nicht nur der größte Ankläger gegen sich selbst gewesen, er sah auch seinen schlimmsten Feind noch immer in sich selbst.

Das Tageslicht brach an, es vertrieb die Träume, und die Geschäfte gingen weiter. Agnes hielt wohl ihr Versprechen, da nun Alard dem Sterbenden an jenem Donnerstag, dem 24. Februar, seine Aufwartung machte. Sogleich fing Robert wieder an, für sein Anliegen zu kämpfen. Er verwies auf die Freundschaft, die Alard und ihn miteinander verbinde, erinnerte an seine Ankunft im Berry, damals ganz ohne Mittel, als ihm der Grundherr von Orsan Land für eine neue Niederlassung des Ordens zur Verfügung stellte. »Ihr habt mir, unter dem Schutz Eures guten Erzbischofs Léger, zum Heil Eurer Seele und der Eurer Verwandten jenen einsamen Ort übereignet, um dort eine Wohnstätte für die Dienerinnen Jesu Christi zu errichten.« Robert wiederholte im wesentlichen die Worte, die er zuvor an Léger gerichtet hatte, wich aber hinsichtlich der Taktik doch auch von ihnen ab. Dem Erzbischof gegenüber hatte er sehr geschickt argumentiert, es ginge ihm nicht etwa darum, an den heiligen Stätten begraben zu werden, er wolle nur bescheiden nach Fontevraud zurückkehren. Damit war er dem wirklichen Problem ausgewichen, er schien sich lediglich bei seinem Freund Rat holen zu wollen für eine Entscheidung, die nur ihn und seinen Orden betraf. Alard gegenüber gab es jetzt kein Lavieren mehr; jetzt konnte er nicht mehr verheimlichen, daß er nicht im Berry beerdigt werden wollte. Die Zeit drängte, und er wurde bestimmt: »Ich weiß, daß die Bewohner dieser Region wünschen, daß ich hier beerdigt werde. Aber was mich betrifft, so will ich an keinem anderen Ort meine letzte Ruhe finden als auf dem Friedhof von Fontevraud.« Der Ehemann von Agnes erhob gegen diesen Wunsch in aller

Freundschaft Protest; sein wesentlicher Einwand war, daß in dieser Angelegenheit allein »die Herren von Bourges, Raoul du Bourg Dieu sowie Geoffrey d'Issoudun« zuständig seien.

Und in der Tat war Orsan eine Art von Gemeinschaftsgründung. Alard, der unmittelbare Grundherr des Ortes, hatte Robert von Arbrissel das Land zwar übereignet, doch hatte er es der kirchlichen Oberhoheit von Léger unterstellt. der somit als Schirmherr des Klosters angesehen werden mußte. Für die Einschaltung Légers hatte Alard wiederum die Zustimmung seines eigenen, ihm übergeordneten Lehnsherrn nötig gehabt, die von Raoul le Viel de Déols, der damals über den größten Teil des unteren Berry verfügte, während der Erzbischof von Bourges mehr schlecht als recht den östlichen Teil der Provinz beherrschte. Das Priorat lag nun genau an der Grenze zwischen diesen beiden Gebieten. In einer Urkunde aus dem Jahr 1113 hatten sich darüber hinaus noch weitere einflußreiche Grundherren des Berry dazu verpflichtet, die Güter des Klosters zu respektieren und respektieren zu lassen, an ihrer Spitze Raoul du Bourg Dieu und sein Vasall Geoffrey von Issoudun, aber auch die Herren von Sainte-Sévère, Huriel und Lignières. Besagter Vertrag war keineswegs überflüssig gewesen. Schon im ersten Jahr seiner Herrschaft, 1108, hatte Ludwig VI. einschreiten müssen, um den schrecklichen Humbault de Sainte-Sévère zu bestrafen, der die ganze Gegend systematisch ausbeutete. Der König hatte den Rebellen eigenhändig in den Graben seines Schlosses geworfen.

Zu dem Zeitpunkt, als Roberts Tod nahte, war Geoffrey von Issoudun in Orsan zugegen. Schon am vorausgegangenen Samstag war er in der Rolle des fürsorglichen Gastgebers darum bemüht gewesen, die sterbliche Hülle des Heiligen, wenn es soweit wäre, für sich zu sichern; er war der Spur Roberts gefolgt wie der eines Jagdwildes. Raoul dagegen war offensichtlich nicht zugegen, und Robert erlebte, daß Alard dasselbe Spiel mit ihm zu spielen trachtete wie der Erzbischof: Unter dem Vorwand, die juristischen Gegebenheiten seien komplizierter Natur, verwies auch der Herr von Orsan auf die angebliche Zuständigkeit anderer, bis er, Robert selbst nicht mehr in der Lage sein würde, sich um den Ort seiner Bestattung zu kümmern. Da verlor der Meister seine Gelassenheit. Er erteilte Petronilla den Auftrag, für ihn eine Bahre herrichten zu lassen, auf der man ihn noch lebend nach Fontevraud zurückbringen sollte, worauf der Seigneur aus dem Berry wiederum ankündigte, die Bevölkerung von Orsan wüde das nicht zulassen. Am Ende mußte Robert Drohungen und Verwünschungen aussprechen, um von seinem Gegner zu erreichen, daß dieser auf seinen Vorteil verzichtete. Er verfügte über keine Argumente mehr, und der Zornesausbruch des Sterbenden muß so heftig gewesen sein, daß Alard dann doch nachgab. Er versprach, Robert nach dessen Ableben bis in das Gebiet des Grafen von Anjou zu überführen und besiegelte seine Verpflichtung mit einem Handschlag. Jemand warnte Petronilla, man müsse weiterhin auf der Hut sein, da man »ihr wohl Übles antun werde, wenn der Heilige zwar hier gestorben wäre, aus seinem Tode aber Fremde ihren Trost gewönnen«. Robert befahl der Äbtissin demzufolge, sich an Rom zu wenden, wenn man seine Überführung behindern werde.

Immer wieder drängten Trauernde in die kleine Kammer, in der der Sterbende gebettet lag: »Ach, lieber Vater, nun laßt Ihr uns bald als Waisen und ungetröstet zurück!« Junge Mädchen, die sich, in Tränen aufgelöst, in seine Nähe drängten, streichelte er. Doch die Worte, die er sprach, hoben sich von der Zärtlichkeit seiner Geste ab. Auch jetzt noch, da ihm der Heimgang ins Jenseits bevorstand, würde er sie weiterhin, wenn nötig ertragen. Andreas versäumte es nicht, hierbei seine Bewunderung zu äußern, für ihn galt Robert immer noch als Beispiel größten Opfermuts. Er »hätte in vorbildlicher Frömmigkeit gelebt«, sollte der Hagiograph später schreiben, »wenn ihn göttliches Mitleid nicht dazu bestimmt hätte, sich ihrer Schwäche zu erbarmen«. Für ihn hätte die Glückseligkeit darin gelegen, »ein einsames Leben zu führen und in der ›Wüste‹ zu leben, in Hunger, Durst und Nacktheit ... immer das härene Gewand zu tragen und barfüßig zu gehen, das Wort Gottes zu predigen und sich ausschließlich mit dem zufriedenzugeben, was ihm seine Zuhörer angeboten hatten, nur zu nehmen, wozu ihn die Natur unbedingt zwang«. Für den bedrängten Klostergründer blieben die »Wüste« und die Zeit des Umherwanderns »das bessere Teil«; und sein Kloster blieb ihm eine Last.

Es kam der 25. Februar 1116, ein Freitag. Robert würde an diesem Tag sterben, denn auch der Erlöser war an einem Freitag gestorben. Jeder dachte daran, und die Handlungen überstürzten sich. Die Brüder traten allesamt an sein Lager und baten ihn, er möge ihnen Regeln geben für ihr zukünftiges Tun. Da wurde der Sterbende noch einmal ungehalten: »Nun, meine Brüder, wenn ich euch nicht schon gelehrt hätte, wie ihr leben sollt und was ihr zu tun habt, so wäre es jetzt ziemlich spät dafür!« Trotzdem gab er ihnen noch einmal Instruktionen: »Zum Heil eurer Seelen, gehorcht euer Leben lang den Dienerinnen Christi und dient ihnen aus Liebe zu ihrem Gemahl Jesus.« Die Bitte der Brüder um letzte Gebote mutet tatsächlich seltsam an. Hatten sie gehofft, Robert werde ihnen erlauben, ihr Leben nach seinem Tod ein klein wenig leichter gestalten zu dürfen? Dabei waren doch diejenigen, die die Überordnung der Frauen nicht anerkennen wollten, schon im Herbst des letzten Jahres weggegangen. Was wollten also die Treugebliebenen? Roberts Anwort enthielt jedenfalls zwei Forderungen: Erstens, man solle gehorchen, um das eigene Seelenheil zu sichern, und zweitens, man solle dienen aus Liebe zum Herrn, nicht etwa aus Liebe zu den vorgesetzten Frauen, den Herrinnen, wie es damals der besten höfischen Tradition entsprach. Vielleicht erhofften sich die Brüder von Robert eine Erleichterung insofern, als sie, entsprechend ritterlichem Geist, sehr wohl bereit waren, die Demütigung freiwilligen Dienens auf sich zu nehmen, von der Demütigung durch erzwungenen Gehorsam aber befreit werden wollten. Seinen ganzen Bericht hindurch hat Andreas immer getreu die Worte seines Meisters wiedergegeben; andererseits, wenn er sich einmal erlaubte, seine eigene Meinung kundzutun, dann rühmte er stets zwar den Dienst, wie ihn etwa der heilige Johannes erbracht hatte, vergaß aber, den Gehorsam zu erwähnen. Möglicherweise hat er mit dieser Haltung auch das Gefühl seiner Brüder wiedergegeben.

Nach den Ordensmännern drängten die Frauen, in hierarchischer Reihenfolge, in die Nähe Roberts und stellten ihm ebenfalls die Frage: »Wie sollen wir leben nach Eurem Tod?« Roberts Antwort war ebenso kurz wie eindeutig: »Tut niemals etwas ohne den Rat eurer Brüder!« Es ist vorstellbar, daß diese Weisung die Ordensfrauen enttäuschte. Was wohl hatten sie denn anderes zu hören gehofft? Etwa daß ihnen doch uneingeschränkte Macht erteilt würde? Gewiß, in reinen Frauenorden hätten sie über diese Macht verfügen können. Nun hatten sie aber Fontevraud mit seinem harten Leben und der ungewissen Zukunft gewählt. Warum sollten sie sich jetzt noch gegen das Mitspracherecht sträuben, das Robert den Männern zugestehen wollte?

Die Antwort auf diese Frage könnte lauten: Weil sie mit ihrer Wahl einen Dienst angenommen hatten, der ihnen schmeichelte, einen Dienst, den ihnen ausschließlich Robert entgegenbringen durfte. Ihre Beziehung zu ihm fand ja eine Parallele in dem gleichzeitigen Aufschwung der »hohen Minne« in jenen Kreisen der Gesellschaft, denen sie, die adligen Damen, entstammten. Doch nun, nach dem Tod des Meisters, der sie so faszinierte und der eine unangefochtene Macht über sie ausgeübt hatte, schien ihnen nur noch die Rolle des Werkzeugs für das Seelenheil der Brüder zu bleiben, die bei ihnen kein hohes Ansehen genossen und gesellschaftlich unter ihnen rangierten.

Was Robert betraf, so ließ er sich wie üblich auf ein riskantes Unternehmen ein. Er gab weder der einen noch der anderen Seite nach. »Dienen und gehorchen« lautete sein Gebot für die einen, denn seiner Auffassung nach war die Demütigung durch den Gehorsam noch wichtiger für das Heil als eine Demütigung durch den Dienst. Und »nicht befehlen wollen, ohne zu teilen«, verlangte er von den anderen, denn die Askese, die sich die Männer auferlegen sollten, sollte weiterhin auf ihrer freien Entscheidung beruhen, die Demütigung mußte gewünscht werden, bevor man sie ertrug. Ein unmöglicher Kompromiß zwischen Männern und Frauen, Mönchen und Nonnen, den Robert da über seinen Tod hinaus zu sichern trachtete, ein Kompromiß, den tatsächlich kein Statut, kein Eid und auch nicht die Kraft, die später einmal von den Reliquien des Ordensgründers ausgehen sollte, garantieren konnte. Bis zur Französischen Revolution, durch die der Orden von Fontevraud schließlich aufgehoben wurde, konnte dieser Konflikt innerhalb der Kongregation nicht beigelegt werden. Robert bildete da eine Ausnahme, die jedoch auf Dauer nicht zur bestimmenden Regel geworden ist.

Als letzter der damals in Orsan anwesenden Anhänger Roberts trat schließlich Andreas, der Hagiograph, an das Lager des Sterbenden. Robert erblickte ihn und meinte: »Wenn ich auch kaum mehr sprechen kann und mir die Sinne schwinden, so fragt mich dennoch, was Ihr noch zu fragen habt!« Verließen den Sterbenden tatsächlich in diesem Augenblick die Kräfte? Mag sein, denn das letzte Gespräch zwischen Robert und Andreas, über dessen Inhalt der Hagiograph übrigens nichts überliefert hat, dauerte offenbar nicht mehr lange. Es endete mit einem *Miserere*, das Robert leise betete, bevor er verstummte. Andreas nahm daraufhin die Kerze, jene geweihte Kerze, die dem Sterbenden anzeigt, daß ihm nur noch wenig Zeit zu leben bleibt. Er leuchtete in das Antlitz des Meisters und sah, daß dieser bewußtlos geworden war. In Tränen aufgelöst rief er nach den Brüdern und Schwestern, sich zum Gebet um das Totenlager zu sammeln. Da erwachte Robert ein letztes Mal, ließ die Anwesenden ein *Confiteor* sprechen und erteilte ihnen die Absolution, verbunden mit einem Vaterunser als Buße. So nahm er

Abschied. »Er starb, indem er sich und die Seinen mit dem Zeichen des heiligen Kreuzes versah. Unter den Tränen seiner Brüder und dem Wehklagen seiner Schwestern empfahl er an jenem Freitag, zur Stunde der Vesper, seinen demütigen Geist unserem Herrn.«

Robert von Arbrissel starb am Freitag, dem 25. Februar 1116, zur Stunde, zu der sich die Mönche zum vorletzten Gebet des zur Neige gehenden Tages zusammengefunden hatten. Doch sein Leichnam sollte noch lange keine Ruhe finden.

Um die sterbliche Hülle ihres Meisters geschart, beschlossen die Brüder und Schwestern von Fontevraud, sein Hinscheiden zunächst geheimzuhalten. Doch ihre Tränen verrieten sie. Schnell schafften sie den Leichnam, dem sie noch nicht einmal ein Totenkleid angezogen hatten, aus der kleinen Sakristei neben der Kapelle hinüber ins Schwesterkloster, wo sie sich verbarrikadierten. Wahrscheinlich zählten sie auf den Respekt, den das Volk der Wohnstätte der Gemahlinnen Christi schuldig war. Aber die aufmerksamen Jäger ringsum hatte bereits das Jagdfieber gepackt. Alard vergaß sofort den Eid, von dem er meinte, daß er ihm abgenötigt worden sei und von dem er nie ein Wort hatte halten wollen. Seine Männer sowie die von Léger und von Geoffrey von Issoudun kamen denjenigen ins Gehege, die die wertvolle Reliquie meinten für sich gesichert zu haben. Sie brachen die Türen des Klosters auf, raubten den Leichnam und legten ihn zunächst einmal wie eine Trophäe in der Kapelle nieder, in der die Herren des Berry ihr Hauptquartier aufgeschlagen hatten. Die kleine Welt war nun in zwei Lager geteilt. Auf der einen wie auf der anderen Seite schloß man sich ein und formierte seine Kräfte. Dabei besaßen die Herren des Berry einen wesentlichen Vorteil. Gegenüber der kleinen Zahl von Mönchen und Nonnen, die mehr Erfahrung hatten im Psalmensingen als im Handgemenge und die sich zudem auf feindlichem Gebiet isoliert fanden, verfügte die Gegenpartei über bewaffnete Männer und Kriegsführer. Wenn auch Ordensangehörige aus den benachbarten Prioraten und vielleicht sogar aus dem Mutterhaus in höchster Eile nach Orsan den Brüdern und Schwestern zu Hilfe gekommen waren, so verfügten ihre Gegner über noch größere Reserven in der Umgebung. Denn inzwischen hatte sich die Kunde von Roberts Tod weit herumgesprochen, und aus der gesamten Provinz strömten die Menschen herbei und beweinten den Tod des heiligen Mannes, was nicht ausschloß, daß sie sich auch über den glücklichen Zufall freuten, »daß Gott ihre Diözese mit einer so heiligen Person geschmückt hatte, von der sie glaubten, daß sie im Paradies für sie Fürsprache halten würde«.

»Als sie sahen, daß sie die Menge nicht vertreiben konnten«, baten die Brüder und Schwestern um die Erlaubnis, ihren Meister begraben zu dürfen, was ihnen auch zugestanden wurde. Am Samstag zogen sie ihm ein Büßerhemd und einen Umhang über – die Kleidung des Einsiedlers, die an die Sehnsucht erinnern sollte, die ihn sein Leben lang begleitet hatte. Sie legten ihn in einen Sarg und taten anschließend so, als veranstalteten sie ein Leichenbegängnis. Auch vergaßen sie nicht, Nachtwachen aufzustellen und mit dem Fasten zu beginnen.

Petronilla hatte bis dahin noch nichts unternommen; sie wartete noch auf ihre Stunde. Erst als hochrangige Adlige aus Bourges, Leute ihres Standes, eintrafen, die in ihren Augen angemessene Gesprächspartner für sie waren, nutzte sie die Gelegenheit, sich über das Unrecht, das man ihr und den Ihren antat, zu beklagen und dem Erzbischof Léger eine ensprechende Bitte zu übermitteln. Der Erzbischof tat zunächst so, als sei er bereit, nachzugeben. Er würde sich mit den zuständigen Persönlichkeiten aus seiner Provinz beraten, ließ er erklären, und am Sonntag seine Antwort geben. In Wahrheit war er aber in seinem Entschluß, Roberts Leiche behalten zu wollen, niemals schwankend geworden, was sich unter anderem daran zeigte, daß er für seinen toten Freund bereits einen steinernen Sarg meißeln ließ, um ihn um so besser im Boden von Orsan aufbewahren zu können. Die Provinzversammlung, die dann zusammentrat, bestätigte Léger in seiner Absicht, und eine Delegation von Adligen übernahm es, Petronilla den für sie unangenehmen Standpunkt zu erläutern. Man wolle, so erklärten die Abgesandten, »den Leichnam des guten Vaters, den Gott ihnen geschenkt habe, behalten, denn wenn Gott gewollt hätte, daß er in Fontevraud beerdigt würde, hätte er nicht zugelassen, daß er an diesem Ort gestorben wäre«. Die Bewohner von Fontevraud müßten sich damit zufriedengeben, daß sie ihn mehr als alle anderen Lebenden als ihren Ratgeber und Vertrauten bei sich gehabt hätten, und sie müßten denen, die ihn zu seinen Lebzeiten nur selten hätten bei sich haben können, zugestehen, ihn als Toten zu behalten. Diese Erklärung bediente sich der gleichen Argumente, mit denen auch die Bewohner des Poitou die Einwohner von Tours zu beeindrucken versucht hatten, als letztere den Leichnam des heiligen Martin von Tours in Candes behalten wollten. Der theologischen Begründung war scheinbar schwer zu widersprechen. Hieße es nicht, sich gegen die göttliche Vorsehung stellen, wollte man den Lauf der Dinge ändern?

Petronilla war eine kraftvolle Persönlichkeit. Gegen Légers Bescheid argumentierte sie nun nicht mehr, sie wütete gegen ihn. Zunächst hieß sie die Boten lediglich wissen, sie würde an den päpstlichen Legaten und an Rom appellieren, entsprechend der von Robert gegebenen Anweisung. Danach steigerte sie sich noch: Wenn nötig, würde sie sogar an Gott selbst appellieren, und dann würde sich erweisen, »daß es weder einen Papst, noch einen König oder Fürsten, noch sonst eine mächtige Person auf Erden gibt, die der Richter der Gerechtigkeit nicht zur Vernunft bringt«.

Die Hiebe saßen. Die Leute des Berry, die geglaubt hatten, ihr Vorhaben gefahrlos durchsetzen zu können, fürchteten nun doch, einem zu mächtigen Netz von Beziehungen gegenüberzustehen, einer Hierarchie, deren höchste Obrigkeit weit über ihrem Erzbischof thronte und die von dem entschlossenen Willen einer Frau von ungewöhnlichem Format unterstützt wurde, die sie in einem anfangs so verschreckten Haufen von Mönchen und Nonnen nicht vermutet hatten. »Tief beeindruckt«, berichteten die adligen Botschafter Léger von dem, was ihnen vorgetragen worden war, wobei sie ihn gleichzeitig wissen ließen, sie würden bei dem Unternehmen nicht mehr weiter mitmachen. Sie seien Laien und fühlten sich für eine Angelegenheit, die nur den Erzbischof beträfe, nicht zuständig; darüber hinaus warnten sie ihn, er könne am Tag des Höchsten Gerichts für seine jetzigen Handlungen zur Rechenschaft gezogen werden. Nun lagen die Dinge so, daß Petronilla von Chemillé mit einem einzigen Angriff die nur vordergründige Harmonie der Gegenseite gesprengt hatte. Und jetzt waren die Laien plötzlich in höherem Maße gregorianisch als die Geistlichen, entschlossen, sich nicht weiterhin in einen geistlichen Bereich einzumischen. Sie zogen ab, und Léger war auf die Kräfte seines Hauses zurückgeworfen. Seine Leute empfahlen ihm noch, er solle den Leichnam unverzüglich nach Bourges bringen, wobei sie vielleicht auf den Profit, den sie selbst davon haben würden, spekulierten. Aber er antwortete ihnen nicht mehr; er begann zu zweifeln.

Am Montag zogen die Ordensfrauen in einer Prozession um das Gebäude herum, in dem sie wohnten, barfuß, nur mit ihrer Klostertracht und ihren Schleiern bekleidet. Anschließend betraten sie die Kapelle und schworen auf den heiligen Leichnam, sie würden nicht mehr essen und trinken, bis sie Genugtuung erhalten hätten. Da kam Léger zu ihnen, beeindruckt von ihrer Entschlossenheit: »Ihr wißt, wie sehr ich mich für euch verwendet habe. Andererseits ist euch bekannt, wie sehr ich diesen Ort liebe, sogar daß ich beschlossen habe, hier einmal bestattet zu werden. Und ich hatte mich überaus gefreut, daß mir von Gott ein solcher

Gefährte gegeben worden war, weshalb ich seinen Leichnam zurückbehalten wollte, um einmal zu seinen Füßen beerdigt zu sein.« So sprach der Erzbischof jetzt – seinen Wunsch formulierte er nur noch in der Vergangenheit, als glaubte er nicht mehr daran, daß er erfüllt werden könnte. Von dem Zeitpunkt an, als er eingewilligt hatte zu diskutieren, am Samstag, hatte sich seine Position geschwächt; und jetzt machte er sich bereits Sorgen um die Gesundheit der gegen ihn stehenden Nonnen, so daß er sie beschwor, sich wieder warm anzuziehen und wieder zu essen und zu trinken. Völlig ratlos bat er um einen Waffenstillstand: »Bittet unseren Herrn, es möge ihm gefallen, mir einzugeben, was ich tun soll!« Doch Petronilla dachte wohl, man müsse das Eisen schmieden, solange es heiß ist, weshalb sie unverzüglich zurückgab: »Wir werden ganz gewiß nicht mehr Eure Töchter sein und auch nicht mehr für Euch und Eure Familie beten, bis Ihr uns unseren guten Vater zurückgebt. Wenn er hier hätte beerdigt werden wollen, wäre uns von ihm nicht das Gegenteil befohlen worden, und er hätte auch nicht Euch darum gebeten, ihn nach Fontevraud bringen zu lassen, dort, wo Ihr selbst sein Leichenbegängnis abhalten solltet!«

Zum einen war es zu Beginn des Gerangels um Roberts Leichnam vor allem um die Durchsetzung persönlicher Interessen gegangen, zum anderen standen sich in dieser Auseinandersetzung aber auch zwei grundsätzlich verschiedene Denkweisen gegenüber. Für Léger war die Ordnung der Dinge, so wie sie sich erkennbar darbot, die Ordnung Gottes; in sie mußte man sich fügen. Für Robert dagegen und für Petronilla, die Hüterin seines Vermächtnisses, äußerte sich der Wille des Herrn auch in Berufungen, deren Ziel nicht sogleich für alle verständlich war, die aber dennoch gegen alle Widerstände durchgesetzt werden mußten, selbst wenn dies einmal dem göttlichen Willen zu widersprechen schien, so etwa, wenn Gott seinen Heiligen auf fremdem Boden sterben ließ. Und hatte nicht auch Jakob dem Esau das Recht der Erstgeburt genommen und sich danach den Segen Isaaks erschlichen? Er war »Israel«, der sich nicht gefürchtet hatte, eine Nacht lang mit Gott zu ringen, Leib gegen Leib, und der über die Stufen der mystischen Leiter zur Anschauung Gottes gelangte, Angesicht zu Angesicht. Der Lebensweg eines jeden Heiligen enthält Phasen, in denen er sich scheinbar gegen Gott auflehnt, im Verlauf derer sich aber in Wirklichkeit der wahre Plan Gottes enthüllt, der den Menschen bis dahin verborgen gewesen ist. »Nachdem dem guten Erzbischof so geantwortet worden war, ging er betrübt davon«, heißt es bei Andreas, wie ein gewisser reicher Jüngling, der soeben von Jesus die Wahrheit erfahren hatte.

Am Dienstag ließ Léger dann die Äbtissin und ihre Berater zu sich kommen. Er gab seine Niederlage großmütig zu, und diese Großmütigkeit war es, die ihn, den Verlierer, am Ende über den Sieger erhob: »Ich sehe, daß Ihr weiterhin auf Eurem Willen beharrt und daß Ihr Euch nicht zufriedengeben werdet, bevor Ihr erhalten habt, was Ihr verlangt«, stellte er zunächst fest, um dann fortzufahren: »Deshalb will ich Euch sagen: Es ist allein mein Mitgefühl für Euch, das mich zwingt nachzugeben. Denn vor Gott bezeuge ich, daß ich alles, was ich getan habe, nur aus der Liebe heraus tat, die ich für Robert empfinde; daß ich sehnlichst gewünscht habe, ihn hier zu beerdigen, damit ich selbst einst zu seinen Füßen bestattet werden könnte. Ich glaube, daß es mir geholfen hätte vor unserem Herrn, dereinst in Begleitung einer so heiligen Person vor ihm zu erscheinen. So bitte ich Euch denn, mir und den Meinen zu verzeihen, was wir getan und welches Leid wir Euch auf diese Weise zugefügt haben. Bleibt heute noch hier, um Euch auszuruhen und brecht erst morgen auf nach Fontevraud, im Schutze unseres Herrn. Und so, wie unser guter Meister mich gebeten hat, werde ich, mit Gottes Hilfe, selbst sein Leichenbegängnis abhalten.«

Fontevraud hatte also den Sieg davongetragen, Petronilla hatte die Wendung bewirkt. Léger von Bourges hatte im

Grunde seinem guten Herzen nachgegeben; in ihm hatte die Liebe zum Freund über seine Ansprüche aus der Freundschaft gesiegt. Zum Trost wurde dem Priorat im Berry das Herz Roberts überlassen, wovon Andreas allerdings nicht berichtet. Was er nicht mehr in die *Vita* Roberts aufnehmen konnte, weil er diese bereits vorher abgeschlossen hatte, war, daß der Erzbischof, bevor er 1120 starb, den Ordensfrauen von Orsan jene Bleibe, die er für sich selbst an jenem Ort erworben hatte, vermachte. Er ließ sich dort in der Kirche bestatten und ordnete an, daß sein Grab sich neben der Pyramide befinden sollte, die das Herz seines Freundes enthielt. Über dem Grab konnte man folgendes Epitaph lesen:

»So sehr liebte er Robert während seines Lebens, daß er auch nach seinem Tode nicht von dessen Herzen getrennt sein wollte.«

Léger von Bourges beanspruchte also nicht länger den heiligen Leichnam und gab ihn frei. Am Mittwoch machte man sich dann in einer beeindruckenden Prozession auf den Weg. Vierzehn Meilen nach Norden marschierte man zu Fuß, dann schiffte man sich auf dem Cher ein, folgte dessen Lauf bis zur Loire und anschließend dem der Loire. Unterwegs wurde der Konvoi immer größer, immer mehr Prälaten und Adlige schlossen sich ihm an. Am darauffolgenden Sonntag legte man im Hafen von Candes triumphal an. Aus der großen Abtei kamen Brüder und Schwestern dem Sarg entgegen, und auch die Menschen, die um die Abtei herum ihre Häuser hatten, schlossen sich ihnen an, alle, »groß und klein«. Am Zusammenfluß von Loire und Vienne warteten schon die Einwohner von Candes. Ihre Vorfahren hatten 397 erleben müssen, daß ihnen der Leichnam des großen Martin vorenthalten wurde. Während Robert jetzt flußabwärts daherkam, war Martin damals in umgekehrter Richtung nach Tours gebracht worden, und an den Ufern des Flusses hatte es mitten im Herbst plötzlich noch einmal zu blühen begonnen, gleichsam zu Ehren des Heiligen. Die Einwohner von Candes kamen nun auf den Gedanken, Robert, den ihnen der Himmel zu schicken schien, für sich behalten zu wollen, für eine Nacht, meinten sie, oder wenn möglich, für immer. Als sich die Ordensschwestern und Ordensbrüder, durch die Probleme, die ihnen zuvor in Orsan bereitet worden waren, vorsichtig geworden, gar nicht erst auf eine Diskussion mit ihnen einlassen wollten, begannen sie, mit Schwertern und Stöcken bewaffnet, »die Mönche und Nonnen zu beschimpfen, zu schlagen und zu verletzen«, worauf diese, ähnlich wie ihr Meister bei der Episode mit den Räubern, sich rechts und links des Weges auf die Knie warfen und zu beten begannen. Da gaben die Einwohner von Candes auf und folgten schließlich friedlich dem Konvoi hinauf nach Fontevraud.

Von Sonntag auf Montag wurde der Leichnam im Großen Kloster aufgebahrt und bewacht, danach wurde er zum Mittelpunkt einer Prozession, die dem Großen Kloster angemessen war. Der Leichnam Roberts von Arbrissel wurde immer wieder gezeigt, wie eine Reliquie in ihrer Monstranz. Am Montag kam er nach Saint-Lazare, zu den Aussätzigen, die den Meister so geliebt hatten und die hier innerhalb des Klosterbereichs lebten, wenn auch ein wenig abseits. Auch im Magdalenenkloster ehrte man ihn mit einem Gottesdienst. Am Dienstag wurde er nach Saint-Jean-de-l'Habit gebracht, in das Männerpriorat, allerdings nur für kurze Zeit; anschließend wurde er für einen längeren Zeitraum im Vorhof des Großen Klosters ausgestellt, wo sich die Bewohner der Umgebung drängten. Davon hatte Robert geträumt: die Einigkeit des Ordens, gegründet auf seinen Leichnam, und um diese Einigkeit herum die Einmütigkeit des Volkes.

Aber bevor man den Toten endlich in der Erde von Fontevraud begraben konnte, wie es seinem letzten Willen entsprach, kam es noch zu einem letzten entscheidenden Kampf, der allerdings zuungunsten Roberts entschieden wurde. Die Brüder machten sich bereits mit dem Sarg zu schaffen und gingen daran, Robert an der Stelle, die er selbst dazu bestimmt hatte, zur letzten Ruhe zu betten. Da forderten mehrere Erzbischöfe, Äbte und Mönche sowie Adlige und andere große Herren, die zugegen waren, daß er in der großen Kirche bestattet werden müsse, »obwohl er befohlen hatte«, wie Andreas schreibt, »im Friedhof unter seinen lieben Mönchen und Nonnen beerdigt zu werden«. Daß Robert in der einfachen Erde des Friedhofs begraben werden wollte, sollte natürlich auch symbolisch verstanden werden, als Zeichen für seine Demut: *humus – humilitas*. Sein Leichnam sollte, bestattet ohne die verdienten Ehrungen, jedem in Erinnerung rufen, in welchem Geist der Klostergründer sich selbst und damit auch seine Brüder den Frauen des Ordens untergeordnet hatte als Zeichen der Buße. Diese symbolische Unterordnung der Männer verstanden die meist aus Adelsfamilien stammenden Nonnen nun aber nach dem Ableben des Meisters mehr denn je als Affront.

Jetzt mußten sie sich nicht einmal mehr selbst für ihr Interesse schlagen. Prälaten und Adlige traten für sie ein, nach außen in der Absicht, den Verstorbenen zu ehren, in Wahrheit aber wohl hauptsächlich darum besorgt, die Gefühle der Frauen zu verteidigen, die ihren Familien entstammten. Raoul von Orléans, Erzbischof von Tours, Rainald von Martigné, Bischof von Angers, sowie zahlreiche Äbte, Fulko von Anjou, Berlai von Montreuil, Gauthier von Montsoreau, Robert von Blois, Gilbert von Loudun: Welches Gewicht besaßen einige wenige unbedeutende Mönche im Vergleich zu solchen Größen? In Orsan hatten die Brüder der Leiche des Meisters über dem Büßerhemd das grobe Gewand des Eremiten angezogen. Auch dieses Zeichen mißfiel den Mächtigen. Und so kam es, daß der Leib, der immerzu nach Kasteiung verlangt hatte, zuletzt in ein Priestergewand gekleidet wurde, gezähmt und harmlos, und die Brüder mit herunterhängenden Armen und aufgesperrtem Mund mitansehen mußten, wie man ihren Gefährten, der zeit seines Lebens Demut und Bescheidenheit gelehrt hatte, mit großem Pomp und viel Ehren doch in einer Kirche statt in einfacher Erde beisetzte. An jenem Dienstag, dem 7. März 1116, war also auch das ausgeklügelte und ausgefallene Prinzip von Fontevraud beerdigt worden, die Schöpfung des Robert von Arbrissel. Was blieb, war ein Heim für junge Mädchen aus guten Familien, für die man keine standesgemäßen Ehemänner gefunden hatte, sowie für Damen, die der Welt überdrüssig geworden waren und nun in Fontevraud mit ihren Priestern und Bediensteten Einzug hielten. Rechts vom Hochaltar der Abteikirche markiert das Grab des Heiligen, dessen Leichnam doch letztendlich konfisziert wurde, den doppelten Sieg Petronillas von Chemillé.

Léger von Bourges, der gekommen war, das Leichenbegängnis abzuhalten, wie Robert gewünscht hatte, blieb bis zum nächsten Morgen. Hatte er sich denn am Dienstag noch unter die Großen gemischt, er, der Roberts demütige Absicht verstanden hatte, da er sich so sehr gewünscht hatte, einmal zu Füßen seines Freundes beerdigt zu werden? Man kann es sich nicht recht vorstellen. Am Mittwoch jedenfalls hielt er im Kapitel der Brüder eine Abschiedsrede – unter Besiegten. Was wurde dort wohl noch gesprochen?

Der Jünger, den er liebte

Die *Vita* eines Heiligen hört nicht mit dessen Tod auf, auch nicht mit seiner Beerdigung. Entsprechend der hagiographischen Tradition pflegten gleich danach, wie ein unvollkommenes Echo der Engelschöre, die Lobpreisungen derjenigen Menschen einzusetzen, die den Heiligen gekannt oder zu kennen geglaubt hatten. Dann müßte sich, bewirkt durch die Fürsprache des Verschiedenen, ein Wunder nach dem anderen ereignen.

Erinnerungen an einen Heiligen beschränken sich auch nicht nur auf die Abfassung von dessen Lebensgeschichte. Noch bevor man mit ihrer Niederschrift beginnt, wird ein Bote in alle befreundeten Abteien, in alle benachbarten Kathedralen, Domkapitel und Schulen geschickt. Dieser Bote führt eine lange Pergamentrolle bei sich. Oben auf dieser Rolle steht zunächst nur ein kurzer Nachruf, der die Heimkehr des Erwählten zum himmlischen Vater ankündigt und in einem knappen Überblick an seine unvergeßlichen Taten sowie an seine unerreichten Tugenden erinnert. Darunter kann dann jeder, zu dem die Rolle gelangt, seine Trauerbekundungen und sein Loblied auf den Verblichenen eintragen. Oft erst Monate später kommt die kostbare Rolle wieder an ihren Ausgangspunkt zurück, wo sie von diesem Augenblick an in der Bibliothek oder im Urkundenarchiv sorgfältig verwahrt wird, als Zeugnis für die Ausstrahlung, die von dem Verstorbenen einst ausging. Beispielsweise enthält die Totenrolle von Vitalis von Savigny nicht weniger als zweihundertacht Eintragungen von zweihundertacht verschiedenen Verfassern – eine Goldgrube für Paläographen, eine Auszeichnung für den Orden. Später beginnt man den Kult um den verstorbenen Heiligen zu organisieren: Man exhumiert seinen Leichnam, stellt dessen durch ein Wunder bewirkte Unversehrtheit fest, legt ihn ein einen Reliquienschrein, wo sich jeder Pilger an seinem Anblick laben kann, und man verfaßt eine Totenmesse eigens für ihn, damit seiner regelmäßig gedacht werden kann. Und wird der Strom von Wundern immer größer, weit entfernt davon, zu versiegen, zeichnet man sie in einer eigenen Wundersammlung auf, die sein *Leben* unendlich verlängert. All das geschieht, damit ein verstorbener Heiliger in den Herzen seiner Anhänger und Verehrer fortzuleben vermag.

Bei Robert von Arbrissel dagegen wurde sehr sorgfältig darauf hingewirkt, daß er allmählich in Vergessenheit geriet. Erstens gab es keine Totenrolle. Dann blieb eine seltsame Unsicherheit bezüglich seines Todesjahres bestehen, und, was noch merkwürdiger ist, eine Ungewißheit über den genauen Tag seines Hinscheidens, also den Tag seines Namensfestes. Die beiden Urkunden, in denen sein Leichenbegängnis erwähnt wurde, verschwanden aus dem großen Klosterarchiv. Drittens wurde die bedeutendste Zeugin seines Sterbens, Agnes, nach Véga de Léon in Spanien entsandt, in das am weitesten entfernte Priorat des Ordens also, wo sie fortan über die Wechselwirkung von Kirchturmspolitik und Gehorsam meditieren konnte. Darüber hinaus erwies sich die Wahl des Ortes für Roberts Grab als höchst wirksam. Mit einer Ehrung bedacht, die er nicht hatte erfahren wollen, ausschließlich unter der Obhut der Nonnen, die ihn in die verschlossenste Abteilung ihres Klosterbereichs geholt hatten, war Robert sowohl den Blicken der Brüder als auch denen der übrigen Andächtigen entzogen. An seinem Grab, zu dem seine Gefährten keinen Zugang mehr hatten, und das auch für eine Verehrung durch das einfache Volk immerzu unerreichbar blieb, hat sich im Laufe der Zeit niemals ein einziges Wunder ereignet. So wurde der Ruf der Heiligkeit schwächer und schwächer, bis er verhallte. Die Nacht des Vergessens senkte sich schließlich über das steinerne Grab.

Als im 17. Jahrhundert Äbtissinnen von Fontevraud ihnen unterstellte Brüder zur Ordnung rufen wollten, weil sie sich weigerten, ihnen zu gehorchen, versuchten sie, die Erinnerung an den Klostergründer wiederzubeleben, um ihre Überordnung zu legitimieren. Sie bemühten sich, vom Papst die offizielle Kanonisation ihres Heiligen zu erwirken, nach der inzwischen zur Regel gewordenen Prozedur, die beim Tod Roberts noch nicht existierte. Aber, da es keinen Kult am Grab gegeben hat, war das entsprechende Dossier hoffnungslos dünn. Zudem erwies sich das Unternehmen als heikel: Als man nach dem Nachruf der Heiligkeit forschte, vernahm man das Poltern der Skandale von einst. Ein zweiter Versuch, der im 19. Jahrhundert unternommen wurde, erwies sich als ebenso fruchtlos. Robert von Arbrissel blieb ein unbekannter, ein verleugneter Heiliger.

Petronilla von Chemillé war es sich seinerzeit jedoch schuldig gewesen, die Biographie des Ordensgründers aufschreiben zu lassen. Das war das mindeste, was sie hatte tun müssen, und es ist auch das einzige geblieben, was sie tatsächlich zum Andenken an Robert getan hat; denn es lag nicht in ihrem Interesse, Robert und seiner Lehre Popularität zu verschaffen. Sie übertrug diese Aufgabe Balderich von Bourgueil, dem dichtenden Prälaten, der eine der herausragendsten literarischen Persönlichkeiten seiner Zeit war. Für die Durchführung dieses Auftrags stellte sie ihm allerdings gerade nur soviele Informationen zur Verfügung, wie unbedingt nötig. Sie interessierte sich lediglich für ein Auftragswerk, das sich nicht zu ausführlich mit heiklen Details befaßte, sondern den Heiligen gleichsam durch die Behandlung mit Weihwasser keimfrei machte. Zum Leidwesen der Äbtissin muß aber schon das wenige, das dem Hagiographen zur Kenntnis kam, diesen so beeindruckt haben, daß die *Vita prima* durchaus das unwiderstehliche Wesen Roberts zu vermitteln vermag, während sie für Petronilla weniger schmeichelhaft ausfiel. Was die Äbtissin angeht, so erinnert der Autor gleich zu Beginn mit nicht sehr freundlicher Deutlichkeit daran, daß sie das eheliche Bett gekannt hat, wohingegen er die Vorzüge von Hersendis rühmt, die nur durch ihren Tod gehindert worden sei, das Amt der Äbtissin zu übernehmen. Er unterstreicht, daß Robert am liebsten Arme und Ausgestoßene in seine Gemeinschaft aufgenommen hatte und daß aus dem Adel stammende Frauen von ihm nur deswegen nicht abgewiesen worden sind, weil er Christus entsprechen wollte, der niemanden von sich gewiesen hatte. Dementsprechend betonte Balderich auch Roberts Askese in der Einöde, die besondere Art seiner Predigertätigkeit, sein unkonventioneller Umgang mit den Anhängern, die ihm auf seinen Wanderschaften gefolgt waren.

Petronilla hatte sich in ihrer eigenen Falle verfangen, denn der Ruf Balderichs war zu bedeutend, als daß sein Werk der Vergessenheit hätte anheimfallen können. Sie beschloß statt dessen, es durch einen zweiten Bericht relativieren zu lassen und wandte sich zu diesem Zweck an Andreas, den Prior von Saint-Jean-de-l'Habit, Roberts ehemaligen Kaplan, einen gebildeten Mann trotz niederer Herkunft, der sich stets durch Ergebenheit ausgezeichnet hatte. Sie hatte die Vorteile sorgsam abgewogen, die ihr seine Darstellung bringen konnte. Andreas hatte die letzten Monate im Leben Roberts an seiner Seite miterlebt und war zugegen gewesen, als sie zu seiner Nachfolgerin bestimmt worden war und als sie schließlich über das aufgebrachte Berry triumphiert hatte. Wenn in einer zweiten *Vita* das Hauptgewicht auf diesen letzten Ereignissen im Leben Roberts liegen würde – sie sollte ja unter dem Vorwand verfaßt werden, das Werk Balderichs zu vervollständigen –, könnte man die Zeit seines Herumirrens, seiner Exzesse und Irrtümer weitgehend unerwähnt lassen. Robert würde in erster Linie als bedächtiger Klostergründer in Erscheinung treten, als weiser Mann, dessen Autorität von der gesamten Geistlichkeit anerkannt worden war und nach dem man immerzu und allerorten verlangt hatte, sei es, damit er die Frohe Botschaft verkündigte, oder weil er einen Streit schlichten sollte. Diesem Heiligen würden Könige, die Großen des Reiches und sogar Räuber huldigen, und dieser außergewöhnliche Mann würde sein imposantes Erbe am Ende dann niemand anderem als ihr übertragen. Das zweite *Leben* Roberts könnte ohne Einschränkungen der Verherrlichung Petronillas dienen.

Und wie dachte Andreas? Nach dem Tod Roberts von

Arbrissel hatte er sich, wie der Meister ihn gelehrt hatte, vorbehaltlos der Herrschaft der Frauen untergeordnet, und er führte ein asketisches Leben, das ihm, wie er glaubte, das ewige Heil sichern würde. Drei oder vier Jahre hatte er so gelebt, bescheiden und still. Erst als er von Petronilla dazu aufgefordert wurde, erhob er seine Stimme, ehrlich und offen – und deshalb wieder zum Mißfallen der Äbtissin. Nun legte Andreas Zeugnis ab, mit der gebührenden Ehrerbietung gegenüber seiner Oberin zwar, aber ohne das geringste Zugeständnis an sie. Jetzt berichtete er, aus welcher Vorstellung heraus die Männer den Frauen unterstellt worden waren, sprach von den unabdingbaren Rechten der Brüder, erwähnte die Liebe, die Robert für die Frauen seines Gefolges empfunden hatte, aber auch seinen lebenslangen Kampf gegen sie. Andreas beschrieb die andauernde Sehnsucht Roberts nach dem Eremos, erwähnte Petronillas Zornesausbrüche und ihre gelegentlichen Ungeschicklichkeiten und legte besonderen Wert darauf, Roberts letzten Willen zu beurkunden, über den man sich in Fontevraud später so unverblümt hinweggesetzt hatte. Nicht weniger als achtmal erinnerte der Kaplan daran, daß der Meister gewünscht hatte, »im Erdreich von Fontevraud« zur letzten Ruhe gebettet zu werden, als ob er Anklage erheben wollte wegen des Verrats an diesem Wunsch. Nur Léger von Bourges bleibt ungeschoren in der *Vita* des Andreas; man spürt, daß der Hagiograph die anfängliche Halsstarrigkeit dieses aufrichtigen Mannes mehr geschätzt haben dürfte als die Anhänglichkeit Petronillas, die wohl an die des Judas erinnerte.

Sachkundige Gelehrte aus dem 18. Jahrhundert haben in Frage gestellt, daß Andreas der Verfasser der *Vita altera* sei, und zwar mit der Begründung, er werde in dem Bericht selbst als Person des Geschehens erwähnt und könne doch nicht von sich in der dritten Person berichten. So steht allzu kritischer Geist gelegentlich der Vernunft im Weg! In dem verwirrenden Universum der mittelalterlichen Hagiographie, wo jeder das Abbild eines anderen ist, mag sich der

Prior Andreas sehr wohl mit dem Bild des Evangelisten Johannes, des »Jüngers, den Jesus liebte«, verglichen haben. Hier fallen einem eine Reihe von Parallelen ins Auge. Zum Beispiel beschreibt und beurteilt Andreas sich selbst aus der gleichen Distanz wie der Evangelist. Auch er unterstellte sich bereitwillig und vorbehaltlos den Weisungen der Frauen, wenngleich die Ordensfrauen, denen er diente, nur ein sehr entfernter Abglanz der heiligen Jungfrau und Mutter Jesu waren. Und schließlich: So wie Johannes während des letzten Abendmahles von Jesus erfuhr, wer ihn verraten würde, erhielt offenbar auch Andreas – von Robert – eine letzte vertrauliche Mitteilung, die er allerdings für sich behielt, als ob er sie als Waffe aufheben wollte. Hier wiederholt sich noch einmal, was im Verlauf dieser Biographie schon mehrfach zu beobachten war: Auch im Bericht des Andreas sind die meisten Gesichter und Charaktere, deren individuelle Züge man schon auszumachen glaubte, in Wahrheit Spiegelungen des Bildes vom Klavarienberg, auf das Roberts Leben immer hingewiesen hat und das den Evangelisten Johannes zeigt, Maria in seinen Armen, Magdalena auf Knien neben ihr und Christus in seiner Verlassenheit hoch über ihnen am Kreuz.

Petronilla war niemals bereit gewesen, das Unannehmbare hinzunehmen. Als sie einst Robert von Arbrissel gefolgt war, hatte sie sich der Autorität der männlichen Mitglieder ihrer Verwandtschaft entzogen und sich auf einen Weg begeben, der ihrem Eigensinn und ihrem Ehrgeiz entsprach. Aber erst 1122, mit dem Tod des Priors Andreas, erreichte sie endgültig ihr Ziel. Zwar war sie selbst nicht in der Lage, eine Biographie zu schreiben – und sie hatte auch die Hoffnung aufgegeben, eine willige Feder zu finden –, doch jetzt beschloß sie offenbar, die zweite, von Andreas verfaßte *Vita* Roberts zu zensieren. Ob sie selbst Hand anlegte oder ob dies ein anderer getan hat, ist nicht bekannt. Der Öffentlichkeit blieb jedenfalls lediglich der Anfang des Werkes zugänglich, der von der Unterordnung der Ordensbrüder sowie von der Wahl Petronillas zur Nachfolgerin Roberts berichtet, während das Petronilla diskriminierende Ende abgetrennt wurde und verschwand. Bei der Abtrennung setzte man geschickt an einer Stelle an – unmittelbar nach der Erwähnung der Beichte Roberts, die so abgefaßt war, daß sie als die Beschreibung seines Hinscheidens verstanden werden konnte. Man verfertigte eine sorgfältige Abschrift und schuf sich das, was als eine Lüge durch Unterlassung bezeichnet werden muß. Die veränderte *Vita* wurde im 17. Jahrhundert von mehreren Gelehrten entdeckt und publiziert, während die mittelalterlichen Manuskripte, durch die sie bis dahin verbreitet worden war, mit der Zeit verlorengingen.

Das Original des Andreas hatte man dagegen in einer Ecke des Urkundenschranks, im Durcheinander des Archivs von Fontevraud, zusammen mit einigen weiteren heiklen Urkunden verschwinden lassen. Dort lag es anschließend ungefähr vierhundert Jahre. Zu Beginn des 16. Jahrhunderts wollte die zu jener Zeit eingesetzte Äbtissin Renée de Bourbon die Ordensfrauen des Mutterhauses, die dort in Luxus und verdächtiger Freizügigkeit lebten, zur Ordnung rufen. Man wies sie auf jenes alte Manuskript hin, in dem die freiwillige Armut des Klostergründers gepriesen und auch den Frauen ein Leben in Demut zugewiesen wurde. Renée beauftragte einen unbekannten Bruder, einen gewissen Boudet, dieses in lateinischer Sprache verfaßte Dokument, das man schon nicht mehr richtig verstand, ins Französische zu übersetzen. Gewissenhaft machte sich Boudet ans Werk, und er lieferte schließlich die solide, wenn auch manchmal ein wenig glanzlose Arbeit eines fleißigen Schülers ab, in derselben Sprache des 16. Jahrhunderts, in der übrigens auch die fragmentarische Beschreibung des Wunders von Menat überliefert ist. Vielleicht wurde auch letztere von Boudet aus einer von Andreas stammenden Urfassung übertragen.

Im 17. Jahrhundert dagegen mußten sich die Äbtissinnen

wieder einmal mit den Ordensbrüdern auseinandersetzen. Die gekürzte Version der *Vita* des Andreas, die, wie erwähnt, seit dem Mittelalter im Umlauf war, paßte ihnen jetzt gut ins Konzept. Darum begünstigten sie die Herausgabe. Das kleine handgeschriebene Bändchen mit der Version Boudets interessierte um diese Zeit niemand mehr. Es kam in die Hände eines Büchersammlers, eines bedürftigen Gelehrten, der es zusammen mit anderen Hinterlassenschaften Jean Baptiste Colbert vermachte, dem großen französischen Staatsmann unter Ludwig XIV. Verborgen in dessen Bibliothek wurde ihm verständlicherweise in den folgenden Jahren keine Aufmerksamkeit gewidmet. Auch nachdem im 18. Jahrhundert die Königliche Bibliothek Frankreichs den Hauptbestand der Bibliothek Colberts erworben hatte, blieb das kleine Werk völlig unbeachtet und überlebte schließlich alle folgenden politischen Umbrüche Frankreichs auf einem Regal in der Nationalbibliothek. Das einzige wahrhaftige Zeugnis vom Sterben des Robert von Arbrissel sowie von der Treue seines Jüngers, den der Meister so geliebt hatte, stand dort ganz unscheinbar, als wollte es die Hinfälligkeit und Fragwürdigkeit geschichtlicher Erinnerung zum Ausdruck bringen.

Die weit zurückliegende Geschichte, von der das Büchlein berichtet, die Geschichte, in der mitten im Zeitalter des Feudalismus Frauen über Männer regierten, darf die Ausnahme nicht als die Regel erscheinen lassen. Die Chronik, die Andreas niederschrieb und in der von dem doppelten Sieg die Rede ist, den Petronilla von Chemillé für sich errang, spricht in gewisser Weise auch von deren Niederlage. Keiner der beiden Hagiographen, die von ihr ausgesucht worden waren, hatte ihr Spiel mitgespielt. Und wenn sie den Bericht des Andreas zensiert hat, so ist diese Maßnahme doch auch ein deutliches Zeichen ihrer Schwäche und der schwachen Position der Frauen in der damaligen Zeit.

Fast niemals wurde im Mittelalter der Wille von Frauen berücksichtigt. Sogar die Mächtigsten unter ihnen mußten die Feder von Geistlichen zu Hilfe nehmen, um sich bemerkbar zu machen, und sie mußten oft erleben, daß sie dies nicht ohne Gefahr taten, daß es ihnen zum Nachteil geraten konnte.

Hersendis, Petronilla, Angardis, Agnes – ohne von den Frauen bescheideneren Standes zu sprechen, deren Namen die Nachwelt nie erfahren wird –, wer kann zuverlässig sagen, welche Gründe sie veranlaßt haben, Schloß, Freudenhaus oder Ehemann zu verlassen, um Robert zu folgen? Wer weiß, welche Zuneigung sie für ihn empfunden haben, wie groß die Kraft ihres Glaubens war? Man muß sich ein eigenes Bild schaffen, bis in alle Einzelheiten. Alle überlieferten Texte sind gegen die Frauen gerichtet: Wo sie nicht die furchtsamen Jungfrauen oder die reuigen Sünderinnen spielen, da werden sie als Mannweiber hingestellt.

Robert von Arbrissel hat durch die Schwingungen seiner Seele am Ende eines verschlungenen Lebensweges einen Augenblick lang sehr dicke, sehr alte und sehr beständige Mauern erzittern lassen, Mauern, die zwischen Männern und Frauen standen sowie ganz allgemein zwischen den Menschen, die über das Wort und dessen Macht verfügten, und denjenigen, die zum Schweigen verurteilt waren.

Bibliographie

Quellen zu Robert von Arbrissel

In der Patrologia latina (Hrsg. J.-P. Migne):

- *Vita prima B. Roberti de Arbrissello* von Balderich von Bourgueil, Bd. 162, Sp. 1043–1058.
- *Vita altera B. Roberti de Arbrissello* von Andreas, Bd. 162, Sp. 1058–1078.
- Brief von Gottfried von Vendôme, Bd. 157, Sp. 181–184.
- Brief von Marbod von Rennes, Bd. 171, Sp. 1480–1492.

In *L'Impossible Sainteté. La vie retrouvée de Robert d'Arbrissel* (Hrsg. J. Dalarun):

- *Vie de Robert d'Arbrissel* von Andreas S. 264–299.
- *Miracle* de Ménelay. S. 297–298.
- *Miracle* de Rouen, S. 349.

In *Bibliothèque de l'Ecole de Chartres*, Bd. XV. 1854 (Hrsg. J. de Pétigny), Lettre de Robert d'Arbrissel à la comtesse Ermengarde, S. 225–235.

Werke über Robert von Arbrissel

R. Bezzola, *Les Origines et la formation de la littérature courtoise en Occident (500–1200), 2. Teil, Bd. II. Paris 1960, S. 275–292.*

J.-M. Bienvenu, L'Etonnant Fondateur de Fontevraud, Robert d'Arbrissel, Paris 1981.

J. Dalarun, *L'Impossible Sainteté. La vie retrouvée de Robert d'Arbrissel*, Paris 1985 (Cerf), Vorwort von P. Toubert.

L. Raison, *Souvenirs, culte et reliques du Bienheureux Robert d'Arbrissel, in Bull. et mém. de la soc. arch. d'Ille-et-Vilaine*, Rennes 1924, Bd. 51, S. 1–68; Bd. 52, 1925, S. 1–61.

J. von Walter, *Das Leben Roberts von Arbrissel. Studie zur Geschichte des Mönchtums*, Göttingen 1901.
J. von Walter, *Die ersten Wanderprediger Frankreichs. Studien zur Geschichte des Mönchtums. I. Robert von Arbrissel*, Leipzig 1903.

Allgemeine Werke über die Epoche

M. de Certeau, Art. *Hagiographie*, in *Encyclopedia Universalis*, Bd. VIII, S. 207 A–209 B.
J. Chelini, *Histoire religieuse de l'Occident médiéval*, Paris 1968.
G. Duby, *Die Zeit der Kathedralen. Kunst und Gesellschaft (980–1420)* Frankfurt 1984.
– *Der heilige Bernhard und die Kunst der Zisterzienser*, Stuttgart 1981.
– *Ritter, Frau und Priester. Die Ehe im Frankreich des 11. und 12. Jahrhunderts*, Frankfurt 1985.
L'Eremitismo in Occidente nei secoli XI e XII, Atti della seconda Settimana internazionale di studio, Mailand, Vita e Pensiero, 1965, VIII.
J. Fontaine, *Vie de Saint Martin* par Sulpice Sévère, Paris 1967–1969.
Hagiographie, cultures et sociétés (IVe–XII^e^siècles), Paris 1981.
D. Iogna-Prat, *La femme dans la perspective pénitentielle des ermites du Bas-Maine (fin XIe début XIIe siécles)*, in *Revue d'Histoire de la Spiritualité*, Bd. 53, 1977, S. 47–64.
J. Lacarrière, *Les Hommes ivres de Dieu*, Paris 1975.
J. Le Goff, *La Civilisation de l'Occident médiéval*, Paris, Grenoble 1964.
J. Michelet, *Histoire de France. Le Moyen Age*, Paris 1869.
R. Pernoud, *La Femme au temps des cathédrales*, Paris 1980 (über Fontevraud S. 129–169).
V. Saxer, *Le Culte de Marie-Madeleine en Occident des origines à la fin du Moyen Age*, Paris, Auxerre 1959.
A. Vauchez, *La Spiritualité du Moyen Age occidental (VIIIe–XIIe siècles)*, Paris 1975.
– *La Sainteté en Occident aux derniers siècles du Moyen Age, d'après les procès de canonisation et les documents hagiographiques*, Rom 1981.

J. De Voragine, *Legenda aurea* (Hrsg. A. Birlinger), Berlin 1967.
E. Werner, *Pauperes Christi, Studien zu sozialreligiösen Bewegungen im Zeitalter des Reformpapsttums*, Leipzig 1956.